德耀青城

——记呼和浩特市道德模范、青城好人

魏爱萍 主编

远方出版社

图书在版编目（CIP）数据

德耀青城：记呼和浩特市道德模范、青城好人 / 魏爱萍主编. -- 呼和浩特：远方出版社，2023.12
ISBN 978-7-5555-2024-5

Ⅰ．①德… Ⅱ．①魏… Ⅲ．①精神文明建设—先进事迹—呼和浩特 Ⅳ．① D648

中国国家版本馆 CIP 数据核字（2023）第 255428 号

德耀青城——记呼和浩特市道德模范、青城好人
DEYAO QINGCHENG
JI HUHEHAOTESHI DAODE MOFAN QINGCHENG HAOREN

主　　编	魏爱萍
责任编辑	王　叶
封面设计	李鸣真
版式设计	韩　芳
出版发行	远方出版社
社　　址	呼和浩特市乌兰察布东路 666 号　邮编 010010
电　　话	（0471）2236473 总编室　2236460 发行部
经　　销	新华书店
印　　刷	内蒙古爱信达教育印务有限责任公司
开　　本	787 毫米 ×1092 毫米　1/16
字　　数	252 千
印　　张	16.5
版　　次	2023 年 12 月第 1 版
印　　次	2023 年 12 月第 1 次印刷
标准书号	ISBN 978-7-5555-2024-5
定　　价	58.00 元

如发现印装质量问题，请与出版社联系调换

前 言
QIANYAN

"青城",是内蒙古自治区首府呼和浩特这一蒙古语名字的汉译简称,意为"青色的城"。如今它又拥有了一个温暖的时代美称——"好人之城"。这部报告文学集就是呼和浩特这座人人向善的"好人之城"在创建文明城市实践中涌现出的各民族"道德模范""青城好人"代表人物事迹的精选汇集。

策划伊始,本书编委就为这部书选定了一个动人的名字——"德耀青城"。既闪亮,发着光;又感性,动着情。闪亮发光的是其中每一位主人公令人肃然起敬的善行善言,感性动情的是这些主人公就在我们身边,甚至是相识多年的熟人。他们或壮举惊天,或大爱无声,或品德如玉,或诚信善良,其事迹都曾引起我们真切的共鸣。

青城的历史因文化多彩而璀璨,青城的今朝因善德滋养而文明。国无德不兴,家无德不和。人无德不立,城无德不宁。道德模范就是奉献自己,为他人带来幸福和快乐的行善模范和"好人"代表。以专题采写、结集出版的形式,汇聚新时代道德模范、青城好人群体的成长历程、典型事迹和精神风范，是一项具有重要现实价值和引领意义的工程。其价值和意义在于：弘扬中华民族的传统美德，践行社会主义核心价值观；厚实青城文化的善德底蕴，积淀文明之光的火种；点亮心灵的灯盏，提升城市的形象；昭示和彰显现代化建设新征程上呼和浩特的时代内蕴、鲜明气质和希望之光。

本书的立项、编辑出版得到呼和浩特市文明办的大力支持，被列入呼和浩特市文联2022—2023年重点工作项目。为了更好地完成采写任务，呼和浩特市文联领导精心布置安排，呼和浩特市作家协会积极组织落实。20余位作家主动请缨，全情投入，共完成对获得过表彰的26位道德模范、青城好人的26篇25万字的采写任务。经过主编人员的沟通协调、细心修改与出版社的三审三校，终于不负使命，如期完成本书的创作和编辑出版任务。

近年来，呼和浩特市委、市政府在文明城市建设进程中，深挖城市文明基因，汇集青城善德事迹，选树道德模范榜样，添彩青城精神图谱，先后涌现出全国道德模范、全区道德模范、市级道德模范、"中国好人""内蒙古好人""青城好人"共千余人。这些道德模范和青城好人，均是来自各行各业的普通职工和平凡百姓，他们的事迹像遍野的花朵与满天的繁星，温暖人心、感动青城、引领风尚。他们身上集中展现了以善为本、敬业奉献、助人为乐、孝老爱亲、见义勇为、诚实守信等中华民族传统美德。道德模范和"青城好人"的推选和表彰活动，已成为呼和浩特市精神文明建设的亮丽品牌。更为可贵的是，他们身后是更多的"无名好人"的支持，这种社会风尚的积淀是文明之花满城绽放、温暖之感真情洋溢的长久保障。

以书籍出版、宣讲、媒体传播等方式，大力传扬道德模范和"青城好人"的事迹，是时代的需要，也是社会的责任。近年来，"百场道德模范巡讲""百场道德讲堂宣讲"等系列活动的开展，主流媒体专题栏目的开设，都是很好的举措。2023年5月，由中共呼和浩特市委宣传部和呼和浩特市精神文明建设委员会办公室主办、人民网内蒙古频道策划设计的"青城好人数字馆"正式上线，集中展现了近年来青城精神文明建设的喜人成果，被誉为好人精神的"珍宝馆"，成为呼和浩特数字化、动态化、立体化展示好人精神的重要基地和平台。

公民的道德水平，体现着全民族的基本素质，反映了一个社会和国家的文明程度。虽然现实中依然存在着价值取向多样化、道德观念复杂性等许多发展中的新问题，但期盼良好道德风尚是人民群众内心深处永恒不变的呼声。

道德力量是国家发展、社会和谐、城市文明、人民幸福的重要因素，形成与新时期文明城市相适应的社会主义价值观和道德体系，是光大中华民族优良道德传统的时代使命。让我们每个人都心怀道德之光，发扬好人之德，传递温暖之情，践行初心，从我做起，从点滴做起，争做向善向上的道德模范，让"好人之城"魅力怒放，在祖国北疆亮丽风景线上璀璨永远、幸福永远。

呼和浩特市文学艺术界联合会

2023 年 12 月

MULU

扫码查看
拓展资料

001　一蓑烟雨任平生
　　　　——记全国脱贫攻坚模范、优秀共产党员武汉鼎　　…刘巧玲

018　大爱巷陌间　丹心护炊烟
　　　　——记全国道德模范武荷香　　…高瑞峰

032　传承红色基因　永做忠诚卫士
　　　　——记全国道德模范提名奖获得者巴特尔　　…孟斌

048　善举助学赢梦想　善行帮困爱无疆
　　　　——记第八届全国道德模范提名奖获得者付兵兵　　…梁悦玲

059　赶紧救人
　　　　——记勇救落水者的自治区第八届道德模范李俊怀　　…姜子涵

066	在奉献的路上，做更好的自己	
	——记呼和浩特市道德模范杨岭	⋯郭恩红
075	芳华伴孝心	
	——记呼和浩特市道德模范石芳	⋯魏刚
085	映日荷花别样红	
	——记呼和浩特市道德模范何红	⋯李俊标
094	激情倾洒黄土地	
	——记呼和浩特市道德模范郭二文	⋯边俊杰
104	德医双馨的"生命守护人"	
	——记呼和浩特市道德模范曹中伟	⋯刘巧玲
111	春天的召唤	
	——记呼和浩特市道德模范翁兆平	⋯郭铁强
118	热心公益事业　传递爱的力量	
	——记呼和浩特市道德模范郭连娣	⋯高铁军

125	**一生承诺**
	——记内蒙古自治区第八届道德模范薄晓钟　　···刘建光
132	**她是一个有温度的人**
	——记呼和浩特市道德模范赵雅冬　　···吕达超
139	**满园芳菲**
	——记呼和浩特市道德模范提名奖获得者苏慧　　···乔福俊
147	**爱的守护**
	——记第十届呼和浩特市道德模范边法定　　···孟慧生
154	**爱的光芒**
	——记呼和浩市道德模范杜倩　　···陈刚
164	**铁汉仁心**
	——记呼和浩特市道德模范韩四虎　　···胡国栋
184	**永不言弃的孝心**
	——记呼和浩特市道德模范王云秀　　···张集超

191	青山大爱	
	——记呼和浩特市青城好人周丽	…张集超
202	像阳光一样的人	
	——记呼和浩特市青城好人马磊	…刘宏
209	爱心延伸到的地方	
	——记青城好人段俊英	…高晓梅
215	危难之处显身手	
	——记青城好人白爱锁	…王利君
225	长城的女儿	
	——记青城好人高晓梅	…李洁
239	燕含丁香伴春晖	
	——记呼和浩特市2022年度青城好人赵燕	…李政
248	退役不褪色 热血铸军魂	
	——记青城好人、"呼和浩特舰"退役士兵于鹏	…郭永连

一蓑烟雨任平生

——记全国脱贫攻坚模范、优秀共产党员武汉鼎

刘巧玲

每次看到这位耄耋老人铮铮铁骨的名字"武汉鼎",总能想到"一蓑烟雨任平生"这句诗,这也许就是他一生的真实写照吧。武汉鼎在用辛勤、智慧和汗水谱写的扶贫长歌中诠释了信仰、奉献、梦想、坚守。武汉鼎,不仅仅是一个名字,也是一种精神,更是一面旗帜、一座丰碑。

人生的头等大事

武汉鼎人生中的一件头等大事，就是能够加入中国共产党，成为一名优秀的共产主义战士。他认为，"共产党员"是一个神圣而光荣的称号，也是无数渴望进步的同志所向往和追求的光荣称号。

武汉鼎是土生土长的清水河人，虽然出生在暖泉乡大阳坪村一个地主家庭，但他也没有过上几天好日子，童年时期饱尝战乱之苦，少年时期跟随父母背井离乡。由于出身不好，他的人生被改变，求学深造无望，只得学了畜牧兽医。武汉鼎无法选择自己的出身，却坚定了自己的信仰。

早在1964年，血气方刚的武汉鼎就有了特别强烈的入党凤愿，但是由于"地主成分"和曾坐过牢的父亲，他想都不敢想这个问题。偶尔流露出一点儿意思，别人也会嘲笑他是"异想天开"。他只能把这个崇高的愿望深藏在心底，从不轻易提起，直到认识了张润满。

张润满识字不多，但参加过延安保卫战，在部队上入的党，仅这一点就让武汉鼎对他肃然起敬。回村后，张润满也爱帮助村里的人，每逢村里有点儿大事小情的，他都跑前跑后，竭尽全力地去帮忙。因此，村里的人都喜欢他、信任他，后来他得到社员们的一致拥护，当上了座峰生产大队的党支部书记。

张润满鼓励武汉鼎向组织递交入党申请书，他说："你不写申请书，组织上就不会批准你入党。就是写了申请书，组织考验你也要有个过程。不过你一定要有信心，一年不批，再接着写，一直写下去，让组织看到你的决心。"听他这么说了，武汉鼎还是不敢写。张润满又鼓励他，说："不就是成分问题吗？你已经是孙子辈了，延安整风运动时，比你家庭历史复杂的人多了，搞清楚就没事了。"武汉鼎知道张润满是见过世面的人，相信他说的话，但是始终没有勇气向组织递交入党申请书。即使在武汉鼎遭人陷害，被限制人身自由，整天背石头劳动的情况下，张润满依然告诉他："无论你受多大委屈、多大冤枉，也要相信群众、相信党，不要忘记为人民服务。"

正是张润满对党的无限忠诚，深深感染了武汉鼎。他虽然没有向组织提出申请，但他一直在暗中使劲。他把学习当作一种政治责任、精神追求和思想境界来认识和对待，孜孜以求，学而不怠。他经常学习毛泽东主席的著作和有关党的理论的文章，学习党的光辉历程、优良作风，以提升思想认识和党性修养。学习之后，还要进行大量的思考。他考虑最多的问题是为什么要入党。入党意味着比群众多奉献，争取入党就要为党和人民的利益不怕奉献；入党意味着比群众多挑重担，争取入党就要多付出，少索取；入党意味着比群众多牺牲，在危急关头经得起考验，不畏缩不畏难。他下定决心，未进党的门，先做党的人。武汉鼎认为，端正入党动机，不是入党前一时的问题，而是一辈子的问题。组织上入党是一生一次，思想上入党是一生一世。

武汉鼎要求入党的信念就如同一盏油灯，他经常不断地修剪灯芯，加油，保持着旺盛的燃烧状态。直到1970年，武汉鼎所在的兽医站综合办站工作风生水起、有声有色，成为畜牧行业的典范，他这才在张润满的多次鼓励下，鼓足勇气向党组织递交了第一份入党申请书。未批，再写，年复一年地写，从未间断过。尽管组织还没有批准他入党，但武汉鼎从未动摇过自己的信仰。他认为，一个人如果失去信仰，就等于失去灵魂。他把对党的信仰当作人生的希望、生命的支柱和理想的安放处。

在武汉鼎连续向党组织递交入党申请书的几年中，盆地青公社书记高安成也向县委打过几次请示报告，终究没能促成此事。在此期间，武汉鼎已经先后三次参加全国畜牧行业的经验交流会，并获得许多荣誉。每次武汉鼎去北京开会出发时，高书记总要送他二三里路，一路上唉声叹气，说："你还成天去北京开会，我连你的组织问题都解决不了。"武汉鼎笑笑，说："高书记，你不用为这件事犯愁，我一定能经受住考验。是不是党员，我都会以党员的标准严格要求自己，坚定理想信念，坚守精神追求，做一颗永不生锈的螺丝钉。"正如一位哲人所说："能够激发一颗灵魂的高贵、伟大的，只有虔诚的信仰。"正是因为有了坚定的信仰，武汉鼎无论身处顺境、逆境，始终相信党，相信组织，始终保持着对党和人民的忠诚。

1978年，内蒙古兽医站调来一位新站长，名叫纪文生。他是一位在新中国成立初期参加过革命的老干部，从河北省调过来的。他来了以后，对武汉鼎在盆地青所干的工作十分了解，对他迫切要求入党的问题十分关心。同年，清水河县也从和林格尔县调来一位新县委书记，名叫范存元，他和纪文生都是早年从武川县走出来的干部。纪站长找到范书记说："你去了以后，好好把武汉鼎的入党问题考查考查，看他究竟够不够条件。"

范书记上任后，高安成书记再一次向县组织部打报告，请求解决武汉鼎的组织问题。范书记看完报告，觉得有必要亲自去盆地青公社考察一下。没过多久，他就带着县委副书记和组织部部长来了。在详细、全面地了解武汉鼎的情况后，范书记说："这么好的同志，还考验呢？考验了这么多年，他是经得住考验的。我们县委批准武汉鼎同志入党啦！"

1978年10月10日，对45岁的武汉鼎来说是一个特殊的日子。他站在鲜红的党旗下，举起右臂，庄严宣誓："我志愿加入中国共产党……"

也许是武汉鼎多年的执着和坚守感天动地，他的夙愿终于得以实现！等待那么漫长，幸福时刻却在一刹那间降临，感觉既突然，又迫切，万千思绪涌上心头，化作滚滚热泪，从眼角流出，顺着脸颊流淌下去，他痛痛快快哭了一场，身心充满了力量，这是他生平第一次流泪。宣读誓言只需要一分钟时间，但他却要用一生去践行自己的庄严承诺。当他遇到困难的时候，他总是第一个想到党组织。对他来说，那不仅仅是一个神圣的符号，党旗、党徽、党章、党的号召，这些都是实实在在的指针，雷锋、焦裕禄……一个个伟岸的共产党员的光辉形象，真真切切抚慰着他，帮助他摆脱苦恼，重塑信心，为他指引前进的方向。

从武汉鼎身上我们可以看到，真正决定一个人命运的，从来都不是出身，而是格局。不同的高度，不同的人生，你有什么格局，就有什么命运。武汉鼎的格局就是无论出身如何，都要做一个纯粹的、脱离了低级趣味的、一贯地为人民服务的人。他用60年艰苦实践，谱写了一曲共产党人牢记使命，情系百姓，无怨无悔为百姓拔穷根、寻富路的颂歌。

红红的证书捧在手，金色的奖章挂胸前。2021年6月28日下午，全国"两优一先"表彰大会在北京人民大会堂举行，武汉鼎同志荣获"全国优秀共产党员"荣誉称号。他的先进事迹和崇高精神，鲜明昭示了党的理想信念宗旨，同时也生动彰显了新时代共产党人的先锋形象。

今生无悔当兽医

清水河县处于农业和牧业结合地带，兽医这个行业很重要，但兽医这项工作又脏又累，常常被人瞧不起，而这却让武汉鼎着了迷。每当提到他挚爱一生的职业，他便会用三个"最"来形容：兽医是最能深入乡村，最能深入实践，最能为老百姓服务的。他立下一个誓言，就是"用自己所学，为老百姓做点儿实事"。"今生无悔当兽医"是武汉鼎发自内心的声音，也是他对自己最满意、最开心的定位和评价。

1947年，兵荒马乱中，武汉鼎跟随父母逃到了巴盟狼山县（今巴彦淖尔市临河区北狼山镇）。成家后，因为妻子的祖父是当地声名远扬的兽医，武汉鼎便拜他为师，学习兽医。他对师父很敬重，学习很刻苦，师父对他也十分器重。他跟在师父身边，耳濡目染，对给牲畜诊断和治疗充满了好奇。后来，武汉鼎在狼山县城关镇兽医站当上了兽医，这是他钟爱一生的兽医事业的起点。师父带着4个徒弟，经常下乡给牲畜驱虫、灌药，搞防疫，武汉鼎从中学到不少东西。师父常说："中医给人看病，是救他们的命；兽医给牛看病也是在救人的命，因为耕牛就是他们的命呀！"武汉鼎牢记这些话，勤快好学，最终成为一名出色的乡村兽医。因为思念家乡，他决定返乡，出发那天，已是80岁高龄的师父十八里相送，并且不顾儿孙们的反对，将自己珍爱的宝贝《元亨疗马经》和一些秘方送给了武汉鼎，望他能日后成才，为民造福。武汉鼎紧紧握着师父的手，说："师父，您放心，我一定会认真钻研兽医知识和技术，全心全意为老百姓服务，绝不会给兽医这个行业抹黑！"

回清水河县工作后，为了不断提高技术水平，武汉鼎以学习和创新为支撑，在给畜牧治病中学习，从书本中学习，向群众学习，善于"活学活用"，把学到的知识运用于实践，并且不断总结和创新。从一个地主子孙变成一名基层兽医，武汉鼎感觉自己很幸运，总是信心百倍地投入热爱的工作中。他是一个工作狂,一天到晚背着印有"为人民服务"字样的出诊箱,风尘仆仆、忙忙碌碌,时而在山巅,时而在河谷,崎岖的山路留下他匆忙奔走的身影,田间地头留下他辛勤劳作的汗水。在给农户的生猪打疫苗、劁猪、骟马、医牛的过程中,有时身上会让牲口啃得青一块、紫一块,但他从不抱怨;有时刚端起碗吃饭,就有农户来请诊,他急忙放下碗,跳下炕,背上牛皮药箱就走。等到了农户家,翻牛栏、跳猪圈,一次次让病畜起死回生。每当看到农户的脸从阴转晴,最后笑逐颜开,他就有一种说不出的开心。他一不怕苦、二不怕脏、三不怕危险,成年累月奔波在本职工作第一线。

清水河放牧的牲畜,主要有牛、马、骡、驴、羊等,习惯上分为大畜和小畜,其中小畜主要指绵羊、山羊。因为驴骡既能耕种,又能驮运,费用低,用处大,所以农户更愿意养驴骡。当时,每年驴骡下崽,其中有三种病,骡驹尿血、骡驹破伤风和驴怀不生,死亡率都很高。为了攻克这三种病,武汉鼎下苦功,想尽办法进行治疗,但效果均不显著。之后,他虚心向农民学习治疗经验,又在实践中总结提高,终于使这三种病不治而愈。

武汉鼎常说,他的专业是农业,服务对象是农民,他的人生舞台在农村。他整天在牛棚、羊圈、猪窝里跟牲畜家禽打交道,把所有心思都放在防病治病上,对兽医医术精益求精。不仅用兽医知识治牛医马,攻克疑难杂症,还控制了大面积传染的牛羊疥癣病,治愈了羊脑疱病、羊肠毒血病,自行研制药品治愈了羔羊痢疾。在兽医界他是元老级人物,回顾他的工作经历,无论身在何处,他都是干一行、爱一行、专一行,用自己的执着和不懈的追求,演绎着一段人生真意和人间真情。他心无旁骛地做着帮助别人的事情,过着"苦行僧"般的生活,虽然艰辛,但因为是向着自己的信仰迈进,所以他感到的是高兴和快乐。

在兽医技术传播上,有的兽医劁猪骟马不让别人看,怕学会了。武汉鼎却坚持放手让徒弟们学,在技术上他毫不保留、毫不保守,只要是他会的,技术、方子,他都教给徒弟们,从不怕"教会徒弟,饿死师傅"。徒弟们学会了技术,发展生产的力量更大了。在大型疾病治疗中,武汉鼎和徒弟们共同讨论治疗方案。他先后为全县培养兽医、防疫员20多名。

武汉鼎在几十年深入乡村的蹲点扶贫实践中，用兽医技术为乡亲们义务服务，分文不取。他还常常买来良种鸡、猪、羊等，免费送给贫困户，并与之探讨科学的养殖技术，为他们创造出脱贫致富的途径。2016年，在全国兽医"四个一行动"活动中，武汉鼎荣获"最美基层兽医"和"百佳基层兽医"称号。

因为没有文凭，就没有评职称的"敲门砖"；又因为他的论文成果是用心血和汗水实实在在写于清水河的大地之上的，武汉鼎被破格评为高级兽医师。拿到证书的那个晚上，他彻夜难眠。这个证书来之不易呀！灯光下，他把证书上的字看了一遍又一遍，说："从业40年，今天终于有了身份啦！"能为自己挚爱一生的职业正名，是他不断学习和实践的结果。处处留心皆学问，关键是要做有心人。学习也是为了更好地生存、发展与适应，武汉鼎坚持抓住任何可以学习提高的机会，在大量实践的基础上，比较鉴别，去伪存真，敢于怀疑一切，富有创新精神。21世纪是知识经济时代，创新已成为民族兴衰存亡的关键。所以，在学习和创新上，武汉鼎也是我们学习的榜样。

坚守一生的梦想

每个人都有梦想，因为梦想能不断激发生命热情和勇气。从返乡工作的那天起，武汉鼎在走家串户给牲畜治病的过程中，目睹乡亲们过着贫困生活后，心中就有了一个梦想：帮助父老乡亲走出困境，让他们过上有吃、有穿、有尊严的好光景！为了使这一梦想变成现实，他为之奋斗了60多年。

1982年，组织上决定提拔重用武汉鼎，让他当盆地青乡的副乡长。他知道后，主动找领导汇报，说："我不想改行，我很爱兽医这一行，它最能深入乡村，最能深入实践，最能为老百姓服务。"结果，他当了清水河县兽医站站长。令人费解的是，他干着自己钟爱一生的兽医工作，却又突然辞了职。面对人们的质疑，他说："当站长，整天浮在上面，不干实事，心里不踏实。只有在农村这片广阔天地，我的兽医医术才有用武之地。"

1985年，武汉鼎辞去县兽医站站长一职，深入农村蹲点扶贫。他去的第一个村叫暖水湾村,这是一个典型的"人畜缺水喝,农民收入少,灾情年年多"的贫困村。家家户户都居住在山沟破旧的窑洞里,没有水没有电没有路。村里有个村民叫张觅成,没有钱碹新窑,只能借住在沟底的土窑里。有一年夏天,一连下了几天大雨,张觅成家的窑塌了,幸好没有伤着人;时隔不久,大儿子又被塌窑砸伤,病情严重,连夜转院,救孩子又没有钱。就在这时,来村里扶贫的武汉鼎带头捐款,帮他家渡过了难关。从那以后,武汉鼎把张觅成列为重点帮扶对象。他先给他家送去10只来亨鸡,教他养鸡,等鸡养大了,卖鸡蛋,补贴家用;后来又给他家买了一头良种母猪,开始教他养猪,喂大了母猪,卖猪崽挣了钱,又让他买回一只杜泊羊,指导他科学养羊。张觅成掌握了科学的养殖方法,很快一只羊变成了一群羊。就这样"滚雪球"似的,武汉鼎硬是把一个贫困户变成了养殖大户、富裕户,把"输血式"扶贫变成了"造血式"扶贫,将"扶技""扶业"和"扶志"相结合,实现了贫困乡亲由"要我脱贫"向"我要脱贫"的转变。

为了帮助暖水湾致富,武汉鼎去山西省吕梁地区学习"丰产沟"耕作法,为了让群众眼见为实,他亲自在暖水湾村租地进行了示范。当年种植了一亩马铃薯丰产田,秋后测产,产量竟然翻了一番。良好的效益是最具有说服力的,从第二年开始,全村群众都跟着他种草养羊,种植"丰产田"。一年下来,全村粮食产量获得大丰收,实现了翻番。紧接着,他尝试"三三制"种植法,即用三分之一的山坡地种植高产饲草,用三分之一的土地种植经济作物,剩下的三分之一耕地精耕细作推广"深耕蓄水"耕作法,实现增产增收。在养殖方面,他创新"三短三一"饲养法、育肥羊技术,增加农民收入。在他的指导下,贫困群众人均收入逐年提高,由1987年的113元增加到2008年的6200元,10年间翻了50多倍,彻底实现了草多、羊多、肥多、粮多、钱多的良性循环。村里接通了电,村民吃上了自来水,用上了家用电器,全村整体从旧村的土窑洞搬迁到新建的石窑洞,暖水湾成了远近闻名的富裕村。

针对贫困村不同的自然条件,武汉鼎采取的脱贫措施也不同。大阳坪村是他的出生地,祖祖辈辈都种植传统的糜谷黍等大田作物,单产低,收入也不高。通过调研，武汉鼎引进地膜玉米种植技术。一开始村里人听说还要用地膜覆盖，一来不相信，二来嫌麻烦，没人愿意种。一位村民在武汉鼎指导下种了一亩，结果产玉米11麻袋。第二年，村民们都跟着种了。随着全村玉米种植面积不断扩大，粮食总产量提高了。之后，武汉鼎又动员贫困户利用充足的玉米和秸秆做饲料，开展养殖，收入逐步得到提高。

老牛坡村的潘三开了一家豆腐坊，豆腐渣利用不起来，全部堆在门前。武汉鼎建议潘三利用豆腐渣养猪，增加收入。潘三没钱买猪仔，武汉鼎就从100多公里外的王桂窑乡买上猪仔，坐班车拉回来，又步行近20里路，硬是将20多斤重的猪仔背到潘三家里。潘三边做豆腐边养猪，每年仅养猪收入就增加3000多元。

武汉鼎长期驻村帮扶大阳坪、老牛坡、座峰三个贫困村，使暖水湾村的科技扶贫和有机旱作生态农业辐射到三村，有100多户300多名贫困人口脱贫。如今，这三个村都走上了生态、经济、文明的小康之路。

多年的扶贫工作，让武汉鼎深深感受到，贫穷并不可怕，怕的是穷而无志，安于现状；怕的是根深蒂固的落后思想观念。为了用畜牧知识实现科学养殖，帮助贫困乡亲找到脱贫的好方法、好途径，他不但自己把学习放在首位，而且无论到哪个贫困村，都办夜校、请专家讲座、办各类培训班，并多次邀请科研所、大专院校的农牧业专家、学者、科技人员给贫困群众讲课，累计培训贫困群众5000多人次。他自费为贫困群众订阅各种报纸资料，还捐献图书办阅览室，带领贫困群众开展读书读报活动。此外，他还连续20年把内蒙古农业大学学生暑假"三下乡"社会实践活动引进贫困村，开展支农、支教、捐助活动，以此改变贫困村的落后面貌和贫困状况。在大学生们的带动影响下，村民们改变了教育观念，有225名贫困学生考上了大学，走出了大山。

老骥伏枥，无私奉献。武汉鼎以一名共产党员的担当，成为一颗扶贫济困的种子，深埋在清水河"老少边穷"的黄土地，与贫瘠和苦难抗争，终于开花、结果。他以精湛的兽医医术为贫困乡亲排忧解难，并将其作为他扶贫事业的切入点和落脚点，由此带动种养业，实现畜牧业和农业的有机结合。

这不仅成就了他矢志不渝的追求，也在老百姓中积累了无数带有感情的好口碑。在清水河县，武汉鼎这个名字家喻户晓。60年来，武汉鼎坚持不懈下乡蹲点扶贫，足迹遍布清水河的山山水水，他先后在清水河县的5个乡镇、15个行政村和30多个自然村开展科技扶贫服务，推广农牧新品种、新技术，自己出资20多万元，骑自行车、徒步行程3万多公里，把全部精力用在蹲点村的科技扶贫上。带动当地12000多人脱贫致富，先后帮助贫困学生和孤老病残100多人，武汉鼎用自己的实际行动诠释了一名共产党员的理想信念、使命担当。2018年12月16日，他被授予"全国脱贫攻坚模范"称号；2021年2月25日，在全国脱贫攻坚总结表彰大会上，他又荣获"全国脱贫攻坚先进个人"荣誉称号，在人民大会堂受到表彰奖励。

武汉鼎穷一生之力，只做了一件事情，就是"帮助贫困群众走出困境，过上好日子"，这也是他终身奋斗的目标。他常说："人总得有点儿精神和追求，没有精神和追求就会得软骨病。"他把自己一生的追求，概括为一句话：党强、民富、村和，我服务，甘愿做一辈子孺子牛。他能终身做好事，把扶贫事业进行到底，究竟靠的是什么？经过认真思考，我顿悟：心存大爱，方能坚守。人间最大的真情，就是大爱，它超越了爱情、友情和乡情；超越了时空和地域，闪烁着人性之光、灵魂之光。武汉鼎就是心存大爱的典范。他的大爱，就是无私地帮助别人；他的坚守，帮他实现了人生梦想，也成就了他的扶贫人生。

朴素的家国情怀

热爱祖国、报效祖国不应当只是一句口号、一个标语，更应当是切切实实的行动，让爱国初心铺染生命底色。武汉鼎一生的经历，从某种意义来说，是生在旧社会长在新中国的爱国者的成长经历的缩影，体现着朴素至简的家国情怀。

1958年，武汉鼎拖家带口回到家乡清水河，因为没有窑，一家人不能生活在一起。10年后，盆底青公社给武汉鼎家分了一孔土窑，他们全家才得以团聚。他成年累月忙于工作，很少管家里的事情。在成千上万贫困农民心里，他是最贴心的亲人，但在四个子女的心里，他却是一个不称职的父亲。

在武汉鼎的一生中，至少有两次发家致富的机会，也是轻而易举就可以使自家生活富裕起来的机会，但他却从来没有为自己、为家庭去抓住，而是利用这些机会造福贫困的父老乡亲。

第一次机会，是武汉鼎在盆地青公社兽医站工作的时候。当时，畜牧兽医站的性质虽说是集体的，但是没有给他们任何资金支持，而是自负盈亏。当年，他从韭菜庄公社分家带来的两把灌爵和300元的药物，也是他带着两个徒弟通过两年的辛勤工作挣来的。那时候，兽医在农村是令人羡慕的职业，收入比较高，他每月工资100元（相当于工程师和副科级的工资），而当时消费水平低下，就这样挣下去，一家人也能过上丰衣足食的安稳日子。可是，武汉鼎进行了一次史无前例的"兽医体制改革"，不仅长达20年，倾注了全部的心血和汗水，而且打破了自己的"铁饭碗"，从每次出诊看病都有现钱的"活收入"，变成了每月只挣37元的固定工资（相当于中专实习生的收入水平），却使贫困乡亲给牲畜看病的支出大幅下降。就是这37元工资，他也很少拿回家，大部分都接济了贫困乡亲。所以，他的四个孩子不理解：为什么自己家的生活总比别人家困难？为什么父亲给外人花钱一出手就是几十块、上百块，却舍不得给家里买个小炕桌，换下那张补丁摞补丁的烂席子……那时候，武汉鼎用"二煤油灯孵化小鸡"，白花花的一院子小鸡，成天让女儿挑着担子送给穷苦乡亲，孵出多少就送多少。他孵了三年小鸡，孵出那么多只鸡，如果只卖掉一部分，也早已发家致富了。

第二次机会，是在武汉鼎退休之后。那时候，四个孩子均已成家，除了大女儿自己买了房子，大儿子租住在别人家的凉房里，二女儿、二儿子成家后都住在出租房里。孩子们与他商量，说："爸，您已经无私奉献了大半辈子，我们也没有说过什么。如今您退休了，该为家里做点儿贡献了。"武汉鼎问："你们想让我咋做贡献？"孩子们说："我们想让您在城关镇开个兽医诊所。您是高级兽医师，是传遍乡里的'神医手'，以您的名望和技术，挣钱是轻而易举的事情。"武汉鼎知道，有些技术不如他的人开了几年兽医诊所，也挣下了几百万。望着孩子们期待的眼神，他没有一丝犹豫，简单明了地回答："我是共产党员，就要遵守原则，就不能有私心，你们也是党的干部，也要这么做。"孩子们说："爸，您这就不对了，您是党的人，党也没有叫您退休以后不能为自己干点儿事情哇！"他回答说："我还有一件正事要干，那就是扶贫。"孩子们没有想到，父亲是"退休不退岗"，他不会在扶贫的道路上停下自己的脚步。他们终于明白，父亲心里装的是贫苦百姓，他把自己的爱全给了他们，为了他们可以牺牲对家庭的爱、对子女的爱。父亲一生的追求就是通过自己的努力，让老百姓过上好日子。

　　武汉鼎与妻子贾梅先的感情很深，她是这个家最理解、最支持他的人。几十年来，妻子用她柔弱而坚强的双肩担起这个家，用无私的母爱抚育孩子们成长。她不论走到哪里，总是和当地的乡亲们融在一起，用自己的言行，默默支持着丈夫。而现在，妻子已经白发苍苍，极其憔悴地守候在他的身旁。他觉得自己对妻子的关心太少了，然而，他又能为妻子做些什么呢？妻子病倒以前，他从来没有做过一次饭。妻子病倒以后，他学会了做饭、照顾人。妻子病重的五六年里，都是他悉心照料的，妻子也是在他怀里安详地闭上眼睛的。孩子们接过母亲，准备给她换寿衣的时候，才看到母亲身上的内衣都是补丁摞补丁。他们知道母亲为了支持父亲的扶贫事业，一贯省吃俭用，从来没有抱怨过半句。在妻子的遗体前，武汉鼎长跪不起，老泪纵横，他说："你跟着我没过一天好日子，为我做了一辈子的牺牲。"可是，妻子去世的第三天早晨，还没有出殡，他就去暖水湾村了，直到半夜，他才拖着疲惫的身体回来。妻子出殡后的第三天，他又往返50多公里，如约去大阳坪村给乡亲们讲科技课了。

　　武汉鼎在家常说的一句话，就是"我为了这个家"。每当听到这句话，孩子们就想："他一毛钱也不往家拿，还说这样的话。"他们无法理解。如今，父亲老了，耳背了，背驼了，腿脚也不利索了。他常常挽起裤腿，揉搓着那青一块、紫一块的伤疤，孩子们忍不住心疼，这些都是他几十年翻山越岭去各个贫困乡村扶贫的路上摔的，每一块伤疤的背后都有一个感人的故事。孩子们常劝他："爸呀！您为父老乡亲劳累了一辈子，该停下来歇歇啦！"

　　武汉鼎的生活十分节俭，他的第一个家在仓背后巷的山坡上，现在旧窑即将被拆迁，武汉鼎仍揣着钥匙，经常过去看看。这个窑洞，是武汉鼎担任清水河县兽医站站长时，畜牧局分配给他的。从1982开始，他在这里生活了35年，对这里有着深厚的感情。他曾经的邻居这样描述武汉鼎的家："走进漆成朱红色的铁皮院门，迎面是两间平地石砌窑和东侧的一间挂窑，不大的小院中间，开出一块菜地，已有耕翻过的痕迹，一看便知是勤劳朴实之家。走进窑门，窑房一进两开，窑洞丈二深，宽不足三米。清洁简朴，虽家具陈旧、沙发简陋，但窗明几净、一尘不染。最奢侈的是一台29英寸的老式彩色电视机，还是在呼和浩特市里工作的二儿子给买的。"窑房里的情景，令他想起古人说的一句话："良田千顷不过一日三餐，广厦万间只睡卧榻三尺。"感觉这句话，就是武汉鼎人生和生活的高度概括与真实写照，因为朴素，所以安乐。

　　给邻居留下最深印象的就是那间"书房"：空间不大，一个土炕、一张木桌、两把木椅、几个简易书架。这间"陋室"，让他联想起刘禹锡的《陋室铭》里的名句："斯是陋室，惟吾德馨。"虽家徒四壁，却存满了"精神食粮"，不难看出这里有武汉鼎一生的"积蓄"：书架上摆放的是"马恩列斯毛"成套的著作，墙上挂的是旧的泛黄的奖状，桌上摆的是奖杯，鲜红的荣誉证书叠放着足有半窑高。武汉鼎很低调，这满窑的荣誉，他不肯轻意示人，这也许是他一生引以为荣的财富吧。只因为他把邻居当成"忘年交"，才让他一睹自己书房里的风采。

　　面对这些荣誉，武汉鼎说："作为一名共产党员，我入党时就告诫自己，一定要为老百姓多办实事、多做好事。在我眼里，乡亲们的笑脸就是最高的奖赏，看着他们生活日益富足，房子宽敞了，脸上的笑容多了，感觉自己这么多年的心血没有白费。"可以想象，武汉鼎不下乡的日子，就是在这间"陋室"里度过的。他在这里阅读，在这里思考，在这里自省，在这里回忆往事……他辞职的决定是在这里做出的，他扶贫的方案是在这里形成的，这里浓缩着他的苦乐人生。

邻居要去呼和浩特市区工作，告别时，送给武汉鼎一件羊羔皮做成的皮袄。他说："武大爷，您年龄大了，要爱惜自己的身体。我从您身上汲取了那么多正能量，冬天再下乡的时候，穿上它给您增添一些热量吧！"武汉鼎捧着皮袄，语重心长地说："长这么大，我还从来没穿过这么好、这么喜欢的衣服。"听了这句话，邻居眼中噙满了泪水，多么可敬的老人啊！他风雨兼程走过几十年，心里装的全是父老乡亲，从来没有想过自己，他省吃俭用节省下来的钱，都用在了扶贫助困事业上，自己连件像样的衣服都没买过，他才是真正意义上的共产党员。

武汉鼎用自己的一生诠释了共产党员的担当，用大爱坚守诠释了奉献者的本色，用淡泊心境书写了求真务实的情操，是人们学习的榜样。

高高飘扬的旗帜

"一个人做点儿好事并不难，难的是一辈子做好事。"这句话是武汉鼎的"口头禅"，更是他的"座右铭"。

有一次，武汉鼎带领大学生搞暑假"三下乡"实践活动时，和内蒙古农业大学的一位老师住在一间窑洞里。他们边喝酒，边彻夜长谈。武汉鼎说："清水河还有许多贫困乡亲需要去帮助，扶贫事业未尽，我却已老态龙钟、风烛残年，我放不下那些父老乡亲。"他为自己未能完成的扶贫事业，为自己的老态龙钟、力不从心而"号啕大哭"。什么是真正的幸福？那位老师已经从武汉鼎身上找到了答案：幸福其实很简单，仗义疏财、扶贫济困、助人为乐，就是一种幸福。躬下身子帮助他人站起来，这是对心灵很好的锻炼，助人为乐是人格升华的一种标志。他铭记着，武汉鼎做人的条件和原则：强健的身体，正当的职业，精湛的技能，丰富的知识，公道爱人的热心。做人如水，做事如山，做事不做人，永远做不成事；做人不立德，永远做不成人。

2016年4月6日，83岁的武汉鼎突然晕倒，因多器官功能衰竭住进了内蒙古自治区人民医院的重症监护室，被3次下达病危通知书。第九天他才苏醒过来，转入普通病房。还不到两周，他就不顾医生和家人的反对，坚决要求出院。孩子们不同意，他就以绝食抗争。出院后的第二天，他就用自己的退休费买了玉米良种和地膜，给韭菜庄座峰村送去了。这件事，他已经坚持了3年。直到那时，孩子们才恍然大悟：原来，他急着出院是怕误了农时，失信于人。

大病之后，武汉鼎特意把大儿子叫到身边，郑重地对他说："我这一辈子啥也没有给你们兄妹留下，我走的时候也不会给你们留下什么，你是家里的老大。"就完将两座奖杯交到他手上：一座是1983年被国家三部委评为"少数民族地区和边远地区先进科技工作者"；一座是2014年被中共中央组织部授予的"全国离退休干部先进个人"。他语重心长地说："这两座奖杯是我一生的写照，也是我们家族的荣耀，更是党和人民对我的认可，一定要世世代代传承下去。"这时大儿子才明白，父亲为什么常说"我为了这个家"。原来他背负着从爷爷那辈继承下来的"地主成分"，他是要把家族的历史洗白染红，是用自己的汗水洗白，是用自己的心血染红呀！在这个过程中，他受到了党的培养和教育，始终舍小家顾大家，他不是对小家无情，而是心中有大爱。他的情，他的爱，早已融入家乡父老乡亲的身上，他这辈子就是为家乡千千万万的父老乡亲而活着。

在清水河县城关镇昆新社区武汉鼎工作室，一批又一批的党员前来学习参观。观看关于全国脱贫攻坚模范武汉鼎的纪录片《闪光的足迹》，聆听社区对他始终如一坚守脱贫攻坚工作的讲述，了解他始终把老百姓放在第一位，把帮扶老百姓走出困境作为其人生的奋斗目标贯穿于实际工作中的感人事迹。看到工作室中满满陈列的各类奖励和荣誉，大家被他几十年如一日扎根农村，扎实工作，坚持不懈的精神深深地震撼，纷纷为他点赞。

武汉鼎的扶贫事迹，得到党和各级政府的充分肯定，先后受到国家部委、自治区、盟市、旗县的表彰奖励230余次。其中，2008年，被评为全国道德模范人物；2010年，荣获全区道德模范提名奖；2018年，被评为呼和浩特市助人为乐道德模范。面对鲜红的锦旗和荣誉证书，武汉鼎只是淡淡一笑："这不算什么，我只是忠于职守，牢记自己身上所承担的责任，做好分内的工作。"

从1986年被国务院列为首批贫困县,到2011年退出国家级贫困县序列成为自治区级贫困县,再到2019年退出贫困旗县序列,清水河人用了33年的时间。33年,只是时间长河中的一瞬间,但对勤劳朴实的清水河人来说,却满是努力实干和奋斗不止的足迹。武汉鼎为了迎来家乡巨变的这一天,走上了艰苦的扶贫之路,为那些只有自己的内心才能感知的召唤,他带着感情,真心实意为乡亲们做好事、办实事,坚守60多年,经历了艰辛和等待、坎坷与希望,青丝变白发。

现在,清水河这片黄土地上,哪怕是最偏僻的山村,都是一派崭新的面貌。依山而建的挂面石窑,一条条蜿蜒曲折伸向大山深处的水泥公路,一所所小学、卫生所、文化中心等,使昔日贫瘠落后的山村,充满了生机与活力,这是无数个武汉鼎式的扶贫模范共同努力的结果。"中国人的饭碗要端在自己的手上。"这是武汉鼎扶贫济困的出发点和落脚点,他将自己全部的心血和汗水献给山村里的每一户村民,当人们对他充满信心和信任的时候,一种全新的生活方式从此开始了……

泰戈尔曾说过:"你今天所受的苦,吃的亏,担的责,扛的罪,忍的痛,到最后都会变成光,照亮你的路。"清水河,这个黄河与长城握手的神奇之地,涌现出一位闪光人物——全国脱贫攻坚模范武汉鼎。这个铁骨铮铮的名字背后,蕴含着一个让他一生守望的梦想——"让穷苦乡亲走出困境,过上有吃、有穿、有尊严的好日子";昭示着一份矢志不渝的追求——"为百姓服务,一辈子办实事、做好事"。为了这一切,他追寻、坚守、奉献、奋斗不止!60年的坚守,230多项荣誉,他用平凡创造的非凡奇迹,早已化成生命之光——源于苦难的"人性之光"、殚精竭虑的"创新之光"、爱心点亮的"惠民之光"、脱贫致富的"科技之光"、展望未来的"教育之光"、不忘初心的"信仰之光"、穿越山坳的"引领之光"……这一束束光带着对美好生活的向往,穿越贫困的崇山峻岭,点亮父老乡亲的心灯,点燃千家万户的希望,将幸福的彩虹洒满山乡……

他的言谈举止、英雄风采,令人联想起苏东坡《定风波·莫听穿林打叶声》中的词句:"莫听穿林打叶声,何妨吟啸且徐行。竹杖芒鞋轻胜马,谁怕?一蓑烟雨任平生。"武汉鼎带着典型的平民形象,"竹杖芒鞋",勇往直前地行走在扶贫济困的路上,"一蓑烟雨任平生"就是其平民人格的真实写照,象征着他任凭风吹雨打,始终从容、镇定、达观地追寻自己的人生梦想。

武汉鼎,以"鼎"一般的铮铮铁骨,以脱贫攻坚模范的风采,铸就了扶贫帮困道路上的精神丰碑,铸就了脱贫攻坚火线上的坚强脊梁,成为一面高高飘扬的旗帜,成为人们学习、景仰的生命高地。在共享富足、安定、和谐、美好生活的时代,让我们向榜样学习、朝楷模看齐,牢记使命,红心向党,不负人民,砥砺前行,凝聚起共筑中国梦的磅礴力量,让每一个生命都熠熠生辉。

扫码查看
拓展资料

德耀青城——记呼和浩特市道德模范、青城好人

大爱巷陌间　丹心护炊烟
——记全国道德模范武荷香

高瑞峰

前　言

"治政之要在于安民，安民之道在于察其疾苦。"这是古人议政治政所秉承的一个准则，这句话一直沿用至今。

天下之安定，需要和谐的人文环境，也需要有人组织和构建这种和谐与安宁。这是一件长久持续又繁复的工作，需要有人潜下心来在最基层、最前

沿的平凡岗位上默默奉献与操劳。而这个目标的实现的确极具挑战性，它不但考验一个人的精神意志，也考验人的身心。只有那种长久抱有理想信念、坚忍耐力的人，才能在最艰苦、最前沿的环境中历练、坚守和勇毅前行，也只有这样才能够实现国家和谐、安宁和强盛的目标。

在今天的中国，能这样坚守的人不少，而她，就是这群人中的一员及典型代表，体现了我们国家十几亿人的闪光精神。

她，自接过上一代人的接力棒后，就深深扎根在内蒙古呼和浩特市的一个社区。默默奉献了40多年的时光，还不舍放下案头亲力亲为的工作，虽然年逾古稀，依然夜以继日地坚守在这个岗位上，团结和带领本管理区域8000多名群众努力向前，实实在在践行着她的初心、使命和担当。

她，就是全国道德模范、玉泉区清泉街党支部书记——武荷香。

闻巷识人香久远

"品"香不怕巷子深，只缘扎根在基层。呼和浩特市玉泉区清泉街居委会，位于玉泉区兴隆巷街道东北部。靠街路南的一处办公小楼里扎根着一位被人们口口相传、名声响当当的女书记，她被这里的人们亲切地称为"小巷总理""化缘书记"。

真是：人如其名，名如其人。正如她的名字一样——武荷香，她做人、生活及其工作作风都具有荷花清香的品质。

荷，有出淤泥而不染之高贵品格，中通且外直；但也有格物致之秉性，更有历风雨不惧之气节，让人心生敬意。有品自然香，品德的美比任何美都更能吸引、感染和影响人，何况她本人从外貌到内心都是美丽的。

细节，可以看出一个人对人、对生活及对待工作的态度。

我是专门找了一个周日的下午突击采访武书记的，原以为她休息在家，结果，当我打通电话时她正行进在陪送社区老人前往诊所的路途中。

她在电话里和我说："今天整个下午要陪着社区这些老年人去做慢性病检查，眼下忙得实在是顾不上其他事情。"

从这个电话的第一印象里，我晓得了这是个对待工作相当认真负责的人。于是，我就再不舍得打扰她正常工作。

整个下午，我从她管理的片区寻找她的足迹、口碑和她平时工作的影子，听到好多群众对她的赞扬：她是个无私、热心、公正、正直、善良、有能力的好干部；她能急群众所急，是日夜为群众说话、办事、操劳，甚至操碎了心的老革命干部；她是党的好女儿，是人民群众的"及时雨""好服务员"……像这样的赞誉不绝于耳。

还有人说，曾经经她一手培育出的优秀干部，好多都从这里提拔走了。因此，这个社区有"给党培育优秀干部的摇篮"的美誉。

看一个人，从民意调查中就能找到结论。经过一个下午的走访，对于这位老书记，我的脑海中基本有了一个轮廓。

傍晚7点多，本该是下班回家吃饭的时间。我怀着侥幸的心理驱车拐进了这位老书记办公的居委会。本是想侧面近距离了解她，进院后，我愣住了：眼前的办公楼灯火通明，照进我的心里，心中竟生出丝丝欣慰……

我想，她一定在，或许眼下不在，过会儿她肯定会回来！不知出于什么缘故和意念，让我这样断然地肯定。

我莫名地替这一方居民暗自高兴。难道不是吗？有这么一簇灯火日夜照着，这里的居民心里啥时候不是亮着的？

径直走进服务大厅，服务厅正面墙上一个熠熠生辉的党徽映入眼帘，旁边赫然贴着几个红色的大字"以人民为中心"。字的下面几名工作人员正在各自的办公桌上埋头工作，几乎头也不抬。我心里犯嘀咕："这个时间了，不下班吃饭，咋还这么忙？"

正要张口咨询，服务厅外东北角落里一张办公桌后传来一个声音："您有什么事情吗？"回头看，一个纤瘦高挑的身影从办公桌后的椅子上站了起来，看上去60岁左右，精神焕发的样子，从眉眼上依稀能看出她年轻时的漂亮模样。

她接着又问："您有事要办吗？"

从她的举止和问话中，我心里判断出她肯定是我要找的人。

于是，我开门见山地说道："我猜您一定就是武书记吧？我是来对您做个初步了解和随访的，我本意是想与这里的工作人员做个交流，不料您这么晚了还在岗办公啊？在没有经您同意之下就冒昧打扰，真是不好意思。"

她微微笑着说："哦，这样啊！我是武荷香，你若需要我们配合你的工作，我现在就把工作安排一下，然后，你想找谁聊就聊聊。我们每天都工作到很晚，不用考虑我们的时间，你方便就好。小王，现在不太忙，你就陪这位老师聊聊相关的事情。一会儿若需要和我聊，咱们再聊。我要先安顿一下老小区维修管道的事情。"

从武荷香干脆利落的回答及安排，我清晰地感觉到迎面而来的那种担当、笃定、责任与能力。全面兼顾又不失礼仪的细致，这么合情合理，可想她平日里的工作安排也是多么有条不紊。之后从与这里的工作人员的交流中确实页得到了这方面的证实——她，就是这么细致负责的一个人。

我与居委会的小王聊了约一个小时。在这段时间内，社区服务大厅有十几个人进进出出来找武书记办事。来人陈述的事情基本就是：这家水管不通了；那家管道漏水了，煤气不好用了；东家西家的老人生病要就医，想转院；孩子上学转校，报名没钱的；残疾人需要救济物资的；低保户咨询优惠政策，要求资助的……听起来都头疼，事情虽不大但是很烦琐。

这里的事情还没处理完，那里的工作人员又开始电话汇报工作，一会儿又有其他工作人员回居委会，找武书记请教解决问题的办法，让人觉得社区工作真是无所不有，无所不细！

奇怪了，这一大堆麻烦事，武书记都乐呵呵地照单全收，一会儿工夫所有事情都春风化雨，按部就班地得到了满意的答复和解决。

这些人皱着眉头来，在武书记循循善诱的话语点拨及工作安排下，现场出动人员，经多方协调联办、实效解决后，这些人的问题都有了结果。看着他们带着满意的笑容走出居委会，我不由得又一次生出对这位女书记的敬意。

通过这一个小时的观察，我真真切切感受到了她的心怀大爱。细微之处见真情，她关心民生，排民忧、察民情，解民难，心与千家万户的心靠拢，凝结成了密不可分的干群鱼水关系。

这种真情流露和真心付出是武荷香心系群众的写照。

荷有余香，惠泽四方……

一寸柔肠化铿锵

"爱出者爱返，福往者福来。"这是汉代贾谊《新书》里的一句话，它告诉世人一个因果道理与规律：人们付出什么就会收获什么。一个爱助人的人，运气终不会太差。这在武书记身上印证得恰如其分。正如武书记不断地奉献她无私的爱，改写了她从小坎坷的人生经历，从而不断向前，一路辉煌。

忙完所有工作后，武书记坐下来和我娓娓谈起她从小到大的经历，说到动情处还哽咽了，可想她的人生也是有苦有泪……正如歌词中写的那样：故事不多，宛如平常一段歌……故事中有坎坷、沧桑，也有满足、快乐，有痛苦，也有幸福，但她始终用一如既往的真情付出和无私奉献，感召着人心。

1950年，武荷香出生于一个贫困的家庭，早年丧父，因家境贫寒，只读完初中就早早嫁了人。从小缺少父爱的她，过门之后百般珍惜这来之不易的家庭温暖。

她待公公婆婆如亲生父母，婆婆虽不是亲生母亲，但也不跟她见外，二人一直贴心相处。公婆爱护她，她也敬爱公婆，过门后武荷香一直没有离开过两位老人，每天陪伴在他们左右。等公婆年事渐高生活不能自理时，她更是照顾得细致入微，脏活累活扛在肩头，任劳任怨地擦洗缝补、熬汤做菜，甚至老人们吃剩的饭菜倒她碗里她也不嫌弃。

她说，相处出来的亲人是有感情的，所以从来不会见外，尤其是一个家里的人。有时候，她无心的一个动作都会让公婆感动到热泪盈眶，他们总是亲热地喊她乳名："二闺女，歇一歇，别太累。"

每到此时，她都会感到无比幸福。"父母在，家就在"，亲情使她生出无穷的动力与信心，就是再累都不觉得累。

这样一年又一年，她把二老一直伺候到离世。如今，提起过世很久的两位老人来，她仍会潸然泪下，说还是很想念老人，老人待她如亲生，她始终忘不掉这份亲情。

她的无私奉献，换来真情与真心。她就是这么一个孝老敬老、珍惜亲情的人。

武荷香与丈夫喜结连理后，夫妻二人相敬如宾，婚姻和谐美好，儿女周全，日子过得有声有色，给左右邻里、亲朋好友打了个模范家庭的好样板，也因此获得政府授予的"五好家庭"荣誉称号。

她对待亲友邻居情同手足，无论他们哪方面遇到困难，需要出手帮助，她都义不容辞地冲到前面，邻里们都被她的热心所感动，人人赞她为"及时雨""贴心人"。

然而武荷香对自己十分苛刻，不仅要求自己克勤克俭，还对自己的儿女们"俭对待、严要求"，在生活上不但要求孩子们勤劳俭朴，在学习和工作上也要求他们实事求是、积极向上、艰苦奋斗。她把这样优秀的家风和传统一直保持到现在，这在她家两代人身上都体现得淋漓尽致。因此，她的孩子们都很优秀，都加入了中国共产党，并在各自的工作岗位上为党和国家事业发展恪尽职守，奉献着自己的价值与满腔热情。

武荷香乐于助人的品格及行为影响了邻居和亲友，带动周围的人都变得积极起来。街头巷尾都在传扬她的事迹，许多人为之拍手叫好，称赞她是个宅心仁厚、品德贤良，又能处理邻里事务的"好媳妇"，也是一个有大爱、仁心和能力的人。

这样的口碑与信任，无形中让武荷香在人们心中树立起了威信。久而久之，她的事迹传到队里（现在的社区居委会）老主任包淑兰的耳朵里，也触动了她的心。老主任正在揣摸能够接任她的后备人选，心想：这不就是满足党和国家需要的人才吗？武荷香这么无私，又不计报酬，热心真诚，公正公平，勤劳俭朴，不正是我要找的后继人吗？何不早点儿把她培养上，等我卸任时正好可以接替我为国为民办好事呢！

于是，包主任开始三番五次上门动员武荷香加入队部做妇联工作，可武荷香却以自己学历低为由多次拒绝。后来，还是在包主任不厌其烦的鼓励和说服下，她才于1979年鼓起勇气，怯生生地开展起社区居委会的工作。当年武荷香29岁，经过两年的培养，成熟地接任了包主任的岗位。那时候，干队里的工作，26年都没有任何薪资和待遇，只挣几个工分，既养不了家也糊不了口，但是社会价值感促使她一干就终身未弃。

是包主任的循循善诱，开启了武荷香为人民服务的历程,接过这根接力棒后，她更是风里雨里，泥里水里，和平常人家的烟火、喜忧绑在了一起，炊烟深处，喜怒哀乐，忧居民之所忧，乐居民之所乐……

巷陌街道写春秋

老百姓的事情无小事，管好巷陌街道、街坊邻里，实现好、维护好、发展好最广大人民的根本利益是当前基层工作的出发点和落脚点。

社区和村居是国家最前沿、最基层的工作基站。在一线前沿工作，对人的消耗巨大，必须具有一定的职业操守、敬业精神、抗压能力、无私奉献的情怀以及不好大喜功的品格，才能胜任这种事无巨细的工作。

清泉街社区占地面积36万平方米，辖区共分13个网格管理区，15个网格员，现有工作人员32名、干部7名，居民共2732户，8800人，是多民族聚居的城市社区，由汉、蒙古、回、满、苗、壮、侗、朝鲜、达翰尔、鄂温克、俄罗斯等11个民族组成。民族之间的风俗习惯、语言不同，生活方式也有些许差异，导致在无形中给社区增加了一项民族管理工作，这不但加大了管理的难度，也拓展了管理的宽度。

但是，武书记却不觉得这项工作有多难，工作起来依然得心应手。原来，她有自己的工作方法，那就是用"心"的厚度去感化人。

武书记不仅在社区专门为少数民族群众安排了一名接待与主管民族工作的工作人员，还建立了民族团结爱心超市。如今这个"爱心超市"已经得到许多政府机关及20多家企业的赞助。超市不但生活用品种类丰富，吃的用的一应俱全，而且每年都会给这个辖区的困难人员发放有保障的实际生活贴补及救助，真正实现了帮困救难的工作目标。

除了这个民族团结爱心超市，武书记还针对社会矛盾纠纷、妇女维权等设立了"说理堂""社区矫正工作室""劳动关系协调室""老兵协调室""妇女维权站""联合调解服务站""法院诉讼服务站"等7个调解纠纷的站室。

武荷香始终践行守望相助的理念，坚持以人民为中心，借力党建优势、地域优势、宣传优势和文化优势，充分利用社区文化宣传阵地，利用LED电子屏幕等社区特色宣传阵地，以座谈会、读书节、故事会、演讲、知识竞赛等形式大力推进和宣传"团结、和谐、稳定、发展"的理念，营造民族团结和谐的友好氛围，促进形成良好的家庭文化和楼院文化。

社区的另一个特色是意识形态修正讲堂，如"道德讲堂""法律讲堂""武荷香调解工作室""社区工作者教育基地""红石榴驿站"。这些堂、室、站及基地的建立给社区注射了"强心剂"、加上了"助推器"，保证了各项工作的顺利高效开展；同时以社区新时代文明实践站为载体，通过社区电视台等平台，深入宣传党的民族政策和国家有关法律法规，受到居民的喜爱。

为了实现多管齐下有效管理，武书记还利用自己的威信带动和建立起一支志愿者队伍，共有志愿者1201人，在册党员121名，其中包括老党员、残疾人和低保户等，居民们把志愿服务作为一种信仰，积极参与，发挥能量，关键时刻出人、出钱、出物，帮助和带动周围人。

多年来，武书记高度重视民族团结工作，并将民族团结融入社区各项工作中，其管理区域从来没有出现过一例上访事件。她还获得国家级奖项及荣誉19项，自治区级奖项及荣誉14项，呼和浩特市级荣誉24项。别人或许会为这些荣誉感到心满意足，然而，她没有。武荷香认为这些只是对一个时期一项工作的评价，她会一如既往地接受任务，继续向前。

武书记把自己多年来学到的政策、各方面知识以及法律法规常识运用到她多方面、多形式的"组合拳"智慧管理中，让她所在的社区达到了民风淳朴、团结进步、和谐发展的良性循环状态。

小巷深处大天地

　　心的"厚度"决定赞誉的厚度。不信你就去看看武荷香那一摞厚厚的荣誉证书，这些都是她用心做事、用心待人得到的回报。

　　打开她的荣誉证书柜：2003年，她被评为全国优秀社区工作者及全国社区志愿者先进个人；2005年被评为全国先进社区志愿者之星，并被国际人才交流中心评为世界杰出人士；2009年被评为全国"五五"普法中期先进个人及"和谐中国"年度优秀先锋人物；2012年被选为中国爱心城市典范人物，并当选为党的十八大代表；2014年被评为全国民族团结进步模范；2015年获得全国巾帼建功标兵、全国社区贡献奖；2019年获得全国道德模范提名奖，同年10月，受邀到北京参加了中华人民共和国成立70周年庆典观礼；2020年10月被评为全国三八红旗手，同年12月被评为全国模范人民调解员……

　　这些只是国家级的荣誉，自治区级和市级的还有38项没有列举。可以说，每一项荣誉都是她感人事迹的一个缩影。

　　武书记每天为这有着8000多人的社区做过多少事，就是一千零一夜也说不完。巷道深处是人家，户户都有烦心事，而每一户又都是她需要关心的人，都与她息息相关，她这个"小巷总理"怎么能不操碎心呢！然而她从来没有叫过苦喊过累，脸上总是洋溢着春风般的笑容，精神焕发，阳光灿烂，给人以泰山一般的厚重感和可靠感。

　　她总是教导身边的工作人员："世上的事，你若不吃这样的苦，就得受那样的罪。反正都是苦，只要耐着性子多吃一会儿，那么吃着吃着就变甜了。"她说这话并非引经据典，而是自己亲身实践得来的真理，实践出真知，这话一点儿不假。

　　她，来自于人民群众，是党和政府选择了她，培养了她，历练了她，也是人民群众的基础支撑了她，是人民的信任以及期望鼓舞和造就了她。

　　1986年5月，武荷香光荣地成为一名中国共产党员，随后心怀共产主义的理想信念不断学习、淬炼、锻造，她被这种思想吸引，被这种理想感动。

共产党员就是为人民群众服务的，这是党赋予每一名党员的初心使命和任务。而她正是这句话忠实的实践者。她来自于人民群众，有着深刻的群众基础。她不仅能和群众自觉且密切地联系起来，也能自觉服务于人民群众，"诚于中者，形于外"，这个岗位就是她的试金石，而她也只有扎根在此处，才能把全部闪光点发挥到极限。

从最初在自己的"小家"里孝老敬亲、侍奉公婆到睦邻友好，遇难帮难、见困纾困，再到后来进入社区这个基层团体"大家庭"来服务，这是个里程碑式的转折，她的人生从此多姿多彩、与众不同。这是用任何物质都不能交换的宝贵的精神财富，是她书写人生理想、践行人生信念、实现人生价值的所在！她倍加珍惜。

每当她回忆起这段人生旅程，总会陷入深深的沉思中。一段一段的故事，像深巷中升起的袅袅炊烟……

"自从接任这个岗位，我倍感艰难，那时候还很穷，自己没读过很多书，也算是白手起家吧！于是，我就撸起袖子，不怕苦、不怕累、不怕脏，比群众多做点儿。我觉得只要能吃苦、多历练就能为他们挡风遮雨。不这样的话群众图你什么呢？把自己弄成摆设行吗？这能对得起谁？"这是她最初的观点。

现在的她说："人，苦不死、累不死，就怕气死。气，是源于自己的不争气，来自于被人看不起，那才叫气呢！所以，做人必须得争气，勤快点儿，埋头干就行了！"

武荷香是这样想的、说的，也是这样做的。她在街道几十年，就是在这种思想的指引下，勤劳耕耘，默默奉献。在她这个优秀"领头雁"的引领与建设下，这个社区跨步成为全国星级居委会……

回首往日，几度春秋。一路走来，居委会从最初的没有办公室，到现在拥有一幢占地约930平方米的社区办公楼。40年间，在她的带领下，在几名工作人员艰苦的拼搏努力下，这个社区发生了翻天覆地的变化。

挂牌的那天，武荷香的脸上洋溢着欣慰的笑容，她用一块干净的毛巾把"清泉街社区居委会"这块牌子擦得锃亮，"清泉街党群活动服务中心"

几个红红的大字格外夺目，党旗在微风中飞扬出新时代党和人民的自豪与自信……

为了能够更好地服务于居民大众，建设好这个多民族和谐社区，武荷香把基础设施改造建设成了更富有人情味和烟火气的社区大家庭。来办事的居民坐在明亮的办公楼内，像回到自己的家一样，大家谈笑风生，相处和睦，这就是武书记给居民们创造的回归家庭式的便民服务环境。

为了方便居民学习、活动、办事，武书记在办公楼内设置了一站式服务大厅和多个便民服务窗口，有为民服务办公室、便民服务代办点、劳动保障工作站、政府信息公开便民查询点、党员服务中心、困难职工帮扶中心、社区卫生服务站、社区综合文化活动中心、网格化服务管理监控室、图书阅览室、科普活动室、老年活动中心、市民文明学校、妇女儿童之家、好邻居议事厅、未成年人活动室、居民之家、爱心超市等，并建立了社区网站、志愿者服务站和学雷锋自愿者服务站，同时在便民服务方面开展家政服务、家电维修等十多项上门服务项目，真是麻雀虽小，五脏俱全。这些站、所、室、点全是为了给这2000多户居民实实在在解决生活与工作问题，并非虚设。就这样，她还是不满意，每当夜晚睡不着的时候，她便思考如何进一步完善改革服务便民的方法和机制，她要把服务做到更贴心、更让人感觉舒适。

为了实现全方位无死角服务居民，排除群众的后顾之忧，把矛盾、纠纷、问题化解在萌芽状态，武书记还在会议室给自己设立了一个专门调解邻里问题及社会矛盾纠纷的服务窗口——武荷香调解工作室。而且，她还别出心裁地起了个名字叫"红石榴驿站"。她希望本辖区内的居民能够相亲相爱，如石榴籽一样紧紧地抱在一起，共同走向幸福富裕的康庄之路。

其实，服务窗口设立越多，意味着武书记为其不分昼夜地操劳得越多，付出得越多。

工作人员满含热泪地对我说："武书记曾连续好几天日夜加班，累到在椅子上说着话就睡着了。我们劝她回去休息，她还坚持说要把工作都完成后再回。等到大家下班一起走时，她还要把一天的工作都检查一遍，确保万无一失，然后把门窗水电都关好，才最后一个离开单位，每晚她都11点多才能回家。她是几十年如一日地舍小家为大家。那么大年龄了,做工作总要做到极度完美才停止,有时真让人心疼,不过她就是这样一个人,永远歇不下来,永远不知疲倦……"

社区的居民说:"武书记日夜坚守在这里,就是为给我们一个稳定的家,好让遇到困难的居民有'家'可回,而且,回来立刻就能够找到她,她会及时提供帮助。只有让无助的人有'家'可归,有'家'可依,她才放心。所以,她几十年如一日,年年月月日日守着这方阵地,守着这个'家',不分昼夜,没有节假日,没有休息日,甚至国家给她去疗养的机会她都拒绝了。她怕扔下这里的工作和居民,她就像一个老妈妈一样,不放心这里的每一个家庭、每一个居民。她就是一个善良又慈祥、认真又负责、爱关心人的好好书记。说实话,离开她,我们心里确实也没底,这里的居民都离不开她,否则这么大年龄她还返聘在岗,就是这个原因,因为大家都信赖她,感觉离不开她!"

是啊,金杯银杯不如人的口碑。还有什么比群众口中的她、群众眼里的她以及工作岗位上的她更真实可靠啊!

党信任她,群众信赖她。这样的书记值得大家爱戴。鉴于此,2007年,武荷香被光荣地选举为党的十七大代表;5年后,2012年又被光荣地选为党的十八大代表;2019年10月受国家邀请,她又参加了中华人民共和国成立70周年庆典观礼。站在天安门观礼台上,她眼含热泪,心潮澎湃,感慨万千,做梦都没想到自己会和国家领导人站在一起,观看中华民族崛起的盛世宏图。

她的奉献铸就了她人生的辉煌,小巷深处大天地,炊烟起处爱升腾。

一腔柔情爱永恒

人间有大爱,日子才会恒定有序、稳定美好,也就是人们常说的岁月静好。然而,世间之事哪会总是那么安逸美好呢?所谓的岁月静好,只不过是有人安闲,有人却在负重前行,甚至赴汤蹈火也在所不惜。

除了那些屡建奇功者，还有更多强国建设者默默奉献于社区基层，隐于巷陌，他们的功绩平凡也伟大，就如武书记这样的人，看上去平凡又朴实，但却有一颗金子般闪光的大爱之心。40多年来，她把全部的心血都倾注在这个社区以及社区的每个人身上。从一个善良贤惠的家庭妇女到社区党委书记，她为街道掏过厕所、扫过大街，给孤寡老人陪床送终，为生活困难者送过衣物，给残疾人送过米面。

母爱的伟大和党员的责任心，让她格外关照那些孤儿。她资助过孤儿肖某，像妈妈一样照顾他，为他洗衣做饭，鼓励他努力学习，坚强生活。一年冬天，肖某家因无力支付取暖费被停暖，她得知后二话不说，拿出自己的积蓄帮他家支付了取暖费。每逢过年，她还会给那些孤儿们送去压岁钱，让他们感到亲人般的关爱和温暖。

社区还有个孤儿史某，坐过牢，出狱后依然对社会抱有不满，对生活持有消极心态，武书记不但对其没有偏见，反而给予他更多的关怀，经常和他聊天，了解他真实的想法。之后他在武书记的撮合下成了家，有了孩子，还落了户，武书记又根据实际情况为其申请了低保，使这个飘摇的家庭有了基本保障，后来还给他申请了廉租房。这个在社会上游荡了多年的汉子，终于可以踏踏实实过日子了。他至今仍感激地说："以前好多人劝导我，我都不听，我就听武书记的，因为她没少帮我，是武书记让我觉得生活有了意义。"

像这样的故事，还有很多很多……

多年来，武荷香把全部精力投入社区，她不仅无偿照顾社区内18位孤寡老人、6名残疾人和4名孤儿，并帮他们申请低保，逢年过节还给他们送肉、蛋、米面油等，让这些人真真切切感受到了家的温暖。

她待人如春风拂面，无私而热心，负责且细致，工作更是做得有声有色，赞美声不绝。她先后被授予全国道德模范提名奖、内蒙古及全国劳动模范称号等。

去武荷香工作的地方走走，听听她的话语，看看她的工作，确实能给人一种心灵的震撼与洗礼。

优秀的人往往很低调,就像那些饱满的稻穗。她,隐藏在小巷深处,无私奉献,在一线岗位上任劳任怨,不求回报,几十年如一日,风雨无阻、披星戴月地为社区街道、小巷人家奉献着自己的力量。

她如蜡烛,燃尽芳华,迸发出最美的火花,温暖他人,照亮世界。

扫码查看
拓展资料

德耀青城——记呼和浩特市道德模范、青城好人

传承红色基因　永做忠诚卫士

——记全国道德模范提名奖获得者巴特尔

孟　斌

　　巴特尔，现任呼和浩特市玉泉区南二环路消防救援站站长，一级指挥员消防救援衔。

　　作为消防烈士的后代，巴特尔始终继承父亲遗志，把献身消防救援事业作为崇高的政治信仰和价值追求，用实际行动践行"对党忠诚、纪律严明、赴汤蹈火、竭诚为民"的精神，在北疆大地上奏响了一曲曲新时代感天动地、催人奋进的壮丽凯歌。巴特尔先后荣立个人二等功2次、三等功2次，

被内蒙古自治区授予"自治区五一劳动奖章",表彰为"北疆楷模""全区优秀共产党员",被应急管理部表彰为"全国119消防先进个人""全国应急管理系统先进工作者",被共青团中央、全国青联授予"中国青年五四奖章",被中宣部授予"全国道德模范"提名奖,被党中央、国务院授予全国"人民满意的公务员"称号。2022年6月,巴特尔当选内蒙古自治区出席党的二十大代表。

4800余次消防救援的生死考验,4800余次初心誓言的战斗洗礼,巴特尔一家三代接续奉献,子承父志投身消防。奶奶朴素深沉的家国情怀,父亲许党报国的英雄壮举,母亲为国争光的拼搏精神,犹如一颗颗红色的种子,在他的心中深深扎根萌芽。巴特尔始终赓续红色血脉,传承红色基因,以矢志不渝、不忘初心的崇高追求,用青春和热血践行着"对党忠诚"的铮铮誓言,在北疆大地奏响了一曲曲新时代逐梦报国的信仰之歌。

"我一直很敬佩我的父亲,父亲的英勇事迹感染了我、鼓励了我、鞭策了我。我会延续父亲的遗愿,争做像父亲那样不怕牺牲、不畏艰险、勇于献身的英雄,时刻准备着,把自己的满腔热血奉献给伟大的祖国、人民和消防事业。"这是巴特尔入党志愿书上的铿锵誓言。

信仰之源

水有源,树有根。人生如屋,信仰如柱。崇高的信仰,坚定的信念,不会自发产生。巴特尔的崇高信仰,来自他特有的"精神家园"——一家三代接续奉献,子承父志投身消防。

巴特尔最初的精神支柱是他的奶奶,在巴特尔的心中,奶奶是这个英雄家庭的脊梁。奶奶那浓厚的家国情怀、强烈的社会责任担当和崇高的精神信仰,犹如一座丰碑矗立在巴特尔心中,激励着他自觉做新使命、新征程的坚定信仰者、模范实践者、忠实开拓者、奋力担当者。一颗许党报国的种子,就这样悄悄萌芽了。

1991年8月8日,奶奶王凤珍永远失去了身为消防员的年仅28岁的大儿子孙占明。当得知孙占明去世时，正在米面加工厂工作的王凤珍当场晕倒。但当事后得知孙占明是为救助掉入井中的群众而牺牲时，她又为儿子的英勇行为感到欣慰和骄傲，王凤珍认为儿子没有忘记从小对他"爱党敬业、舍己为人"的教诲，他为消防员树立了榜样。

丧子之痛，撕心裂肺，但她并未远离部队。大儿子牺牲后，为了完成儿子终生为党为国无私奉献的遗愿，王凤珍决定将小女儿孙利伟送到消防部队继承哥哥未竟的事业。

1991年底，孙利伟光荣地成为一名消防战士，她时时处处以哥哥为榜样，先后两次荣立三等功，并通过自己的努力考上军校，成为一名军官。

好男儿就要去当兵。随着巴特尔慢慢长大，王凤珍决定把孙子巴特尔也送到部队锻炼，她一直教育巴特尔要以父亲为榜样，树立为人民服务的观念。从小就听着父亲事迹长大的巴特尔，也暗下决心要成为一名优秀的消防员，继承父亲的遗志，像父亲一样去战斗，去奉献，为消防事业发光发热。

巴特尔长大后，当面临是上大学还是当兵两个选择时，他毫不犹豫地选择了当兵，他把他的意愿告诉了奶奶。王凤珍听后十分欣慰，但也有些心酸，她在心里不断思忖：大儿子已经在危险的消防岗位牺牲了，还要不要送孙子去这种危险的岗位？是不是应该给孙子选择一份安全、轻松的工作？现在家里二儿子又患了癌症，生命垂危，这个时候还送孙子去当兵吗？王凤珍想了很久很久，最后她决定舍小家为大家，她要把巴特尔送到部队去，要让他吃苦历练，努力完成他父亲的遗愿，实现为党为国服务奉献的理想。

王凤珍的无言大爱感动了草原，感动了北疆大地。她曾被评为内蒙古第二届"感动草原·十杰母亲"，被内蒙古自治区公安厅评为"十佳英雄母亲"，被通辽市妇联评为"模范兵妈妈"，被公安部消防局评为"英雄母亲"等。

奶奶的深明大义和家国情怀，鼓舞着巴特尔一路前行。在巴特尔心中，奶奶是伟大的。奶奶常说，现在的幸福生活都是共产党给的。话虽然质朴，但也道出了她的初心。奶奶的质朴初心对巴特尔影响很大，也让巴特尔时常叩问自己的人生目标和理想抱负：自己该如何像奶奶那般爱党爱国，又如何把自己最美好的理想追求融入全心全意为人民服务的消防岗位上？

父亲是英雄家庭的旗帜。在巴特尔眼里，身为消防员的父亲是一位伟大的英雄，他爱党报国的坚定信仰，像一面旗帜，永远飘扬在自己的心中。

12年的消防生涯，谁也记不清父亲孙占明到底经历过多少次血与火的洗礼与考验，但战友们都说火场上的孙占明就像一位无畏的勇士，永远冲锋在前，无论在多大的灾难面前，他总是把死的危险留给自己，而把生的希望留给战友。就是这样一个舍己为人、奋不顾身的英雄父亲的形象，永远留在巴特尔的心中，激励他不断前进。

巴特尔常想，父亲的英雄精神是怎么产生的？他在细读父亲写下的一本本日记时，从字里行间深切感受到父亲是一位具有崇高理想信念和坚定信仰追求的人。父亲的英雄精神来自于对党和人民的无限忠诚，来自于全心全意为人民服务的价值追求，来自于始终将人民利益放在最高位置的无私信念。

母亲是英雄家庭的港湾。在巴特尔心中，母亲山丹是一名拥有远大理想抱负，为了梦想敢于拼搏奉献的人，是为祖国、为民族增光添彩的巾帼英雄。

山丹是一名十分优秀的柔道运动员，从13岁踏入运动员生涯以来，从不抱怨训练有多么苦，多么累。她知道是祖国培养了她，她要为祖国争光。她每天都会给自己增加训练量，其他人都和同级别的女队友进行对抗训练，而她却和比自己级别高的男队员进行对抗训练，被摔倒了，就继续站起来。一个动作别人练10遍，她就练20遍、30遍，前滚翻、后滚翻、跌倒、爬起，每天重复上千次。

有人对山丹说她其实没必要这样，会把自己练伤。山丹却说："只要能代表中华人民共和国出征奋战，就算再苦、再累、再难，我都要坚持住。"凭借这种顽强的拼搏精神，她成为全国女子柔道顶尖选手，登上国际领奖台，为祖国、为中华民族争得了崇高荣誉。

母亲经常和巴特尔说起她站在领奖台上的幸福感受："当时我的内心十分激动，因为我为祖国争了光。我争得的荣誉不仅仅属于自己，更属于祖国和人民。"

人生有信仰，脚下有力量。对母亲这种崇高的家国情怀，巴特尔起初并没有真正理解，没有从思想上认识到她的精神世界是多么无私和博爱，只认为那是母亲的身体素质比别人好，没什么了不起的。但随着自己人生经历不断丰厚，巴特尔越发感到是母亲爱党爱国的坚定信仰在支撑着她、激励着她。家是小的国，国是大的家，没有国哪有家？母亲把她的心与祖国和人民的心连在了一起，把自己的荣辱和国家、民族的荣辱连在了一起。

母亲既是巴特尔温馨的港湾，更是他学习的榜样。她为国拼搏、为国争光的坚定信仰，像一支熊熊燃烧的火炬，照在巴特尔心中。

人生抉择

父亲的英雄形象，在巴特尔心中留下了不可磨灭的印记，他的第一次人生抉择是就读体育学院还是当兵。

那一年，巴特尔作为一名业余射箭运动员参加了哈尔滨体育学院的招录考试。经过一系列的笔试、专业考试，他最终成功地被哈尔滨体育学院录取。就在巴特尔告诉母亲这个喜讯时，母亲问了一个决定巴特尔一生的问题：是选择去哈尔滨体育学院，还是选择去当兵？当巴特尔听到"当兵"这个词时，内心无比激动，因为他从小就有当一名像父亲那样的英雄士兵的梦想。于是巴特尔毫不犹豫告诉母亲，自己要去当兵。

2007年10月底，巴特尔如期来到入伍体检的医院，经过一天的体检和心理测试，巴特尔的身体情况和心理状况全部合格，下一步就是政审。

北京卫戍区的政审人员看到巴特尔的资料后，问他要不要来北京当兵。如果真的能去北京卫戍区当兵，就意味着巴特尔有可能在天安门广场这个人人梦寐以求的地方，为首都人民站岗，保卫中南海、保卫党中央，这是一件多么神圣和光荣的事情！

北京还是消防，两种抉择，同样神圣，同样光荣。选择北京可能更安逸、舒适、风光、体面；选择消防，就要直面血与火、生与死的考验。两种选择、两条道路、两种人生，在巴特尔脑海盘旋着、交织着……

好钢不怕炼，好铁不打不成钢。巴特尔心中敬仰着英雄的父亲，父亲的事迹一直激励、感染、鞭策着他，于是他选择做一名像父亲一样不怕牺牲、不畏艰险的消防兵。

2007年12月，巴特尔带着父亲的遗愿、家人的嘱托，来到赤峰消防新兵连。在新兵连里，巴特尔像父亲一样刻苦训练，认真学习，像父亲一样严格要求自己。新训结束时，巴特尔获得新训队的嘉奖。

三个月的新训生活即将结束，马上面临新兵分配去向。这时巴特尔听到一个消息，自己将要被分在市区条件好、火警少、训练强度不大的支队机关直属中队。虽然这是一个令多少新兵梦寐以求的岗位，但这并不是巴特尔想要的军旅生活，他要像父亲一样，到艰苦的中队去锻炼磨砺自己。巴特尔询问班长后得知，红山区一中队马上要变成特勤中队，这个中队的火警多，训练任务重，重大勤务安保也多，巴特尔暗自下决心，他想尝试一下，看能不能争取一下把自己分配到红山区一中队。

巴特尔拨通了姑姑孙利伟的电话，他和姑姑说："姑姑，我不想去轻松的地方，我想到红山区一中队！理由有三个：第一，我不想别人认为我是靠着我父亲的光环来当兵的，不想让别人瞧不起我；第二，我是烈士子女，更应该在最苦最累、最险最难的地方，哪里火警多哪里就有我，我要靠自己的实际行动告诉大家，我不仅是烈士的后代，我也能像父亲一样优秀；第三，我要以姑姑为榜样，通过自己的不断努力提高自身本领，勤学苦练，永远做一名为祖国、为人民、为部队奉献的消防战士。"

巴特尔的姑姑听完这段话，心中充满欣慰和敬佩，说："既然你决定了，姑姑尊重你的选择。"随后，姑姑向上级反映了巴特尔的选择和追求，巴特尔终于如愿以偿。

三次重大人生抉择，三次对信仰的不断淬炼，巴特尔的信仰之花，越开越艳，越开越美。

信 仰

把信仰写在厉兵秣马的练兵场上。

2007年12月，巴特尔带着父亲的遗愿和家人的嘱托踏上了前往赤峰消防新兵连的旅程。这不是一次简单而平凡的旅程，而是关乎一生的选择，这次选择注定巴特尔将来要朝着父亲的方向不断前行。他默默对自己说："把父亲的心愿完成，把父亲未走完的路走下去，发扬父亲不畏艰险、不怕牺牲的精神，为消防部队增加一分力量，为消防事业奉献终身！"

新训，使人雄姿英发；新训，使人朝气蓬勃。新训的每一次体能训练，每一次队列训练，每一次业务训练，巴特尔都铆足了劲儿，努力做到最好。

父亲在日记本上写下的训练誓言成了巴特尔在训练场上的"冲锋号"："顶着滚滚浓烟，练；抱着熊熊烈火，练。脱一层手茧，多一份经验；洒一串汗水，得一份勇敢。操起水带——意志的长鞭；背着灭火器——格斗的利剑。越障碍——我是穿山虎；攀高楼——我是林中猿；扑烟云——我是峡中风；闯火口——我是金刚钻。今天哪怕苦一点儿，累一点儿；电铃响起，我是离弦的箭。"

新兵训练马上结束，巴特尔的各项成绩都名列前茅，获得了嘉奖。授衔仪式结束后，巴特尔和战友们手抚着灿烂夺目的帽徽、领花和军衔，那种自豪、喜悦和激动的心情不言而喻。巴特尔说，从今天起，他就成了一名真正的像父亲一样的消防战士。

这一年，巴特尔就像一个拼命三郎，掉皮掉肉不掉队，流汗流血不流泪。选择当兵，选择当父亲一样的优秀士兵，巴特尔信念坚定，无怨无悔。当兵第一年，巴特尔就被评为"优秀士兵"。

把信仰写在生死考验的战场上。

"在党和人民需要的时候，我会牺牲一切，在所不辞！"巴特尔用青春和热血，一步一个脚印地践行着自己的初心和誓言。

2009年8月5日9时许，位于赤峰市红山区东北部的赤峰制药股份有限责任公司院内，一辆液氨运输车在向公司车间输送液氨时，对接的高压导管发生破裂导致液氨泄露。巴特尔深知，氨的刺激性对人体有很大的伤害，轻度吸入氨气可中毒，身体部位接触会引起严重的疼痛和烧伤。但是警情就是命令，巴特尔义无反顾主动请战，第一个穿好防化服，与战友一同进入事故现场。

当发现3名工人无力逃生时，他立即为被困人员戴上空气呼吸器，将他们转移到安全地带。但由于不慎吸入了有毒氨气，巴特尔开始剧烈地咳嗽。闷热的防化服使衣服全部湿透，汗水流进了眼睛，但他根本无暇顾及。

时间就是生命。此时的巴特尔心中只有一个念头，就是争分夺秒抢救生命，尽可能把更多群众转移到安全区域。经过近两个小时的战斗，巴特尔和战友救出遇险群众170余人，疏散人员6480余人。

由于长时间的暴露工作，巴特尔吸入大量氨气，在返回途中晕倒。巴特尔醒来后发现，自己正在医院的病床上吸着氧气，他已昏迷了两天。

事后，母亲给巴特尔打来电话。此时的巴特尔深深理解母亲的心情，她不想再看到当年父亲那悲壮的一幕，再也不想有那样撕心裂肺的痛苦经历。但是母亲依然对巴特尔说："既然选择了你父亲的未竟事业，就朝着自己认定的方向去努力吧。"

把信仰写在许党报国的使命中。

誓言无声，一言九鼎。打铁还需自身硬。火场就是战场，战场打不赢，一切等于零。行动就是无声的命令，巴特尔决心用行动说话，扛起如山的使命。

2012年7月，巴特尔从昆明消防指挥学校毕业后，被分配至内蒙古消防总队呼和浩特市消防支队托克托县消防大队托县一中队。来到中队，巴特尔直面的是"蹈火者"三个字的励志墙，这三个字看似简单，却承载着历代中队官兵的初心和使命。面对"蹈火者"这面励志墙，巴特尔深感这是使命在召唤！他决心用行动说话，像父亲一样拼搏训练，争当优秀指挥员；像父亲一样用情带队，带出一个个精兵；像父亲一样从严治队，带出一支过硬队伍。

巴特尔身上总有父亲那股刚毅的拼劲儿和那股从不言弃、奋勇争先的决心和意志。2013年9月，巴特尔被抽调到集训队培训，准备参加总队大比武。一到集训队，巴特尔心中就有一个信念，就是要像父亲那样，勇往直前，勇夺第一。巴特尔说："父亲曾经创造了总队训练史上的辉煌成绩，至今都没人超越，令人十分钦佩。"

人一旦有了信仰，就有了奋斗的目标和动力，就会自我加压，勇往直前。集训的第一个科目是两盘水带连接，为了取得好成绩，每天中午午休时，巴特尔总是头顶烈日，与骄阳为伍，独自一人前往训练场，在30多摄氏度的高温下，一遍一遍地接口，一遍一遍地收带。任凭汗水打湿了他的衣襟，任凭被水带磨破手指，任凭被太阳暴晒，巴特尔全不在乎，依旧在练、练、练。最终，巴特尔取得了优异的成绩。

接下来的科目——400米物资疏散更具有挑战性。巴特尔在加班加点训练时，由于追求速度，腰部不慎严重扭伤，头上冒出豆大的冷汗，他强忍着想站起来，但感觉像地震一样，浑身发抖，根本站不起来。在场的战友们都惊呆了，可当时现场没有可以缓解腰伤的物品，不少战友都认为他一定会放弃。科长拿起用于比赛的煤气罐，帮巴特尔在腰上滚动以缓解疼痛。然而赛场就是战场，退却就是失败。疼痛稍有缓解后，巴特尔以惊人的毅力，咬着牙、忍着痛爬起来，又投入了训练。

还有一项比赛科目是枪炮协同操。这个操法距离长，协同配合要求高，特别考验消防员的耐力和体力。比赛马上开始，就在临上场前，巴特尔突然感觉脚上湿乎乎的，靴子里面的脚趾特别疼。当他脱掉靴子和袜子那一刻，才发现指甲盖已经受伤了，仅有一丝肉连在脚趾上。这时，中队长看到后很不忍心，劝他放弃，换个人上场。巴特尔婉言谢绝，说："这点儿轻伤算什么。"说完，他忍着疼痛把指甲盖揪了下来，直接冲回了赛场。

信念可以战胜一切。当发令枪声响起，巴特尔像离弦之箭冲出起跑线。那一刻，脚趾的疼痛早已被巴特尔抛在了脑后，他的心中只有勇夺第一的念头。

巴特尔身着40多公斤的装备，背着空气呼吸器，手拿两盘水带，像只猛虎一样冲向十楼。向上冲刺，不断攀登，巴特尔终于带领队伍在比赛中获得第一名的好成绩。可当他脱下靴子后，袜子和脚趾已经血肉模糊粘到了一起。战友们说，这就是巴特尔，这就是信仰的胜利、信念的胜利！

"坚持纪律部队建设标准,对党忠诚是灵魂,纪律严明是保障,赴汤蹈火是使命,竭诚为民是宗旨,这是我们消防救援队伍的建队之本,任何时候都不能有一丝松懈。""我们消防员每一次出警都是一场生死考验,没有铁的纪律,就会散沙一盘,就会变质,就会辜负了党和人民对我们这支队伍的期望。"这些思想共识被巴特尔和队员们铭记于心,成为大家共同遵守的行为准则。

纪律连着战斗力,守纪才能打得赢。巴特尔时时处处把纪律规矩放在前面,从战斗纪律、战斗作风上严格要求,带出了一支过硬的队伍。

2019年春节前夕,辖区内一户平房因烧火取暖导致屋顶夹层阴燃,巴特尔立即带队出警。到达现场后,他看到一个中年男人正蹲在地上掩面哭泣,旁边的轮椅上坐着一位年迈的老人。周围的群众纷纷议论:"本身就是低保户,还要照顾瘫痪的老母亲,这一家真是可怜啊!"巴特尔意识到必须最大限度减少损失,不能让这个贫困的家庭雪上加霜。他随即命令战斗员切断屋内电源,架设单杠梯,自己拿起锚钩小心翼翼在房顶开设孔洞,并钻入孔洞寻找着火点。发现火点后,他并未让战斗员架设水带水枪扑救,而是用水桶提水的方式灭火,直到火点成功被扑灭。很多消防员不解地问道:"队长,为啥不出水枪呢,那样灭火岂不是更快吗?"巴特尔却说:"我也知道你说的方法最快,但本身这就是阴燃火灾,用水枪灭火只会造成不必要的水渍损失。这样灭火后家里只要晾一晾,马上就可以住人了。"周围的群众对巴特尔的做法纷纷点赞,户主看到自己家被保住后,激动地握着巴特尔的手,感激地说道:"你们真是我的救星啊!没有你们,我的家还不知道会是什么样子。"队员们看着眼前的场景,打心眼里赞同巴特尔的做法——自觉把最大限度降低财产损失作为每次出警的战斗标准,时刻把群众冷暖挂在心间,实实在在为群众排忧解难。

巴特尔在一次又一次生与死、血与火的严峻考验面前,不退却,不回避,总是一次又一次冲锋在前,英勇战斗。

2016年8月的一天,消防队接到救援命令,一名群众在田野里找羊时不甚掉到一口枯井里。巴特尔和战友们穿好救援服,迅速赶往现场。

和巴特尔一起参加过这场救援的战友每每回想起来还是久久不能忘怀。历史总是有着惊人的相似，巴特尔的父亲当年就是因为井下救人而牺牲的。

"指导员，我们下吧，你身体重。"到了现场，许多队员争着下井。当时任指导员的巴特尔谢绝了大家的好意，说："我学过井下救援并有救援经验，你们在上面做好保护就行，万一有什么突发情况，我可以第一时间做出反应。"对巴特尔的这个决定，大家都为他捏着一把汗。

枯井井口狭窄，巴特尔身上背着20多斤的空气呼吸器，根本侧不开身，只能头向下倒立着，一点儿一点儿往下深入。当巴特尔已经有半个身子下到井里的时候，意外发生了，空气呼吸器上的挂钩和井壁发生摩擦，导致挂钩变形，他的身体突然开始下坠。就在这危急当头，一名战友一把拽住了空气呼吸器，支撑住了他，战友们一起上手把巴特尔拽了上来。

看着战友们被吓白的脸，巴特尔一阵后怕，不知道说什么好，他只知道是战友们救了他一命，在那个瞬间，避免了像他父亲一样的悲剧重演。

时间就是生命。巴特尔换掉挂钩，重新检查确认装备扣紧后，不顾战友的再三劝阻，决定再次下井。巴特尔顺着井壁下去找到被困人员，利用准备好的绳子绑在他的身上，并发出上升信号，被困人员被拉了上去。此时的巴特尔独自一人在井里，头灯照在漆黑的井里，感觉井内深不见底，看到井壁上的苔藓、陈旧的砖石，巴特尔突然想到了父亲，如果当时救援设备先进一点儿，也许父亲就不会牺牲了。

战友们说："每个灭火救援现场，巴特尔总是第一个冲进去，确定现场安全后才让我们进去，他总是说：'兄弟们靠后，我先上！'跟着他战斗最踏实、最放心，再危险都不怕！他就是我们的护身符。"

巴特尔在一次又一次血与火、生与死的严峻考验面前，总是以不怕牺牲的战斗作风，冲锋在前，舍生忘死，立身为旗；总是一次又一次把死的危险留给自己，把生的希望留给战友和群众。

在队友眼里，巴特尔就是当之无愧的"蹈火英雄"。

2019年3月30日，位于玉泉区大南街的光彩市场发生火灾。市场二层商户全部起火，中间已经坍塌，而商场中大多都是窗帘、塑料等极易燃烧的物品，产生的气味十分刺鼻。此时的巴特尔仍然义无反顾作为冲锋第一人，带领队员进入市场内部。天花板被大火炙烤得摇摇欲坠，顶棚不断有塑料制品砸落，有的甚至已燃烧熔化成溶液，砸溅到战斗服上，留下深深的印迹，滴落到头盔上，"扑嗤扑嗤"地留下黑色的疤痕。四周墙壁上挂满了窗帘，泡沫板也着起了大火，大火燃烧窗帘及塑料制品产生的气体异常难闻，不小心吸入口鼻后，口腔鼻腔及呼吸道就像被大火一路烧过，瞬间产生的窒息感会让人丧失判断力。突然，天花板的装饰物就要砸落到巴特尔的头上，他迅速反应过来，同时命令队友立刻后撤。

灭火战斗继续进行。由于楼内烟雾太大，能见度几乎为零，熊熊燃烧的楼板又随时面临坍塌的危险，巴特尔与队友进入二楼，胶皮底的作战靴踏在倒塌的铁皮上"刺刺"地冒着烟，铁皮下还有余火，一路就像走在荆棘丛中，但巴特尔带领队友进攻的步伐却始终没有慢下。最终经过数小时的扑救，商场二楼的着火物被彻底扑灭。

数千次，炽热的烈焰张开血盆大口要吞噬一切，令人窒息的浓烟撒开无边巨网，火场上的巴特尔总是像他父亲一样，坚定地喊出那句"我有经验，我先上"。

2020年5月19日，中队接到位于印象江南北门一饭店发生大火的警情，巴特尔立即带队前往。到达现场一看，周围是联排的商铺和居民楼，饭店路边聚集了数百名群众，焦虑、恐惧的气氛笼罩着夜空。饭店内浓烟滚滚，看不清起火点，巴特尔立即带领一名侦察人员进入内部开展火情侦察。侦察后，巴特尔决定采取内攻方式进行灭火，行进中烟雾导致视线受阻，巴特尔只能用手摸索着墙壁走上二楼组织战斗。

二楼的温度越来越高，水打在着火位置喷出的热气和墙壁燃烧后的温度，加大了灭火的难度。巴特尔感到自己的阻燃头套、防护服、手套和头盔在这一瞬间仿佛都失去了功效。这时房屋内已经是漆黑一片，滚滚热浪侵袭着他的身体。巴特尔身临险境，毫不退缩，他先利用水枪驱散黑压压的烟雾，找到窗口敲碎玻璃排烟，然后迅速锁定了准确的起火点。起火点属于完全密闭空间，没有窗户，再加上燃烧物为乙醇、汽油和柴油，经过长时间的燃烧挥发出的刺鼻气味令人窒息,此时房屋内还有部分可燃物存在,很有可能会再次燃烧起来。

巴特尔当机立断,带领两名队员握紧手中的水枪直冲火点位置。就在救火战斗紧张进行时,二楼储藏间的部分木质楼板突然发生坍塌,一片片楼板带着燃烧的火焰开始肆无忌惮地掉了下来,情况十分危急。

巴特尔凭着丰富的作战经验,马上带领侦察组进入内部进行详细侦察,发现二楼储藏间呈"L"型,必须经过一个高度只有1米左右的通道才能看到里面的火情。无奈之下,巴特尔带领队员只能在铺满火渣的地面上匍匐前行,一点儿点儿爬进去侦察情况。由于里面的高度只有1米左右,只能采用蹲姿才能进入内部,这给他们灭火带来了前所未有的难度。

再难也要冲,再险也要上。巴特尔立即组织战友采用蹲姿把水枪放在身体左侧进行灭火。狭小的空间里,大家站不起、蹲不下,灼热、炙烤的烟雾弥漫,侵袭着大家的肉体,考验着他们的意志,灭火战斗异常艰难。巴特尔带领队员以顽强的意志与火魔殊死搏斗。经过两个多小时的奋战,终将大火扑灭,联排商铺和居民楼安然无恙。火魔肆虐毁灭一切的险境排除了,夜幕又恢复了往日的美丽与安宁。

铁的品质,就是以敢打必胜的铁血胆气,在紧急关头勇担重任。

百姓过年,就是消防员过关。每年除夕夜,既是举国上下欢乐团聚的时刻,也是消防指战员枕戈待旦,为人民站岗守岁之时。2020年的除夕夜,巴特尔和所有队员一样,穿好自己的战斗服,佩戴好个人防护装备,在中队待命。就在这时,急促的电铃突然响起,贾家营小区三楼起火。到场后,楼下聚集了众多居民,大家脸上充满了焦虑和恐惧。队员们得知户主不在家,屋里没有人,没有办法打开房门进入屋内,如不及时扑灭,火灾很可能殃及整座居民楼。危急之下,巴特尔迅速做出决策,利用二节拉梯和挂钩梯连用方式进入屋内。屋内的大火已经烧到窗外,他们只好先用水枪从外部阻止火势蔓延。

时值隆冬,滴水成冰。喷至窗户流下的水瞬间在窗台和墙壁上结成了一层厚厚的冰。别无选择,巴特尔决定在结满厚冰的窗户上挂梯入房灭火。此时面临的最大危险是梯子挂在厚冰上很容易造成滑落，导致人员伤亡。危急关头，巴特尔毫不犹豫地选择自己挂梯上楼。此时，队员和周围的群众都为他捏了一把汗，万一梯子滑落下去，他就会有生命危险。最终巴特尔勇往直前，顺利攀爬上去，及时将大火扑灭，不仅使这家人的财产损失降到了最低限度，更避免了大火蔓延至整栋居民楼的灾难。

每年清明节前后，都是消防队最忙碌的时候。有些祭祖人员在纸没有烧完前就离开现场，火苗肆意乱窜，容易点燃周围的枯草和大树。加之此时又是频频刮风和开耕的时节，从而导致出警率一度飙升，消防站一天的出警次数高达十余起，有时一出就是十几个小时，队员们根本顾不上吃饭喝水甚至上厕所。长此以往，由于饮食不规律，巴特尔和战友们都患上了消防职业病——慢性胃炎。

巴特尔在日记中这样写道："只有心中始终装着人民群众，遇见火情才会义无反顾。干消防的，没有真本领就过不了火焰山。"巴特尔十分注重提升自己的科学救援本领，他不仅把辖区重点防控目标的建筑特点、内部结构、储存物资等都掌握得一清二楚，为了方便队员记忆，还做了电子数据库。他结合灭火救援实战，独立研发了"内攻灭火3人班组战法""狭小空间破拆搜救技术"等战术战法，并在支队广泛推广；他在4800余次灭火救援行动后，写下了20余本厚厚的"火场日记"，成为支队开展战例研讨和复盘推演的"工具书"；他积极响应建设"科技支队"号召，牵头研发了灭火救援调度指挥手机APP，打通了灭火救援联动指挥的"最后一公里"；他与第三方企业技术人员结成对子，开展远程音视频红外线热成像综合侦检头盔系统研发，有效破解了攻坚组进入浓烟、有毒等环境下的侦察难题；他带领党支部与昭君路街道农科院党支部等驻区单位成立党建引领消防救援共同体，推广应用"三方三定三创"熟悉演练法，推动形成消防安全"共建共治共享"的新格局。

订婚是人生的大事，但那一天巴特尔却扑进了火场。

2017年2月25日，这一天是巴特尔订婚的日子，午宴结束后，巴特尔在送未婚妻回家的路上，敏锐地发现摩尔城西侧东影南路附近烟气缭绕，凭着职业敏感，他迅速下车，发现原来是附近一家宾馆着火了，紧连着的商铺和居民楼受到严重威胁。巴特尔来不及思考，飞奔进入火场，开始疏散楼内人员。

楼内烟雾弥漫，巴特尔被呛得眼泪直流，呼吸也变得困难起来。巴特尔顾不上捂住口鼻，一边疏散一边大声喊："不要惊慌，防止踩踏，压低身体，用衣物捂住口鼻靠楼体右侧走……"

在巴特尔的组织指挥下，30余名受困于大火和烟雾中的群众很快得以安全疏散。这时，位于二楼平台的厨房烟道由于过热，导致外部存放的物品燃烧起火。巴特尔迎着浓烟和大火的炙烤，利用宾馆内的墙壁消火栓，对着火物进行灭火，直到火势基本控制，管区中队相继到场，大火终被扑灭，巴特尔才放心离开着火现场。

巴特尔平时少言寡语，但灭起火来总是风风火火。"巴特尔带队灭火，最大的特点就是速度快，用他的话说，我们必须和火情赛跑，跑得越快，人民群众的损失就越小。"一起参加任务的队员说起巴特尔来，佩服得五体投地，"我最喜欢和他一起出警了，感觉他特威武，跟在他身后，自己浑身都是劲儿。"而最令队友感慨的是巴特尔用胸膛战胜火魔的那次战斗。

那是在2018年2月7日，内蒙古阜丰生物科技有限公司葡萄糖厂着火，现场火势非常猛烈，主厂房着火且对周围建筑物造成极大的威胁。巴特尔立即带领侦察组和攻坚组进入内部二楼进行扑救。进入厂房后，他发现内部环境远比想象中的还要恶劣，火苗噼里啪啦四溅，充满化学品味道的刺激性气体充斥着眼鼻，令人窒息难受。四面都是浓烟和熊熊烈火，水枪喷出的水被火炙烤蒸发，再加上泡沫溅到面罩，能见度趋于零，什么也看不清，而地下掉落的铁皮随时会划伤消防员。

在如此恶劣的环境中，巴特尔和队友很快在位于二楼铁质长廊的斜前方找到了起火点。那条铁廊就好像通往地狱的大桥，被下面的火不断地炙烤着，但就是那条铁廊，却是当时最有利的灭火阵地。队友说："队长，我下！"但作为指挥员的巴特尔却坚决不让，最终将危险挡在了自己的胸前，他亲自拿起水枪开始对炙热的铁廊进行降温，对火点进行扑救。

由于火源距离较近，早前房屋坍塌把火源压住，无法从正上方进行灭火,长廊太窄,水枪又施展不开,且能见度太差。为了看清火势,快速有效地扑灭火源,巴特尔只能全程趴在铁廊上,采用刁钻的角度,用结实的胸膛死死压住水枪,对斜前方的火点进行猛攻。队友跪在他的身后,为他把住带有巨大冲击力的水带,此时泡沫已完全将他淹没,但巴特尔仍然纹丝不动地对火点进行猛攻。

厂房的铁栏杆及铁片不断地被火炙烤着,有些禁不起大火的攻势而掉了下来,随时可能打到人身上,而支撑厂房的铁柱也随时可能因禁不起火烧而断裂,最终造成厂房坍塌。此时巴特尔像铁人一样,还趴在铁廊上。如果铁柱砸到巴特尔,面对四周高温的铁栏杆,巴特尔势必无法爬上来。但巴特尔完全没有退缩和惧怕,始终用他的胸膛死死地压住水枪,对火源进行精准的攻势。在与火魔进行了6个多小时的搏斗后,他们终于成功扑灭了大火,保护了周围的原材料和建筑,有效控制了火势进一步蔓延。

从火场出来,每一个人都灰头土脸。战斗服被浓烟与烈火浸染成灰色,高温使巴特尔和队友汗流浃背,战斗靴中溢满水汽,走在路上"扑哧扑哧"直响。当时天气又异常寒冷,走出厂房后,大家的战斗服挂满了冰凌,充满水汽的战斗靴冻成了铁鞋。但巴特尔仍然抬头挺胸,脊背笔直,队友们被他勇往直前的精神深深感染,心中充满了敬佩。

2021年7月1日,巴特尔光荣出席了庆祝中国共产党成立100周年大会,在天安门广场,他立下了"请党放心,救援有我"的铿锵誓言。归队后,他主动担当党的创新理论的"播种机",把学习心得和内心感悟及时发送到"战友群",分享给指战员,汇聚起努力走好"第二个百年奋斗目标"新的赶考之路的豪情壮志。

参加工作16年以来,巴特尔始终把"传承红色基因,永做忠诚卫士"作为崇高的人生追求,在新时代"火焰蓝"英雄队伍里,用青春和无畏守护着人民群众,在本职岗位上交出了一份无愧于党、无愧于人民、无愧于时代的精彩答卷!

德耀青城
——记呼和浩特市道德模范、青城好人

善举助学赢梦想　善行帮困爱无疆

——记第八届全国道德模范提名奖获得者付兵兵

梁悦玲

> 崇高的利他精神，是流淌在中国人身上的血液，是中华民族五千年文明的伟大标识。
>
> ——题记

2022年9月初，风轻云淡，秋高气爽，送走了火热盛夏的呼和浩特进入了一年中最舒适宜人的初秋时节。沿着呼和浩特市赛罕区人民路的长街一路北行，道路两边挺立的白杨树在微风里发出沙沙的清唱，给这条小街增添了一分浪漫。走到与大学路的交叉口，然后西转150米，路南，便看到了付兵兵的艺之苑学校。

南北两幢4层的教学办公楼，中间的空地整洁宽敞。因为是下午上课时间，校园里安静空旷，只有少数上体育课的学生在操场活动。抬眼望去，坐北朝南的教学楼门口，站着一位身着黑色休闲T恤的男老师——这就是第八届全国道德模范提名奖获得者付兵兵，艺之苑学校党支部书记、校长，"F·B公益"发起人，赛罕区民办教育协会会长，呼和浩特市人大代表，内蒙古青年志愿者协会常务理事。

这位年轻的校长皮肤略显黝黑，一副黑框近视眼镜后的眼神透出沉稳与干练。走进他的办公室，十几平方米的地方物品摆放简洁有序。办公桌后的墙上挂着一幅书法作品——"艺无止境"，其余三壁挂的皆是付兵兵被评选为各级道德模范、优秀青年志愿者以及艺之苑学校获得示范单位、先进集体表彰后的各种荣誉证书与纪念照。最显眼的一幅照片是习近平总书记在人民大会堂会见第八届全国道德模范及提名奖获得者时留下的珍贵瞬间，而付兵兵就是2021年内蒙古地区入选的十位提名奖获得者之一。

初秋的下午，听着办公室周围环绕的朗朗书声，在两杯绿茶袅袅的清香中，我对付兵兵开始了漫谈式的采访……

1985年，付兵兵出生于江苏省泗阳县庄圩乡淮河村。从儿时起，付兵兵便由衷地喜欢涂涂画画。20世纪八九十年代初的苏北农村，条件还是相对闭塞落后的，即使付兵兵对画画满心喜欢，但也没有条件随时买笔买纸，更谈不上找专业的机构或老师接受相关的教育。于是，一截粉笔头、一根小树棍，加上村里的墙壁、土地，便成了他小时候涂鸦的天然纸笔。就这样，执着于这一爱好的他一直坚持自己临摹练习。直到高三上学期，付兵兵确定自己要作为美术艺考生参加高考的时候，他不得不寻求专业的美术培训机构进行学习。无奈当地相关资源有限，17岁的付兵兵只能离家远赴南京参加考前培训。半年一万多块钱的学费、资料费，当时对于一个普通的农村家庭算得上是一笔大开销。家里不算宽裕的付兵兵十分珍惜来之不易的艺考学习机会。在离家300多公里之外的南京，他奋力汲取着来自专业教师指导下的艺术知识。功夫不负有心人，高考之后，付兵兵收到了来自内蒙古师范大学的录取通知书。

就这样，从洪泽湖畔的古都泗阳县到塞北草原都市呼和浩特，付兵兵自此开启了他的第二故乡生活。或许，连付兵兵都未曾想到，他不仅在这里完成大学学业，还在这里创业、娶妻、生子，并且在公益助学、扶贫帮困的道路上实现着他的人生理想。而这一路走来，竟已十八载有余。

与付兵兵的谈话中，他三句不离自己的学生。我想，这也是他之所以执着于办学及公益助学并最终走向更广阔的公益事业的根源所在。当年参加艺考培训的经历给付兵兵留下了难忘的感受。那时他就想，有朝一日自己有能力的话，一定要开办专业的艺术培训班，为更多热爱艺术、怀揣梦想的学子提供专业的引领与指导，让他们在实现大学梦想的艺考之路上多一些便捷，少一些盲目。

付兵兵进入大学后不久，便在学业之余利用自己的专长开办了一个艺考美术培训班。一间教室，几个帮忙的同学，付兵兵的创业之旅就这样开启了。在这期间，画室名气小，招生困难，资金周转不畅，林林总总的困难吓退了合伙的同伴，而付兵兵却独自咬牙坚持了下来。

作为一个刚到呼和浩特上学的外地学生，人生地不熟，一点儿办班的便利与资源都没有，创业之路十分艰难。为了节省开销，付兵兵全部亲历亲为。那时候，除了完成正常学业，付兵兵将所有的时间和精力都投到了培训班上面。培训班的招牌虽然打出去了，但是得不到家长和学生的信任，招生还是困难重重。所幸付兵兵的专业素养过硬，了解他成绩的同班同学就把自己的学弟学妹们介绍给付兵兵，培训班有了最初的生源。为了让学生通过美术艺考进入理想的学校，也为了提高培训班的教学能力，付兵兵将各个大学的招生资料一一拿来研究，总结出应对各学校、各专业的备考事项，切实增强学生们的实战能力。而这样的研究分析工作，常常是在忙完一天工作后的深夜才开始，每每结束时，已是次日凌晨四五点了。创业的过程中，有千百个困难挡在面前，付兵兵也在千百回的失望、挣扎、总结后再次上路，终于迎来了成功的曙光。

半年之后，学生们优秀的专业考试成绩证明了付兵兵办学的眼光和实力，他也更加信心满怀地不断扩大自己的培训机构。这位兼有南方人精明能干与北方人踏实勤勉的江苏小伙子，谦和低调的外表下，却有着不一般的见识与魄力。

在多年的办学过程中，付兵兵发现有为数不少的孩子因为家庭条件不好导致享受不到应有的艺术教育，只能忍痛放弃自己的爱好，与向往的大学、感兴趣的专业擦肩而过。

2013年，一个已经在艺之苑学校学习了两个多月的女孩晓楠（化名）突然向班主任提出退学，班主任及时向校长付兵兵汇报了这一情况。晓楠来自乌兰察布市凉城县，自身的美术天赋很好，进入该校后，专业学习进步也很快，是一名很有希望在高考中考出优异成绩的学生。为了劝说孩子继续上学，付兵兵与晓楠的班主任专程上门了解情况。

原来，晓楠的父亲因意外骤然离世，家庭变故使懂事的孩子更加心疼妈妈，因此在没有和家人商量的情况下向学校提出退学以减轻母亲的负担。得知事情的原委后，一向爱才惜才、乐于助人的付兵兵当即和晓楠的妈妈表态，孩子学习成绩很优秀，如果家里支持她继续学习的话，晓楠接下来的学费、生活费全部由学校负担，甚至把前两个月的学费也悉数退回，孩子只管安心学习参加高考即可。就这样，在付兵兵的慷慨资助下，晓楠又回到了校园继续她的艺考学业。第二年的高考中，晓楠以优异的成绩考入内蒙古师范大学，终于实现了她的美术之梦……

如今晓楠早已大学毕业，走上了工作岗位。她也常在工作之余参与公益事业，用自己的方式帮助更多的人，把这份人间的温暖传递下去。作为晓楠的资助人和老师，这一点是最令付兵兵感到欣慰的。

其实在之前办学的10年中，生活上有这样那样困难的学生为数不少，付兵兵总会不同程度地通过减免学费、发放助学金等各种形式去帮助这些孩子。但是，晓楠的事情是最触动他的一个案例。正是基于这件事情，付兵兵认真、深刻地思考起这样一个问题：如何建立一个长期有效的帮扶机制，利用自己所从事的艺考培训事业，更加及时精准地帮助更多在艺考求学道路上遇到困难的孩子？在这样的思考酝酿下，由付兵兵创办的"艺之苑梦想公益助学平台"于2014年正式成立。该平台专门针对困难家庭、下岗职工以及对社会有特殊贡献家庭的子女进行免费培养教学。

艺之苑梦想公益助学平台成立后，呼和浩特市赛罕区教育局向区属各学校下发文件，以便让更多的孩子及家庭了解到在呼和浩特有这样一个助学的公益平台，可以帮助有困难的学生完成他们的学业，实现他们的人生理想。

作为平台的发起人和具体实施者，付兵兵在一次次帮扶与救助中，接触到了更多需要从各方面施以援手的困难群体。这里，有孤寡残疾者，有留守儿童，有年事已高的抗美援朝老兵……于是，作为一名学校校长的爱心与善良、一位"80后"共产党员的责任与担当驱使付兵兵组建成立了一个覆盖面更为广阔、帮扶方式更为精准全面的公益服务组织。2015年，经过付兵兵的精心筹划，"F·B"公益组织正式诞生。该组织主要开展关爱留守儿童和孤寡老人及捐资助学等公益性活动。"F·B"既是付兵兵个人姓名拼音的首字母，同时也是扶贫、帮困两个词的缩写。简简单单两个大写字母，蕴含了包括付兵兵在内的众多爱心人士的无私付出与拳拳赤心。

"F·B"公益组织成立后，在付兵兵的带领下，越来越多的人加入这个组织，更多的困难群体得到了不同程度的帮扶救助。"F·B"公益组织不仅帮扶困难学生，还积极参与各类社会公益活动，关爱留守儿童，看望孤寡老人，为他们送去物质的帮助与精神的抚慰。

予人玫瑰，手有余香。付兵兵在年复一年、日复一日的爱心播撒中，也收获了党和政府、人民群众给予他的荣誉与赞赏。2017年，付兵兵荣获呼和浩特市道德模范称号。这是付兵兵投身公益事业以来，第一次得到党和当地政府的表彰，他十分珍视这份沉甸甸的荣誉。

获奖之后，付兵兵作为呼和浩特市的道德模范应邀深入企事业单位及学校进行演讲和事迹汇报。每次宣讲后，付兵兵总会对"F·B"公益组织以及艺之苑梦想公益助学平台进行宣传推广，只为让更多需要帮助的人可以获得相关的信息，得到及时的帮扶。

2018年，在呼和浩特市第三职业中等学校的一次宣讲后，这里的老师向付兵兵推荐了一名学生。张慧（化名），来自乌兰察布市兴和县，当时就读于第三职业中等学校二年级。听张慧的老师介绍，这个孩子平时十分喜欢画画，课余时间随时随地拿起纸笔就是一幅动漫人物画。但家庭经济条件实在拮据，一家三口租住在一间平房，父亲仅靠捡收废品拉扯着她和弟弟两个孩子。张慧尚在学校接受教育，而弟弟小小年纪就已辍学在家。这样的家庭情况，张慧虽然酷爱美术，却想也没有想过自己可以去学美术，去考大学。

付兵兵听到这个消息，立即把孩子叫到身边，在看到张慧画的动漫人物那一刻，付兵兵便认定，这孩子是个学美术的好苗子。从未接受过专业培训的张慧，对于绘画的感觉非常好，造型能力也很突出。

当付兵兵问张慧愿不愿意去专门的学校学习画画而后参加高考时，张慧沉默良久后说出了她的顾虑：首先是参加艺考专业培训的费用高昂，家里实在承担不起；二是她本身是职高在读，文化课基础极其薄弱，即使专业课可以过关，文化课成绩也难以过线。

听到眼前这个懂事的孩子说出一番让人心里五味杂陈的话，付兵兵既心疼又心酸。已经事业有成、荣誉满身的付兵兵，不由得想起十几年前自己去南京参加艺考培训前的那种渴望与艰难。面对这样一个十分有天赋的孩子，付兵兵当下慷慨应允：只要她愿意去学，学费全部免掉，连文化课的补习都由学校来承担，全力资助她完成高考前的所有学习。

在艺之苑学校的帮扶下，张慧终于可以心无旁骛地进入校园完成她的艺考学习。她甚至还尚未和父亲交代清楚是一位什么样的好心人为她提供了这样的学习机会，父亲也没来得及同这位校长见上一面，孩子便已经被付兵兵安排到教室里开始了自己梦寐以求的专业学习。

接受了付校长以及学校很多老师共同给予她的这份沉甸甸的爱与期待后，张慧在学校的专业学习也以突飞猛进的速度向上提升。这个出身贫苦、又遭受很多生活磨难的小姑娘拿出了她最大的恒心与毅力，向着高考的目标废寝忘食地奔去。

在2020年1月的自治区美术类专业统考中，仅仅参加了半年专业学习的张慧以全区1万余名美术艺考生中排名第95位的成绩通过了专业课的考试。之后，付兵兵又精心挑选文化课的老师为张慧进行专门补习。3个月的全情投入，张慧果然不负众望，文化课以超出当年内蒙古地区美术类本科录取线37分的成绩顺利通过高考。

一个曾经痴迷画画却因家庭原因差点儿与大学擦肩而过的女孩，一个面对高考困难重重、无能为力的高中生，此时，她曾经遥远的梦想已经实现，无比美好的人生画卷正在徐徐展开……

付兵兵在帮扶每一位贫困学生的过程中，倾注的既是一腔大爱，同时也是对一个个因贫、因困产生自卑感的脆弱心灵的呵护与滋养。付兵兵说，在帮扶类似张慧这样的孩子时，他向来特别注意保护孩子的个人隐私。本来就处于敏感的年纪，遭遇这样那样的人生不幸已经令他们的内心脆弱自卑，如果再将其被减免学费的事情公布出去，这对一个十七八岁的孩子的伤害是无形的，影响是深远的。所以他在众多学生面前，从来不会提及帮扶学生的家庭情况，他希望每一个接受帮助的孩子都能够与其他学生一样，自信阳光地生活学习。

正是因为对学生这点点滴滴的关爱与呵护，付兵兵赢得了孩子们对他的无限信任与尊敬。孩子们也以感恩之心回报着付兵兵和学校给予他们的无私关爱，让善良与温暖时刻流动在艺之苑这个充满温情的大家庭中。

而今，两年多过去了，已读大三的张慧一直与付兵兵保持着联系，学业、生活上遇到什么问题也会征求付兵兵的意见，并且每个假期都会回到艺之苑看望老师们，参与付兵兵组织的各类公益活动。值得一提的是，张慧在银川的大学里也加入了公益组织，她正在用实际行动将自己曾得到的那份爱心传递给更多的人，努力成为当年付兵兵校长嘱咐她要成为的对国家和社会有用的人。

同是2018年，一个名叫婷婷（化名）的小女孩通过内蒙古自治区红十字会"仁爱妈妈"志愿服务工作队联系到了付兵兵。14年前，婷婷的父亲因车祸去世，母亲改嫁后，把她与年仅两岁的妹妹留给爷爷奶奶，自此，婷婷姐妹俩与年迈的祖父母相依为命。当年初中刚毕业的婷婷眼见两位老人年事已高，妹妹还未长大，尽管自己十分喜爱绘画，但是迫于家庭原因，便打算放弃上高中的机会，去打工挣钱供养二老和妹妹。红十字会"仁爱妈妈"志愿服务工作队了解到婷婷的情况后，觉得孩子小小年纪辍学打工实在太可惜，就把她推荐给付兵兵，看梦想公益平台是否可以帮助她完成学业。

付兵兵仔细听了婷婷的介绍，便叫孩子来学校试画一下。一幅几何体素描画下来，付兵兵很是惊喜，当即为婷婷做了一个未来的学习规划。就这样，付兵兵开始了对婷婷持续3年的专业课助学帮扶。高一高二阶段，婷婷在市二十九中学习以打好文化课基础；周末与寒暑假，孩子免费到艺之苑学校学习专业课。高三上学期，婷婷正式进入艺之苑开始艺考集训。在付兵兵的勉励引导下，2021年参加高考后，婷婷顺利考入内蒙古师范大学，成为一名公费定向师范生。这意味着，婷婷大学4年的学费不需要自己负担，并且本科毕业后，国家会定向分配工作保障她的就业。

婷婷一家人做梦都没想到，曾经濒临辍学打工的孩子，而今成为一名光荣的师范大学学生，光明的前途正向她招手。这些，都源于他们遇到了付兵兵，使一家人的命运得到了根本性的改变。一次面对媒体的采访，婷婷的爷爷说："婷婷在学校的学费、住宿费、伙食费，付校长全部都给免了。如果光靠我们老两口，连孩子的伙食费都交不起，更别谈什么学费了。付校长是我们一家的恩人……"话未说毕，70多岁的老人已泣不成声。

其实，在付兵兵十几年的办学过程中，已有1000多名困难学生不同程度地得到他的帮扶，学费有全免，有减半，如遇到像张慧、婷婷那样特困的孩子，不光是学费、住宿费、伙食费全免，连同美术生出去写生的各种费用也全部减免。十几年如一日，对于一个无任何其他经费支持、纯粹的民营培训机构而言，付兵兵是在拿自己的血汗钱帮扶这些困难的孩子。

当我问及这么多年的支出是否对他的学校经营有所影响时，付兵兵微微一笑，淡然说道："早年创业起步时，力量有限，帮扶孩子多了会影响到学校的正常运转；但随着学校的发展壮大，我现在考虑这些会少一些。学校只要保证正常运转就可以了，我想尽我所能去帮扶更多困难家庭与孩子，希望用我的微薄之力，让孩子们接受教育，变成一个对社会更加有用的人才，让他们的命运得到彻底的改变。"

2015年，付兵兵以自己研究总结出的核心教学法参加了"创青春"中国青年创新创业大赛，并获得内蒙古赛区的一等奖。收到1万元奖金后正逢隆冬时节，付兵兵立即用这笔钱为乌兰察布市卓资县梨花镇中心学校的38名留守儿童购买了羽绒服及各类学习用品，并组织带领学校的部分师生一起参加了捐助活动。一周后，当时一同赴卓资县参加过活动的几个学生主动到付兵兵办公室，提出想把自己的零花钱攒下来再去看望梨花镇的弟弟妹妹们。付兵兵这才发现，当时带学生去参加活动的无心之举，在孩子们纯洁的心里产生了很大的影响。当那些从小生活在蜜罐里的孩子突然发现，在离自己不远的地方，竟然还有很多弟弟妹妹连棉衣都穿不上、一根小小的铅笔头都不舍得扔的时候，这对他们的触动是很大的。那种发自内心的触动，仅依靠校园里的书本教育是难以实现的。

作为一名教育工作者，付兵兵深知潜移默化、润物无声的道理。在一次次公益帮扶活动中，他看到学生们的心灵得到莫大的净化，他们的人生观和价值观恰如一条条正在攀援拔节的青藤，也于无形中向着爱、向着光的那一端无限延伸。而那束光、那份爱，不就是我们中华民族绵延数千年、传承不息的善良与仁爱吗？试想，如果每一个从学校里走出的孩子都拥有这样的道德底色，我们又何愁他们不会成长为一个国家和民族的支柱、社会的栋梁呢！

基于这样的教育实践，付兵兵果断成立了"F·B"公益组织，带动越来越多的人加入扶贫帮困的爱心行动中。他每个月都会组织学校的师生以及其他热爱公益的朋友、社会人士去参加公益活动。据不完全统计，自2015年"F·B"公益平台成立至今，付兵兵组织举办公益捐助慰问活动100多场，累计捐助物资200多万元，平台也陆续帮助1300多名困难学生圆了大学梦。

然而付兵兵所做的善行善举，远远不仅于此。身为一名共产党员，他大力弘扬公益服务的价值导向，充分发挥自身优势，主动承担社会责任，积极参与脱贫工作。为此，付兵兵先后荣获"优秀教育工作者""十佳校长"、第七届"最美青城人"暨2017年度呼和浩特市道德模范、呼和浩特市劳动模范、第七届内蒙古自治区道德模范、第十届"内蒙古青年五四奖章"获得者、首届内蒙古慈善楷模奖"慈善楷模"、第八届"全国道德模范提名奖"、第十三届"中国青年志愿者优秀个人奖""全区民族团结进步模范个人"等荣誉称号，以自身行动发挥着一名共产党员的先锋模范作用。

2020年春节，新冠肺炎疫情在武汉骤然爆发。当时身在老家与父母团聚的付兵兵惦记学校正月初八要开学，所以立即起身返呼。回到呼和浩特市，付兵兵了解到一线的环卫工人、交警上岗缺乏口罩的消息，立即把学校原本存有的防疫物资全部捐献出来。与此同时，他还发动远在韩国的朋友代购了一批口罩，为奋战在一线的抗疫人员送上一份爱心保护。当年，付兵兵共捐出口罩、消杀物资约15万元。

2021年10月底，呼和浩特因突发3名新冠肺炎确诊病例而立即进入紧急排查状态，在志愿服务过程中，付兵兵发现周边检测点的医护及社区工作人员几乎吃不到热饭热菜，经常是泡面、火腿肠对付一顿。回到学校后，付兵兵立即投入准备工作，启动学校食堂为社区各核酸检测点制作派送爱心餐。深秋的呼和浩特天气已经降温，看到500多份爱心餐被一一送到抗疫一线工作人员的手中，付兵兵觉得几日的忙碌得到了最大的回报。

令人没想到的是，仅仅3个月后，付兵兵的爱心餐再次派上了用场。有了上次爱心餐制作派送的经验，经与街道办事处、社区对接后，付兵兵从2022年2月17日开始，为艺之苑学校所在周边社区、街道检测点的医护人员、社区工作人员以及下沉到社区的值守人员送去每日两餐的热菜热饭，一直坚持到3月4日。送餐期间，从食材的采买、人员的雇用、包装的购置，付兵兵都亲自把关，克服了一般人难以想象的困难。整整16天，付兵兵为各社区送出爱心餐共5150份，为在寒风中坚守一线的工作人员带去了满满的爱意，竭尽全力为此次疫情防控工作贡献着自己的力量。付兵兵还动员在校学生为爱心餐加上别样的装饰。当那些附带着写满"叔叔阿姨，你们辛苦了"的问候卡的爱心餐送到抗疫工作人员手中时，不少人都感动得红了眼圈。

付兵兵被评为各级道德模范后，他助人为乐的事迹被诸多媒体公开报道，以致不少人都会很直白地问他这样一个问题：作为一所民办学校校长，你办学校不就是为挣钱吗，为什么老想着做公益这件事？不知道付兵兵之前有没有当面回答过问话人，但此刻，坐在我面前的付校长郑重回答了这个问题。依然是平和的语气，用略带苏北味道的口音，他说："创办学校确实是为了挣钱，那解决的是生存问题。但是，除了赚钱，我希望我的学校还可以有比赚钱更多一些的意义和价值。"

听完这句话，我觉得我终于捕捉到了这次采访的根本，得到了我想要的答案。在见到付兵兵本人之前，我看过不少他的资料与新闻报道，几乎全部是其助人为乐的事迹表述，即使在全国道德模范提名奖的事迹材料里，似乎也很难寻找到一名道德模范做这些好事的真正初心与动机。但模范事迹背后的真实故事，或许才是我以及更多人最愿意去追寻、考证、思索的东西……

走出艺之苑学校的教学楼，已是夕阳斜照时分。付兵兵校长送我到校门口，我们挥手作别。而后他很自然地弯腰捡起脚下的一块碎纸屑捏在手中，一直捏在手中，看我走远。

返程的路上，《道德经》中的几句话一直萦绕在我脑海，久久不散：居善地，心善渊，与善仁，言善信，正善治，事善能，动善时……

赶紧救人

——记勇救落水者的自治区第八届道德模范李俊怀

姜子涵

时代文明把人们推向了一个高度，这个高度就是将高尚和无私推向一个忘我的大境界，使其成为一个更高文明的风向标。呼和浩特这座正在创建中的文明城市也一样有着许多令人称赞和可歌可泣的故事，有着让人心生感慨的好人好事，这也是我要写的一个片段之一。

2022年4月10日这一天，一位69岁的老人和老伴儿、朋友吃完饭后在县府街溜达，走到扎达盖河河岸边时，突然前面有人喊："有人落水了，快救人啊！"听闻喊声，老人二话没说，不顾一切跑过去。四月的天气很凉，老人边跑边脱掉外衣，把手机扔给老伴儿，直奔女孩落水的地方，老伴儿快速帮他把外面的裤子脱掉，眨眼工夫老人便扑通一声，跳进了3米多深的河里。其实老人不怎么会游泳。

岸边的人看着老人没影了，立刻发出一片呼喊声："快救人啊，快救人啊！"他的老伴也大声喊救人，此时岸上来了好多人。正喊着，老人的头露出了水面，离落水女孩不太远，只见女孩脸朝下浮在水面，大家喊道："有绳子吗？谁有绳子，快把绳子递下去！"说话工夫，从事家政工作的陈海霞正好听见喊声，赶紧从对面跑过来，喊着："我有绳子，我有绳子。"又有人喊："有人拿来绳子了，快递给水下的老人。"此时老人已经呛了一口水，但说时迟那时快，老人用最快的速度把绳子抓在手里，用脚蹬了一下岸边的石墙，游到了女孩身边。他一把抓住女孩的衣服，把女孩托出水面，当时女孩好像已经失去知觉，看似快不行了，老人此时也有点儿体力不支，河水冰凉冰凉的。这时候岸边又送来一根绳子，老人坚持着用绳子把女孩拴住，岸上的人们七手八脚地把女孩拽上岸，又把老人拽上岸。老人满身是水，坐在栏杆上一直发抖，老伴儿赶紧把他扶在地上，生怕他不小心跌入水中。这时，120急救车早已赶到，经过抢救，女孩脱离生命危险，被送到了医院。

岸边的人越聚越多，大家这才松了一口气，感叹道："这位老人真是一位英雄啊！"周围投来对老人敬佩的目光。此时老人的脸色是灰白的，由于紧急救人，还没缓过神来，身上穿的黑背心还在滴水。人们赶紧去找毛巾，当时路过的一个送餐巾纸的青年立刻把几包纸巾送到了老人的老伴手里。老伴儿帮他擦去冰凉的水。擦水的时候发现老人左脚掌有一块皮掉了，露出鲜红的肉，正慢慢地往外渗血，老人感觉有些疼，但他没有吱声，看到女孩没有生命危险，老人心里才踏实下来。当他忍着疼痛去救护车里把湿衣服脱掉时，才发现腿上有好几块都是紫红色的，是跳水时碰的，由于当时着急救人，因此没感觉到疼。老伴儿看在眼里，疼在心上。

这时候周围已经聚集了上百人，老人换上干衣服，问了一下女孩的情况，得知她脱离危险后便默默离开了。回去后，老伴儿一连三天精心照顾老人，坚持每天给他脚掌破皮的地方换药。在睡觉的时候总是摸摸老人的头，生怕他发烧了。老伴儿偷偷地哭了一场，其实那是心疼的眼泪，又是后怕的眼泪，因为一旦跳下去救不上来女孩，后果不堪设想。老人对老伴儿说："这不是挺好嘛！怕什么怕，女孩儿救上来了，我也没有什么事儿。"老伴儿擦了擦眼泪，说："这真是我们积善成德了，不仅把孩子救上来，而且你自己只受了一点儿小伤，一切都安然无恙。"经过老伴儿的细心照顾，老人的气色逐渐好起来，没多久便恢复了健康。

这是一种怎样的精神，把自己的安危置之度外，勇救别人的生命？当天，就有多家媒体报道了老人救落水女孩的事迹。有记者问老人："当时你是怎样想的？"老人说："我什么都没想，就是憋着一股劲儿想把孩子救上来。当时也顾不上想别的，救人要紧。"这句朴实无华的话感动了采访记者，感动了看新闻的观众。有很多人在新闻下面留言，有人称赞老人是大英雄，有人要请老人吃饭，有人祝福老人长命百岁……呼和浩特市有这样一批好人在带动精神文明建设，真是好现象啊！那么多的赞扬推动着这座城市的精神文明建设与发展，令人振奋，更令人感动。

2022年5月11日，我去采访了这位人们心目中的英雄。老人名叫李俊怀，一名有着47年党龄的老党员。他的家里陈设简单，却收拾得干干净净。李俊怀身材瘦高，慈祥温和，说话朴实。那天他老伴儿也在家，老伴儿待人亲切和蔼，说话直爽实在，家里一片祥和。当我问起老人救落水女孩的事情时，老人家笑了笑，还是那句话："救人要紧，就想着把孩子救上来，当时也不知道害怕，什么也顾不上想。"李俊怀性格沉稳，遇事从不慌乱，但老伴儿看到他跳进水中没影儿后，急得赶紧喊人，也想赶快把孩子救上来。

李俊怀上岸后，老伴儿心疼得给他擦身上的水，他对老伴儿说："我这不是没事嘛！"此时，老伴儿落泪了。老两口结婚几十年，感情一直很好，一家人和和气气，四世同堂。李俊怀是一个大孝子，母亲在世的时候，他每天陪着老母亲，又喂饭又嘘寒问暖。老伴儿也是一个很孝顺的媳妇，给老人洗澡洗衣服，一年四季的衣服从来都会提前准备好，以便到时候换着穿。老母亲余生衣食无忧，一家人和谐快乐地过着平凡的生活。这样的美德也影响着他们的下一代。李俊怀的儿子给奶奶买了一套修指甲的工具，每当闲暇之余便给奶奶洗脚修指甲，从不嫌弃老人。一家人吃饭的时候，老母亲到什么时候都是坐在正座的那个人。李俊怀说："老人老了，千万不能让她一个人生活，一定要让她有尊严地活着，要给她快乐和信心，让她感受到陪伴的幸福，这样她才能长寿。"李俊怀在家里是这样做的，在社会及工作岗位上也是这样做的，他始终怀着一颗仁爱之心，爱家人，爱社会上的每一个人。

李俊怀从小在呼和浩特市徐家沙梁子村长大，高中毕业后在村子里入了党，并担任村党支部副书记。1978年他被调到化工厂工作，1986年被调到司法学校，2002年到了合并后的内蒙古警察职业学院工作。因为学校内禁止吸烟，李俊怀本着对工作负责的态度，下决心戒了烟。上班期间，他兢兢业业，奉献自己的光和热，任劳任怨不图个人利益，力求把工作做好。争着帮别人干活，别人干不了的他都帮着干，上班几十年如一日，除非特殊原因，从不请假。他做事勤勤恳恳，与人为善，坚守着一名共产党员的初心和使命。

李俊怀在工作期间曾获得多个奖项：1995年被评为先进工作者和优秀党员；1996年被内蒙古司法厅评为优秀党员；2007—2010年，连续4年被内蒙古警察职业学院评为先进个人、文明职工；2011年被公安厅评为优秀党员；2022年4月16日又被授予呼和浩特平安建设先进个人、"青城好人"荣誉称号。此外，中央文明办于2022年授予他道德模范称号，同时李俊怀还登上了第三季度"中国好人榜"。

李俊怀是一个善良宽容的人。有一次他骑自行车去上班，迎面过来一个年轻人把他撞倒了，李俊怀当时感觉左肋有些疼，但是当他看到那个年轻人一个劲儿地赔礼道歉，又很着急去上班的样子，便自己站起来，说："没事，你走吧，快去上班吧，别迟到了！"那个年轻人说了声谢谢便走了。回去后李俊怀感觉左肋疼得厉害，便去医院检查，结果显示软组织受伤，需要慢慢养，半年后才能好。有人让他去找那个年轻人报销医疗费，李俊怀说："不用了，我现在不好了嘛！"

自从救下落水女孩，新闻媒体采访不断，呼和浩特市委、市政府也非常重视他英勇救人的事迹，鼓励他这种舍己为人的雷锋精神，并做了报道。市委政法委和市委宣传部有关领导去李俊怀家里慰问并表达感谢，称赞他舍己救人、退休不褪色的精神，并号召呼和浩特市民向他学习，学习他的善行义举和雷锋精神，并颁发"青城好人"荣誉证书，授予他呼和浩特平安建设先进个人称号，奖励2万元以示鼓励。李俊怀所在单位内蒙古警察职业学院也奖励了他500元，阿里巴巴通过《北方新报》得知此事，奖励了李俊怀5000元。在这诸多荣誉和奖励下，李俊怀仍谦和地说："应该感谢岸上所有参加施救的人们，我个人不算什么。"实在的话语体现了李俊怀作为一名党员的担当，他践行了自己的人生信念。

李俊怀退休后，心态平和、积极向上，常领着老伴儿去旅游，旅游期间也不忘自己是一名共产党员，时刻严格要求自己，在公共场所非常注重个人素质，偶尔吸一支烟，烟头从不乱丢，就是离垃圾桶再远也得走过去放到里面。每一件小事都反映了李俊怀的自律和修养。

李俊怀说："我感觉生活很幸福，退休后党和国家给我发退休金，我出去旅游，心里特别知足。"说到这里，老人家爽朗地笑了。他的老伴儿说："我嫁了这样一个踏实的人，一辈子心里都踏实。"说到李俊怀救人的事情，老伴儿眼睛湿润了，说在那之后李俊怀的腿和身上有八九处都青了，她心疼地说："他一个平凡人，做了一件不平凡的事，我为他感到自豪。"说完，我们都笑了。李俊怀说了一句很有哲理的话，他说："一个个小善才能积成大善，你不去做小善，哪来的大善啊！"这句话深深感染了我，李俊怀之所以能做出舍己救人的大善事，就是因为他平时坚持做小善事，习惯使然，品质使然，才会毫不犹豫地下水救人。多么令人敬仰的可贵品质！

李俊怀带我们参观了他的家，我发现墙壁上挂着一幅装裱好的大幅字画，是著名书画家孙卓章先生赠送的，上面写着几个苍劲有力的大字：李俊怀是个好老汉。旁边小字写的是：呼和浩特李俊怀先生，纵七旬之躯，跳入河中救人，真大德、大美、大仁、大勇者也，人们都夸他是个好老汉。读完后，我的内心油然升起一种敬仰之情，李俊怀受到社会各界人士好评，"青城好人"这个称号名副其实。

此时已经是中午了,李俊怀老人执意要留我吃饭,我婉言谢绝后,老两口把我送到小区门口,我挥手说:"回去吧。"走出小区后,我细细回顾老人的事迹,这种在危难时刻舍己救人的精神值得我们学习,更值得被传承下去,要通过我们的文字把好人宣传出去,让更多人学习,并把他们的精神用到精神文明城市建设中去。

回来后我们又去了扎达盖河和县府街,采访了当时在场的人们。远处,静静的扎达盖河河水倒映着岸边的高楼绿树,河面很宽,两岸是行人散步的长道,县府桥横跨其间,给人一种古朴的烟火气息。桥的对面是一座精美的翘脚檐建筑,不知道是哪个年代建造的,过去河两岸建有许多富庶人家的住宅,县府桥的东北岸,市一中的六角亭,据说曾是慈禧太后童年游玩过的地方。历史在悠悠地述说着往事,我驻足在这里沉思了好久。

走过桥头,我看见有十几个人在那里悠闲地说着话。我走过去,问起当时李俊怀救人的事迹,他们都知道,争先恐后地说道:"李俊怀是个大英雄,那么深的水,一般人不敢跳下去,而这个老汉跳下去救人,我们为他点赞。""这样的好人你们应该宣传出去,要让呼和浩特的人都知道,向老汉学习。""我们都不敢跳,干着急,这个老汉好人天照应,把孩子救了上来,自己也没事。""那天的场面真让人捏了一把汗啊,幸好都没事。""你看这多深的河沿啊,3米多深,看着都吓人,河水有2米深,一般人都不敢跳。"我认真地聆听着,群众们用朴实无华的语言动情地诉说着。突然有一位戴了好几个奖章、佩戴着党徽的年近90岁的老人在一旁说:"我是老革命了,我就在扎达盖河岸住,有这样的好人好事,就得做宣传,让所有的人都知道青城好人的故事。我建议应该在河边立个牌子,把好人的故事写在上面,让所有过往的人都看看,呼和浩特有这样的好老汉,要向他学习……"此时老人说话有些激动。我想我们呼和浩特有这么多热心人,又有这么多好人,呼和浩特的精神文明一定会建设得更好。

当我再次望向扎达盖河的时候,已经到了傍晚,受采访的群众已慢慢散去,消失在斜阳下。扎达盖河里的水静静流淌着,好似在诉说曾经的故事——老人跳水救人的一刹那，岸边行人的漫步，曾经的风霜雨雪……一切都悄然注入这宽阔的扎达盖河里，印上了百年的故事。扎达盖河日夜流淌不息，把历史上动人、感人的故事载入历史的长河中。我的耳边突然又响起了那句话：救人要紧，救人要紧……

扫码查看
拓展资料

德耀青城
——记呼和浩特市道德模范、青城好人

在奉献的路上，做更好的自己

——记呼和浩特市道德模范杨岭

郭恩红

"这是心的呼唤，这是爱的奉献，这是人间的春风，这是生命的源泉……啊——只要人人都献出一点爱，世界将变成美好的人间。啊——只要人人都献出一点爱，世界将变成美好的人间……"一首《爱的奉献》曾经响彻大江南北，火遍全国，大家对于歌词更是耳熟能详。今天，杨岭正是用他十几年的无私奉献，对这首歌进行了最好的诠释。

杨岭，现任内蒙古昕海铭悦运输有限公司总经理。他一直奉行仁心善举、大爱无疆，在发展企业的同时，从不忘回馈社会，时刻铭记着一名企业家应承担的社会责任。他十分关注儿童教育，先后投资公益教育事业800多万元，支持社会文化发展，回馈家乡，回馈社会。

爱岗敬业，勤恳奉献

1984年初中毕业后，杨岭进入送变电公司，从事一份最基础的工作，常年奔波于野外，冒着雨雪风霜作业。他的工作可以用5个字来概括：高、难、险、苦、累。但这样异常艰苦的工作，他整整坚持了5年。这份工作不仅磨炼了他的意志，也唤醒了他为国奉献的理想。

1989年，杨岭的母亲患病住院，因为家中实在腾不开人手，杨岭便承担起照顾母亲的重任。但因为频繁请假，杨岭不得不结束在送变电公司的工作，选择买断工龄。在杨岭的精心照顾下，母亲的身体逐渐好转。此时的杨岭胸中并未有多少豪情，他只想做一个平凡的好人。"能把每件小事做好，就是这辈子的一大成功了。"这是母亲常说的话，也是杨岭的座右铭。

杨岭的再次出发始于1994年。那一年，杨岭在呼和浩特市东瓦窑批发市场农贸货栈成立了一个蔬菜货运部，专门做蔬菜运输中介生意，通过在菜农和菜商之间搭建一个交易平台，从中赚取微薄的中介费。当时东瓦窑批发蔬菜的商户很多，每天凌晨4点，大多数人还在睡梦中时，批发市场内已是车水马龙。蔬菜保鲜库房内外，装卸组、分拣组、配送组的工作人员已全部到位，卸货、包装、称重……一项项工作有条不紊地进行着，批发商们把菠菜、油菜、生菜、胡萝卜等几十种蔬菜分门别类地装在袋子里整齐地摆放好，商户按照清单挑选各自需要的新鲜蔬菜，一切工作到早上8点便结束了。

寒来暑往，杨岭每天就这样工作着，忙碌着……从小受家庭的影响，他一直秉持着诚信的品格。这个25岁小伙子的蔬菜货运部深受菜农和商户们的好评，特别是周围旗县的蔬菜商贩，也纷纷来他的蔬菜货运部交易。

有一名来自武川的商贩，姓王，经常带着两个女儿来批发蔬菜，闲聊中杨岭得知他的两个女儿每周末都要去少年宫学钢琴和舞蹈。为了不耽误两个孩子的学习，他经常将蔬菜放在市场里，让杨岭帮忙照看，他再送孩子们去少年宫。一来二去，杨岭便同他熟络了，就主动提出送两个孩子去学习，还经常请孩子们吃早点。正是通过这件事，杨岭感受到农村孩子在求学路上的不易。这也成为他日后关注、支持教育事业的动力。

热心且勤奋，善良又充满干劲。这种精神感动了武川商贩，他与杨岭结下了深厚的友谊，杨岭称他为"王大哥"。王大哥在武川有一个小卖部，主要经营各种蔬菜百货以及蒙牛牛奶。王大哥听说蒙牛公司需要运输人员，第一时间想到了杨岭，于是将杨岭推荐给蒙牛公司。有王大哥的举荐，杨岭顺利地拿到了蒙牛产品的运输业务，他的内蒙古昕海铭悦运输有限公司也就此成立。

人人都说，好人有好报。从1994年进入东瓦窑批发市场，足足打拼了13年的杨岭在2007年迎来了人生的转机。"麻烦别人心是苦的，帮助别人心是甜的。"采访中，杨岭回忆起当年的打拼岁月，很是感慨地说道。现在，杨岭还在寻找每一个对自己有过帮助的人，也许帮助他的人早已淡忘，但受助者却始终铭记。不管是物质上的回报也好，精神上的感恩也罢，帮助与被帮助，铭记与被铭记，都是一种幸福。

仰望星空，脚踏实地

人生旅途漫漫，在东瓦窑批发市场的工作，虽然辛苦劳累，但对杨岭来说无疑是青春岁月里令人难忘的华章。13年里，杨岭以朝露和晚霞为伴，努力前行，他庆幸一直能在前方遇到那个更好的自己。

车轮滚滚，奔驰在运输产品的路上，杨岭也同样奔驰在创业的路上。初入行的他延续了在东瓦窑批发市场时的作风，以诚待人，勤恳做事。牛奶运输要求温度控制在2℃~6℃，实行24小时监控，且装货和卸货都有严格的要求，杨岭的公司严格执行各项标准，深得客户信赖。杨岭深深懂得，服务是公司的生命之源，诚信是公司的生存之本。

说起杨岭重信守诺，有一件事充分诠释了这一点。2008年，一名兰州的客户订购了价值29万元的牛奶。接到订单后的杨岭立即雇了一辆外地牌照的车辆往兰州发货。可是牛奶发出去之后,送货司机就与杨岭的公司失去了联系。3天期限到了,牛奶没有送到,货车也不见踪影,杨岭十分着急,担心是否出了什么意外,于是报了警。警方调出监控一看,这辆车并没有前往兰州,却驶向了东北方向,原来是司机偷偷将一车牛奶私自低价出售。在警方破案期间,公司因无法履约而面临倒闭,但即便如此,杨岭首先考虑的还是公司的信誉和个人的诚信,他通过向亲戚朋友借钱、银行贷款等方式,第一时间为客户还上了牛奶款项。虽然这次足足损失7万多元,但杨岭赢得了客户的信任。

创业伊始,杨岭就定下了"立足物流,内引外联,服务社会"的发展理念以及"信誉第一、客户至上"的服务宗旨。杨岭曾对员工说过:"我们不仅要做到内蒙古领先,还要做到全国领先,要争创物流界驰名企业。我们有信心通过我们的一流服务,让公司的影响力辐射到全国。"

一路走来,杨岭不断打开局面,占领了全国多地的运输市场,从2007年到2019年,几乎又一个13年,他的公司已发展成一家拥有116台运输车,服务于1760家客户,在全国各地开设11个销售办事处,年销售额达1.2亿元的大型运输企业。

平凡岗位,不凡业绩

杨岭的形象是丰富的:在同行眼里,他是一名极具凝聚力与领导力的领军人物;在大家眼里,他是一名实干家;在同事眼里,他是一位敢于担当的好领导;在客户眼里,他是一名诚实可信的合作者。

对于业务,杨岭有着独特的处理方式——"欲求木之长者,必固其根本;欲流之远者,必浚其泉源。"他对每一位客户的运输情况进行分析后都会建档立卡,确保每一个环节都清楚明白,在这一系列实际任务的深耕中,杨岭初步摸清了"症结点",找准了"着力点",从而为客户提供最大化服务。通过一件件小事的落实,他也逐步赢得了大家的支持。由于良好的口碑，慕名而来的顾客越来越多，甚至有许多外地客户也来找杨岭。

在他的带领下，内蒙古昕海铭悦运输公司成为一支素质优良的运输团队，团队的责任意识和服务意识显著增强。在工作中，杨岭从来都以身作则，每天率先到岗，而最可贵的是他极具幽默感和亲和力的人格。

得知要采访他们的"杨总"，公司的员工们纷纷围过来，好像有说不完的话："我从30多岁就和杨总在一起工作，杨总很有爱心，他关心每一名员工，中午我们有休息室和免费的午餐。我知道杨总在创业中帮助了很多学校，他关心、关爱未成年的孩子们，经常给予他们经济上的帮助、精神上的鼓励和心灵上的呵护，每年我们公司年底发奖金，杨总总会把他的奖金全部捐给孩子们……"

"我们公司有60多名员工，各地都有办事处。杨总对公司的员工也十分关心，每年的春节、妇女节、劳动节、儿童节、中秋节、国庆节，都是福利满满。"我被这些温暖的话语包围着，这家公司也被温暖的气氛包围着。

杨岭胸怀宽广，经常主动帮助解决公司员工生活中遇到的各种难题。公司有的员工生病了，他知道后第一时间就去看望，并且送去慰问金。他每年都会为员工庆祝生日，尤其对年轻员工关爱有加，工作上教导提携，生活中体贴照料，帮助年轻人快速成长。大家庭的温暖使公司的全体人员可以全身心地投入工作之中，大家的业务能力不断增强，凝聚力也与日俱增。

"现在办公区是租赁的，如果把杨总捐的款加起来，足可以买一套比较好的办公楼了，我们的办公座椅都是破旧的，这张旧桌子最有价值，它历经岁月的沧桑后仍旧无怨无悔地为我们服务，我们又怎能懈怠不前呢？"又一位员工讲道。

杨岭笑了，继续讲述着他的故事，也阐述着他的理念："物流是一件很苦的事情，员工工资不高，如果把做公益的钱投在公司上，确实可以买一套办公场所，但是我的想法就是做公益，让更多山区的孩子有发展，让他们长大以后成为社会的栋梁，我们现在的付出是值得的，我的想法得到了广大员工的认可和支持。虽然每天工人们在一线工作，但是每个人都很关心企业的发展。平常在一起休息、聊天时，大家聊得最多的还是公司的发展状况。身为最基层的员工,他们追梦的办法很简单,就是认真做好手中的工作。"

多年来,杨岭坚持以身作则,生动传播爱国主义情怀。在复杂的思想工作面前,他总能耐心地做好解释工作,教育大家说,只有坚持共产党的领导,我们的国家才能稳定发展,国力增强,人民才能过上幸福生活。在他的引领下,公司员工的内心都充满了正能量。

时代变、环境变、观念变,但杨岭心中的爱不变。他在平凡岗位上用实际行动生动地诠释了他的誓言。

家乡发展,绵薄之力

2007—2013年,蒙牛公司在北京建了一个分厂,杨岭的运输公司被派到北京分厂。在北京工作的6年时间里,杨岭曾给北京、河北等地多所学校运送牛奶,让他感受最深的是呼和浩特农村的教育设施与北京、河北农村学校教育设施的差距,呼和浩特农村有的孩子连少年宫是什么样子都不知道。岁月流逝,当年送王大哥的两个女儿去少年宫的经历又浮现在他的脑海中。于是,杨岭走上公益之路的第一站就是学校。他认为帮助农村的孩子实现他们的理想是一件非常值得做的事情。他决定为学校捐资建造一所"乡村少年宫",让农村的孩子们也能够实现自己的理想。

人生如流水,一旦出发,便只能滚滚向前。此后,杨岭的公益之路越走越宽:2008年汶川地震、2010年玉树地震,杨岭调用自己的运输车辆为灾区运送物资,及时解决灾区群众物资匮乏的问题;2007年至今,杨岭多次给呼和浩特市福利院、巴彦镇中心校、黄合少中心校等村镇学校送去"爱心酸奶",让孩子们喝到放心奶……在逐渐拥有经济能力的时候,他的爱心,也在一点点地分散到需要帮助的人那里。

2010年,杨岭带领公司团队第一次走进偏远农牧区学校,为贫困孩子捐赠书包和牛奶。到达农牧区学校后,他发现学校里仅有一台电子琴和一名音乐老师,平时20多个孩子围着一台电子琴上课,大家只能轮流学习,一个练完另一个练,杨岭当即决定给学校捐赠20台电子琴。

"沧海可填山可移，男儿志气当如斯。"2013年，杨岭有了到香港定居的机会，他将北京的一套居所卖掉后，听说定居香港，需要为当地教育投入500万元。教育！这两个字让杨岭心头一颤，他犹豫了。

经过无数个日夜的反复思考，和爱人商量后，杨岭决定回到家乡呼和浩特市。500万元，如果拿出十分之一，就能建造一所"农村少年宫"，就能够让更多呼和浩特农村的孩子们坐在少年宫里学习！杨岭回来了，踏上生他养他的这片土地，并把用自己辛勤的汗水赚来的钱投向农村，一所所"农村少年宫"在呼和浩特市周边开花，越来越多孩子们的笑脸在"农村少年宫"里绽放。

2015—2017年，杨岭在自治区党委、政府和社会各界的积极支持与配合下，先后为呼和浩特市第二十二中学、内蒙古航天学校小学部、赛罕区先锋路小学、呼和浩特市第九中学、赛罕区大学路小学等出资300多万元，捐建乡村学校少年宫、古筝教室、文化墙等；2018年2月，为内蒙古航天学校捐赠价值10万元的牛奶；2018年7月，出资20万元为赛罕区敕勒川绿地小学捐建科技馆。

赛罕区敕勒川绿地小学的书记提到杨岭的爱心奉献，激动不已："杨总给我们学校创建了科技实践基地，不仅在教学楼四楼创建了50米的科技长廊，还专门购置科技设备，培养孩子们爱科学、学科学。在杨总的帮助下，学校购置了乐器，成立了乐队。还有校园文化建设方面，学校景观带、草地铺设以及玩偶、雕塑、装饰花、盆花等，都是杨总出资置备的……每年的儿童节、教师节，他都给老师和孩子们送来慰问品，对孩子进行表彰，对老师进行鼓励。此外，杨总作为我们学校的法制副校长，也是政协委员，经常替老师、替教育发声，经常参加学校的各种主题教育活动，邀请劳动模范、先进代表到学校进行讲座。"

内蒙古航天学校小学部校长提起杨岭的善行义举，也是有说不完的话："杨岭是学校的名誉校长，他投资乡村少年宫100多万元，亲自为少年宫挑选了一款航天飞机形状的灯具。置身在美丽的灯影中，孩子们联想起天上的繁星，宛如在宇宙星河中遨游一般，孩子们乐了，杨总也笑了。这个少年宫，让孩子们特别开心，觉得在这么有意义的地方，更应该好好学习。孩子们参加表演，杨总就给孩子们买表演服装，孩子们去北京参加演出，杨总也会出路费。为了让农牧区的孩子们开阔眼界，增加自己的知识储备，2017年开始杨总给品学兼优的孩子们发放奖学金，一直到现在。杨总来到学校，每个孩子都亲切地叫他杨叔叔。杨总真是一个关爱孩子、关注教育的大好人。"

一位教育系统的领导曾这样评价杨岭："杨岭是一位诚实守信的企业家，也是热爱公益教育事业的爱心人士，他的付出得到了社会的肯定和认可。"

赛罕区敕勒川绿地小学腾飞路校区副校长讲道："杨岭先生给学校投资奶屋，有一个牛奶加热箱，这样孩子们可以每天喝到一盒热牛奶；他还给未来之星图书馆捐赠了1000册书。他特别细心，任何事情都亲力亲为，任何小物件都亲自过问，亲自购买，然后亲自摆放。比如图书馆墙上的板子，最初设计为蓝色和黄色的镶嵌装饰，杨岭先生看了以后感觉不太适合孩子们的需求，全部撤掉改为白色和绿色相间，看着还是不太好，最后用黄色做基调，中间的大树用金箔来装饰，全部用金色包裹，象征太阳光照射着大树下茁壮成长的孩子们。有了这样美轮美奂的图书馆，孩子们读书的兴趣提上来了，一下课就来看书，上课铃响后，孩子们才恋恋不舍地把书放到原来的位置后离开。学校主楼大门是杨岭先生仿照北京清华大学附属小学的铜门专门定制的，我们感觉特别宽敞。"

2018年11月，杨岭的公司为敕勒川绿地小学无偿捐赠的科教文具蒙牛BB-12科普长廊一期正式建成。2019年12月，为赛罕区教育局捐赠了价值50万元的牛奶。2020年，为敕勒川绿地小学"和美少儿管弦乐团"捐赠了乐器……

奉献爱心，回报社会，杨岭的善行获得了社会各界的关注和好评。2015年，杨岭入选"内蒙古好人榜"；2016年，杨岭做的公益活动被评为"呼和浩特市2015年度十大公益活动"；2017年，他被评为"最美青城人"暨呼和浩特市道德模范；2018年3月获自治区岗位学雷锋标兵，同年12月获第六届内蒙古自治区道德模范荣誉称号；2019年2月，杨岭荣获第五批全国岗位学雷锋标兵称号。

心中有爱，行中有善

杨岭对孩子们常说的一句话是："孩子们，你们是我们国家的基石，要好好学习，不管碰到什么困难都要挺住，要坚持，一直坚持下去，5年、10年……到那个时候，你们就是国家的栋梁，中国梦就靠你们来实现。"

杨岭不仅是孩子们的课外辅导员，还是爱心大使，他对自己的家乡充满深情，他一直关注着这片土地上人们的生存状态和精神生活。他曾多次考察和调研周边的学校，在学习、工作、社会服务之余，他喜欢到农村、牧区，用心去触摸生活，去关爱每一名儿童。看着孩子的笑颜，杨岭感觉自己的人生也充满了真情，充满了趣味。

杨岭说，和孩子们在一起是最快乐的事情，他已经成为孩子们的贴心人、孩子们的良师益友。在他的带动下，呼和浩特市有好多志愿者也加入了公益队伍，每到周末就有志愿者到农村的学校教授孩子们学习电子琴、书法、美术、舞蹈、朗诵、武术等课外知识。孩子们的视野开阔了，知识拓展了，对未来充满了希望和信心。

他的员工和志愿者感慨，跟随杨岭学习的日子，让他们懂得了生活的意义，在跟随他一同奉献爱心的日子里，体会到的是人生的升华！

内蒙古昕海铭悦运输有限责任公司自创办到现在十几年间，在公益奉献的道路上，为灾区及教育文化事业爱心奉献达800万元，每年给孩子们捐出去的钱有250万余元。一路走来，杨岭对于奉献也有了更加深入的认识，正如他公司的名字"昕海铭悦"一样：昕，有如朝日光芒四射；海，海阔天空，大爱无疆；铭，爱国爱民，铭刻在心；悦，喜事善事，乐于奉献。

"我知道孩子们需要我，孩子们质朴的眼神给了我无穷的力量，我会将这份公益事业不断延续下去，惠及边远地区、山区，惠及每一个孩子，让我们的孩子在理想的道路上能走得更远，飞得更高！"杨岭坚定地说。

芳华伴孝心

——记呼和浩特市道德模范石芳

魏　刚

引　子

2022年4月5日清明节的一大早，在沙尔沁小阿哥村，一条顺着田野弯弯曲曲的小道，一直通向杨家的祖坟。天还没有亮，石芳就起来蒸面炸糕，还特意做了20个饺子。天亮了，她走出家门，一边走一边想——她想起了离世15年的丈夫和刚走了两年多的婆婆。她一边走一边流泪，泪水缓缓流下，模糊了眼睛,她似乎走进了过去的岁月——

芳菲之路

　　1964年农历二月初五,在呼和浩特市的南郊沙尔沁镇一个叫六犋牛的村子里,一户人家的男主人——乡村教师石殿英,焦急地等在门外,他在等待着自己的第五个孩子,尽管已经有两儿两女,他的内心还想要一个"小棉袄"。天遂人愿,一声啼哭,石殿英老师又得了一个千金。那天,家里的桃树早早地就吐蕊泛红,即将开花。石老师给这个姑娘起名叫"石芳"。

　　村里的人们时常会看到石殿英老师带着他的小女儿在村子里散步。石芳还有一个不雅的小名,父母和兄姐都叫她"三猴",因为小时候,石芳调皮可爱,爬高上低,爱笑爱闹。村里人都知道,"三猴"是家里的掌上明珠,是石殿英老师的宝贝闺女。

　　石家有女初长成。一眨眼,石芳已经成为大姑娘了,那时候,石芳长得眉清目秀学习不错,家庭和谐。但她初中毕业后,家里开始变得不太宽裕,父母选择让她的二哥继续上高中,将来上大学。而她在村子里的民办小学当起了教师。当时,她心里很不情愿,但知道家里不宽裕,就听从了家里的安排。父亲认为当老师就会有一个好未来,将来也能嫁一个不错的丈夫。

　　直到成家之后,她才知道父亲的苦心、父亲的爱。实际上,作为一名老乡村教师,石殿英为了不让女儿将来只成为一个农家妇女,经常叮嘱她不要忘记好好学习,说也许以后还有上学的机会,谁知当了几年民办小学教师,因为有较好的知识基础,石芳真的又考取了师范学校的进修生,抓住机会,从而最终成为一名真正的教师。她的父亲高兴地说:"三猴是爸爸最好的女儿。"看着父亲骄傲的样子,石芳心里更加感激父亲。她知道,没有父亲的一路呵护,就没有她的今天,父亲才是最爱她的亲人。

　　从师范学校毕业后,石芳出落成一个更加美丽的姑娘,十里八村的小伙子都慕名而来,就为看看石殿英老师的三女儿,甚至还有相邻村子来提亲的。石芳的哥哥姐姐也经常说:"三猴,今天又有人打探你来了。"石芳听后,羞红了脸,说:"我一个都不认识。"当时,村子里的青年男女十八九岁就有结婚的,小伙子想要追求她也符合那个时代的社会状况。

石芳向往爱情,也相信爱情。随后,爱情不期而至。1986年6月,石芳嫁给了与她相亲相爱的小阿哥村的杨泽。当初,杨泽爱上石芳,是因为她爱笑。杨泽姊妹兄弟四个,他是老小,所以,他们的婚姻按照老人讲是非常般配的,两个人甜蜜地过起了小日子。之后,石芳先后生下一女一儿,凑成了个"好"字。她每天快乐地上班,快乐地相夫教子,快乐地孝顺双方的父母,那时她的笑声经常回荡在教室里,回荡在田野间,回荡在小阿哥村的乡村小道上。一家四口其乐融融,她和丈夫一人带一个孩子,骑着两辆自行车就到呼和浩特市里去看电影,令人羡慕不已,这也成了那时他们在村子里美好生活的定格画面。一家人勤劳肯干,还盖起了新的房子和院子,日子越来越甜蜜,院子里经常传出杨泽唱的《我们的生活比蜜甜》的歌声。

生活之艰

石芳的生活越来越好,一双儿女茁壮成长,一家人和和睦睦地生活在希望的田野上。可谁也没有想到,一夜之间家里就出现了变故,曾经温馨的家被蒙上了一层阴影。

石芳的丈夫杨泽同样是一名教师,也是一步一个脚印的奋斗者。后来他还考上了呼和浩特市教育学院成人大专班数学专业,毕业后,积极肯干,当上了沙尔沁中学的副校长,家庭和事业都到了一个最佳时期。然而,青天一个霹雳,让空气凝固,让时间暂停,石芳的心一下子碎了。往日灿烂的笑容,再也找不回来了。

2006年春节后,石芳的丈夫身体不舒服,一到医院检查,医生就让住院,主治医生对石芳说:"我怀疑是癌,看化验的结果吧。"石芳听了医生的话,一下子愣住了,泪水哗地涌了出来,她怎么也不相信,自己的丈夫身体好好的,怎么会得癌症。然而,事实摆在她的眼前,诊断书上明确写着"恶性胸膜间皮瘤",她不相信自己的丈夫得了癌症,开始疯了似的到处寻医问药。

　　杨泽知道自己的病情后，也不愿意再花家里的钱。而石芳一再哀求劝导，带着丈夫把呼和浩特市所有的医院转了个遍。记得在内蒙古医学院附属医院，医生对石芳说："你还是让你的丈夫回家调养吧，你还有孩子，到头来人财两空，巨大的债务怎么还？该考虑你以后的生活了。"但石芳又怎能轻易放弃对丈夫的医治，难道就眼巴巴看着丈夫离开这个世界？不，不能，绝对不能！石芳咬着牙说："只要我丈夫还有一线希望，我都要争取，哪怕倾家荡产。"于是，石芳四处奔波，到处借钱，又凑了近7万元，带上丈夫奔向北京的301医院，因为她听说那里是治这个病最好的医院，有最好的医生。

　　当时，丈夫手术后身上吊着一个积液桶，已经是举步维艰。在大伯子的帮助下，他们来到了北京，石芳根本想不到在北京就医的难度，为了能住进301医院，多少人在排队，多少人望眼欲穿。第一天不行，进不去；第二天进不去；第三天，杨泽就躺在301医院院子的一个阴凉处，等待着病床，此时杨泽已经快坚持不住了。石芳只要见到一个穿白大褂的，就迎上前说："我们是从内蒙古来的，帮帮我们吧，我丈夫快不行了。"从早上躺到下午，有三名医生从他们身边经过，了解到他们的情况后，非常同情他们的遭遇和困境，告诉他们不要着急。到了晚上，一个护士找到他们说："有病房了。"石芳激动得泪流满面，住进医院后，人们都说这是从内蒙古草原上来的人，是卖了骆驼来看病的。后来，她才知道是那三位医生为了帮她，编了一个动人的故事，才为他们找到了床位。实际上，为给丈夫看病，她花的钱，少说也相当于卖了10头骆驼。

　　"我的丈夫有救了！"石芳高兴得像一个孩子。住进医院，丈夫就开始了痛苦的化疗。石芳准备破釜沉舟拼一回，她悉心照料自己的丈夫，尽可能让他保持好心情，想吃什么就去买。整个病区都知道这个"卖骆驼的女人"，一天来去匆匆，跑前跑后，陪伴在丈夫的床前。6次化疗的疗程是怎么熬下去的啊！好多次看到丈夫痛苦的样子，石芳来到病房外，对着墙哭，却不敢发出声音，或是流着泪给丈夫洗衣服，洗着洗着泪水就流进了脸盆里。有时丈夫心情不好，也会对着她发脾气，她都默默地忍受着。有一次，丈夫因化疗痛苦得难以忍受，一下子把方便面抛到了石芳的头上，石芳眼里含着泪，紧紧咬着嘴唇，慢慢整理好自己的头发和衣服。这个场景被医院的护士看到了，她对石芳的丈夫说："你找了一个天底下最好的媳妇，她为了你一遍一遍地找医生，一天一天地伺候你，你还这样对她？好在方便面不热，要是刚泡进开水，那就出大事了，你想想吧。"石芳流着泪，默默地站在旁边，一句话也没说。她深深爱着自己的丈夫，只要丈夫能好起来，让她怎样都行。

天有不测风云，人有旦夕祸福。丈夫的患病也给家里带来了沉重打击，所有亲人都悲痛欲绝，也在担忧这个家庭的未来。石芳的公公平日里就一直夸这个儿子为自己增光添彩，也把这个儿子当成光宗耀祖的希望，眼看着儿子事业有成，儿女双全，日子越来越好，可儿子却得了癌症，他怎么能接受？一下子，老人被击倒了，精神也垮了下去，茶不思饭不想，经常一个人流泪。老人说："如果我死了，我儿子的病能好了，我也愿意。"一位慈爱的老父亲，在不长的时间里身体就衰弱下去，2007年6月的一天，突发急性心肌梗死，走在了儿子的前面。也许老人真的相信，他走了，儿子就会康复。

石芳看着公公走了，心里更加悲痛，她多少次对着月亮祈祷，对着星斗说话："求求老天，让我的丈夫再陪我们娘儿仨几年吧，孩子还小，老娘亲还在啊。"那个爱笑的石芳，再也笑不出来了，内心的苦向谁说，眼角的泪对谁流？爱，留不住生命；钱，也保不住生命。

2007年8月23日，石芳的丈夫撒手人寰，在离去的那一刻，他还紧紧地拉着石芳的手。石芳的天塌了，43岁就失去丈夫的她哭着说："命运这是怎么了，为什么会这样，我的两个孩子怎么办，我未来要靠谁呀！"一时间，石芳消沉下去，失去了往日那爽朗的笑声，那美丽的院子里，再也听不到丈夫唱的《我们的生活比蜜甜》的歌声。

陪伴之爱

丈夫的离去，使得石芳的家庭失去了往日的欢笑，两个上学的儿女也不知道怎样宽慰自己的母亲，他们时常陪着妈妈看星星，三个人抱在一起看月亮，只有默默陪伴，只有好好学习。石芳也经常一个人独自坐在窗前望着天上的星星，有时她在想，一个人活着太没有意义了。但在她的耳畔，好像有一个声音在叫她，还有一个声音在留她，她思念着丈夫，留恋着儿女，痛苦地煎熬着。

一日，石芳找到过去丈夫写给她的信："石芳，我最喜欢的是你傻傻的笑，笑得那么纯真，那么自信；还有，我喜欢你，是因为你对父母的孝敬，我想，未来我的父母，也会得到你的孝敬的。你爱笑，可爱；你爱孝，可敬……"这时，她突然想起，丈夫在世时，有一天拉着她的手，交代她："我妈一辈子很辛苦，本来有我这个儿子养老送终，可我成了这样子，未来还请你多费心，帮我尽孝道吧。你就受累了，我下辈子再报答你！"石芳似乎被击醒了，对了，她还有婆婆在，还有父亲在！她走了，婆婆怎么办？她不能不管丈夫交代她的事呀。她要对得起死去的丈夫，否则怎么在天堂见他？石芳擦干眼泪，急匆匆向婆婆家奔去。

丈夫走时，婆婆已经80多岁，而且患有糖尿病、心肌缺血、高血压、阿尔兹海默症等多种疾病，行走困难，双手颤抖得连碗都端不了。老伴儿和儿子的相继离世，对她的打击是巨大的，她整天以泪洗面，茶饭不思。为了照护老人，石芳就和同事调换课时，回家陪婆婆说开心的话，想尽办法给婆婆做可口的饭菜，等把老人安顿好了她才去上课。

几年过去了，婆婆的精神状态发生了改变，脸上也有了笑容。为了让老人家开心地度过晚年，石芳就利用星期六、日的时间，用小轮椅推着她出去晒太阳，呼吸新鲜空气。日复一日，老人开始能扶着炕沿慢慢走路了，有时石芳搀扶着她去外面和人聊天，婆婆逢人就说："全靠我的二儿媳妇，虽然儿子走了，我的二儿媳妇比我的亲姑娘还要亲，还要孝敬，真是打上灯笼也难找啊！"婆婆的一番话时常会把在场的人说哭。是呀，几百个数不清的日日夜夜，石芳精心地服侍着婆婆，同时含辛茹苦地培养她的两个孩子读书成才。

一晃就是10年，到2017年，婆婆93岁了，生活自理能力更差了，就像刚出生的小孩，甚至还不如刚出生的小孩，一会儿用手抓屎，一会儿用尿洗脸，石芳除了喂饭、喂药，还要不停地给婆婆擦洗、换尿布、换屎布，到了晚上婆婆折腾得就更厉害了，她不停地翻身，不停地换睡姿，甚至不停地说胡话，石芳几乎彻夜难眠。有时，老人睡着了，石芳就站在空旷的院子里，望着天空，对着星斗说："杨泽啊，你下来帮帮我，我快受不了了，你来帮帮我吧。"哭罢，心情好一点儿，就赶快回到屋子里，生怕老太太滚落到地上。

石芳日复一日地为婆婆洗脚、擦身、按摩，守护在老人家身旁，还利用空闲时间给她一次次洗澡，每天不停地换被褥，不停地晾晒衣服。石芳的儿子说，家里的院子像挂满了各色旗帜，五彩斑斓的。后来，老人虽然躺在炕上不能动，但从来没生过一次褥疮，没长过一个痱子，石芳对老人的照顾亲戚邻居都看在眼里，佩服在心中，称赞在口上。

记得有一次，老人家病得特别严重，连饭都吃不进去了，石芳就东奔西跑地求医买药，医生说："这么大年龄了，你还不顾一切地给她治病，而且你的腿疼得几乎不能走了，你却不看，甚至连89岁的老父亲也顾不上去管，世上没有你这样的媳妇了。"村里的人们也这么说："做儿媳妇，很行了，该顾顾你自己了。"医生的话，村民们的话，石芳听了，记在心上，泪水止不住地往下流，她又有什么办法？因为石芳对丈夫有承诺，对儿女要树榜样，对良心得有交代，石芳怎能忍心不管丈夫的老母亲？一想到这儿，她就满眼都是泪花。

老人慢慢不认识人了，每天两眼死死地盯着石芳，说话也模糊不清，见此情景，石芳更加精心照顾婆婆。她铁了心地守护在老人家的身边，一勺一勺地喂粥，一勺一勺地喂药，婆婆又渐渐好起来了，脸上也有了红光。大伯子和嫂子全家回来看望老人，他们一进门惊呆了：老人家居然坐着，手里玩着两个小球，就是认不出他们是谁。大伯子和嫂子感激地对石芳说："弟妹，老妈能活到现在，全靠你的辛苦付出，我们敬重你，你是咱家的功臣！"到了冬天，为了让老人家睡上热炕头，石芳每天抽出时间去捡葵花秆子，把炕烧得热乎乎的。婆婆摸着石芳的手说："媳妇，你不要顾我，看你瘦的，两眼圈发黑，腿也不好使，走路一跛一跛的，找医生看看吧，要不是你，我哪能活到现在……"老人的一番话，让石芳的泪水止不住往下流，婆媳俩紧紧地抱在了一起……

2020年农历腊月二十七，老太太睡着了，之后再也没有醒来，她带着微笑去找她的丈夫和儿子去了。尽管老太太无疾而终，石芳还是遗憾地说："婆婆，您难道不能过了年再走？"石芳本想给老婆婆办一场敲敲打打风风光光的隆重白事，然而形势突变，疫情来了。亲戚不能来，丧事操办从简，出门十分不便。她想着必须顾全大局，于是正月初七，家人简简单单地把婆婆送进了祖坟。石芳心里难受，哭着说："婆婆，对不住了，没有给您办成大事，太冷清了，以后我年年来看您。"正月初八，她掸去身上的劳累，带着对婆婆的怀念，来到了村子里的疫情防控岗位。不论白天黑夜，天寒地冻，石芳舍小家顾大家，坚守在一线。

2020年4月，石芳的父亲石殿英病倒了，看到父亲羸弱痛苦的样子，石芳想起她小的时候爸爸说的话："我老了就跟老闺女。"谁知自己生活上的艰难，老父亲都看在眼里，能帮就帮，能给都给，还特别理解女儿的难处，自己有病了，还花钱请了本家的远房哥哥来照顾。石芳不愿意让老父亲再孤独下去，把他接到了自己家里，悉心伺候。虽然父亲能扶起扶坐，自己能吃饭，但是大小便无法自理，她不嫌脏不嫌累，悉心呵护，百般给调养。老父亲每天看到石芳就微笑，拉着女儿的手不愿放开。此时的石芳心里才有点儿慰藉，能在父亲跟前尽一个女儿的孝道，再苦再累都值得。短短几个月后，父亲拉着石芳的手，慢慢地闭上了眼睛，他好像很满足与女儿在一起的最后时光。2020年11月28日，石殿英老师微笑着离世，享年92岁。

石芳的2020年，经历了一年失去两位亲人的痛苦，但她深知，这是她的责任，也是她应尽的孝道，她相信婆婆和父亲会在天堂保佑她。石芳用她一双粗糙的手和一头斑驳的头发，让所有的亲朋好友、邻居同事看到，她履行了一个儿媳和一个女儿的职责和义务——中华民族千古流传的孝道。

向善之行

从石芳孝老爱亲、感动乡邻的事迹中,我们还看到了,她不仅是一个好妻子、好儿媳、好女儿,还是一位好老师、好母亲。

就因为当初丈夫生病,学校给了她一学期的假,让她陪丈夫看病,所以当回到学校后,她就心怀感恩,任劳任怨,一个人代好几个班的课,只要时间允许什么都是积极做,没有半句怨言,甚至周末她还给那些学习吃力的孩子们补课。当初有人怀疑,石芳给孩子们补课是为了收钱,还家里欠下的外债。一打听,才知道她分文不收,这事感动了家长,也传了出去。只要有学生上门,不论哪个班哪个年级,石芳都会认真给他们补课。所以,在石芳生病的时候,学生们经常来看她、帮她。每次她都感动得泪流满面,而学生们说:"您才是我们学生的榜样。"

石芳还帮助过一个叫杨帆的智力低下的孩子,一帮就是10年,这个孩子最终融入了社会,并且非常孝顺他的家人。人们都说:"没有石芳老师的帮助,哪有杨帆的今天!"而她自己的一双儿女,因为家庭原因,一路走得很艰辛,石芳一手一个,全家奋力向前,硬是挺了过来。石芳用伟大的母爱和无声的孝道,影响着两个孩子。两个孩子非常懂事,不仅一起主动帮助母亲孝顺奶奶、伺候姥爷,还双双考上了大学并成家立业。村里人都说,是石芳的孝道感动了老天爷,才让她的儿女如今事业顺利,家庭幸福,也祝愿她后半辈子不再受苦。石芳却说:"我只是做了该做的事情。"

从2019年退休到2020年发生疫情以来,石芳的角色也从原来伺候婆婆的儿媳和孝顺的父亲女儿,逐渐转变成村子里的一名志愿者。一旦遇到难处理的事情,人们就会想到石芳老师,都认为石芳老师有文化,有情怀。村子里进行换届改选,大家请她当监督员;村子里有什么大事小情,也愿意请石芳协调解决。疫情期间,石芳一直都是站在最前面的志愿者,成为小阿哥村村子里的一面旗帜。石芳时刻告诉自己:"过去孝顺婆婆,为父亲养老送终是自己该做的,没有什么大不了的,如果因此而炫耀和骄傲,就不是我的初心。现在，我是一名退休的乡村教师，我要把我的余热献给我热爱的乡村，也是为了回报当初在我最困难的时候乡亲们的帮助，我心甘情愿做这些事。"

人老了，也开始喜欢念旧。石芳经常推着曾载过婆婆的小车到学校门口，看看孩子们欢快的模样，就好像带着婆婆来遛弯，她心里很踏实。有时她也会回到六犋牛村，看看自己小时候生活的家乡，看看曾经奔跑撒欢的乡村小道，似乎看到爸爸妈妈站在门口等她……有时孤独了，她就来到丈夫杨泽的坟前，与丈夫说说心里话，告诉他："女儿有两个孩子，儿子也娶上了媳妇；我现在是村里的妇联副主任，还有不少事情要做；还有，家里的李子树结了不少果子。我给你包了20个饺子，你吃吧……"

尾　声

"石芳，石芳老师！"

远处突然传来呼唤声，石芳也从回忆的泪水中惊醒，她抹了一下脸上的泪水，答道："我在这里。"

"石芳老师，市里有一个道德模范宣讲团活动，请您明天参加。"

"知道了。"石芳来到丈夫的坟前，放下包好的20个饺子，倒上一杯酒，说道："杨泽，我来看你了，你放心吧，好日子来了，我会好好的，我会永远爱你！"

在宽广的土默川平原上，绿色铺满大地，天上的云朵也在幸福地飘动，到处一片生机勃勃。这里的人民勤劳，民风淳朴，一个个感人的故事在田野间被传颂着。

映日荷花别样红

——记呼和浩特市道德模范何红

李俊标

> 数十年风雨"爱心路",验证了她对公益事业和慈善活动的无限热爱和执着追求。在奋进新时代的征程上,不变的热情与希望如她的名字一样,如一团炽热的火焰,无时不在释放着别样色彩。
>
> ——题记

盛夏,温暖的阳光倾洒在呼和浩特市锡林北路街道办事处三角线社区的七色阳光书屋，何红专门为智力障碍青少年量身定做的"蜗牛牵我去散步"公益课堂正在这里进行。长桌旁，几名智力障碍青少年在志愿者耐心的辅导下，费力地将手中加了食用颜料的小面团捏成小动物、花朵……再经过烘焙，香味四溢的点心便制作完成。一旁的家长们全然不在乎孩子们那制作得略显粗糙甚至根本看不出形状的面食，满脸的笑容流露出内心无法掩饰的欣慰与喜悦。

这是内蒙古七色阳光公益联盟发起人、呼和浩特市赛罕区蓝丝带家庭综合服务中心理事长何红组织的一次公益活动的场景。

她用爱心彰显了退役军人本色和共产党员的初心使命

提及热心慈善事业和公益活动的缘由，何红的家庭无疑是激励她义无反顾走上这条路的最大动因，从小她就是在父母热心帮助别人的一桩桩一件件大事小情中成长起来的。父母一生乐于助人、帮困助贫，潜移默化地让她也养成了这种乐善好施的品行。这是一种传承、一种信仰。

1987年，正值豆蔻年华的何红带着"像父母一样做一个有利于社会的人"的志向参军入伍。当兵之初，她即树立了"当兵就要当好兵"的人生信念。新兵训练后被分配到部队医院的第二天早晨，何红看到满走廊都是积水，蹚着没过脚踝的水找至洗漱间，发现原来是因为停水，不知道哪个战友忘记关水龙头导致跑水。关掉水龙头后，她毫不犹豫地拿起工具清理积水，可积水太多了，她和值日生忙活了一早晨，结果错过早操。事后，她因为没有参加早操而受到严厉的批评，还被责令写了检查。但她没有争辩也没有解释，而是含着泪水默默地投入训练生活当中。现在回忆起来，她自己都不敢相信，一个弱不禁风的小女兵，竟干了这样一件甘愿承担责任、甘愿承受委屈的事。也因为这件事，何红变得更加自强、自律。当兵三年，何红被部队评为"优秀团员"。退伍回来后，从刚分配工作进入单位，成为业务骨干，到后来被评为先进工作者，并光荣地加入中国共产党，处处体现着她对自己的高标准、严要求。

何红真正走上公益之路离不开母亲的熏陶。那是20世纪70年代，她的母亲参加了唐山抗震救灾医疗队，在救援现场不惧生死，除完成救援任务，还主动帮助受困群众重建灾后生活，即使救灾回来后，依然和受灾群众保持联系，进行力所能及的帮扶。母亲那远隔800余公里、长时间的真情救助对何红影响极深。后来，何红在工作之余，把别人用来逛街、看电影、做美容的时间，更多地用在志愿服务中，并逐渐成为一名公益"排头兵"。她把救人于难、解人之困当作自己的义务和责任，长期线上线下为贫困学生、苦难的母亲、孤寡老人、退伍老兵、残疾儿童等困难群体捐款赠物献爱心。多年来，她组织参与助残助学、建立公益书屋、义务献血、关爱老人、关注环保等众多公益项目，组织志愿服务活动400余场，个人志愿服务时长万余小时，以实际行动传递着公益正能量。

在志愿服务的不断实践中，她创办了适合不同类型受助群体的特色课堂

开设"我是小小厨师长"公益课堂的最初目的是想带领自闭症儿童、唐氏综合征青少年、智力障碍青少年进行手工烘焙训练，教孩子们掌握一技之长，帮助他们提高生活能力。活动通过手把手教不同年龄段、不同类型的孩子制作家常中餐面点和西点蛋糕，帮助特殊青少年树立自立自强的生存理念，甚至可以使其成为一种谋生方式。何红组织志愿者利用每周二、周四和周六下午分别在三顺店社区和三角线社区进行授课，课上使用的面粉、鸡蛋、油类全部是何红自掏腰包，亲自购买。

通过无数次的课堂实践和项目改进，"我是小小厨师长"公益课堂终于成了孩子们心心念念最盼望的课程。课上，每当孩子们争先恐后、自豪地指着自己做出的面点给大家介绍："这是我做的小萝卜，这是我做的小熊……"时，何红的内心都如暖流涌过。2021年9月，全国妇联领导在参观完"我是小小厨师长"公益课堂后，给予了高度赞许。市里有关领导来三顺店社区视察，亲切地向何红询问了"我是小小厨师长"公益课堂的志愿服务

具体事宜并给予高度评价。

孩子们的喜爱、家长们的殷切期盼和各级领导的支持、鼓励，让何红对于更好开设这个课堂更有信心了。自2020年8月开设"我是小小厨师长"公益课堂以来，累计进行课堂教学72期，惠及特殊家庭100余户。2020年10月，何红带领自己的公益组织"蓝丝带"入驻新城区锡林北路街道办事处三角线社区后，把这个专门为特殊青少年量身定制的课堂推广成"三点半烘焙公益课"，增加了为辖区正常儿童授课的内容，成为关爱未成年人最直接的事例。

时光记录了变化，时代塑造着人生，她用爱心拨亮了一个又一个孩子的心灯

2017年4月，何红得知武川第二小学有一名事实孤儿，决定去进行对接帮扶。到达武川后，当地妇联领导介绍说："这个孩子学习不好，已经换过几次爱心人士了，你要不再考虑一下？"听完这些话，何红的内心久久不能平静，孩子的特殊情况揪扯着何红的心，反而更坚定了她见见孩子的决心。当始终低着头一言不发、神情木讷、胆怯忧伤的小娇出现在何红面前时，何红的心都要碎了，本该无忧无虑快乐成长的年龄，怎么却像一只受伤的小鹿？她想每个生命都是需要被呵护的，学习不好代表不了人生的全部，健康的身心才是关键。就这样，她毫不犹豫地和小娇结了对子。

6月1日儿童节这天恰巧是小娇的生日，何红不仅提前给孩子购买了一些学习用品和生活用品，还特意定制了一个大大的蛋糕。那天一大早，何红准时赶到武川和孩子一起过生日，整个上午孩子不说一句话，任凭何红如何开导，孩子始终低头不语，这让何红感到引导孩子与人交流，帮助孩子尽快转变学习态度，需要长时间地下功夫。后来，通往武川的路成为何红走进小娇的心灵之路，她来来回回往返于市里和武川之间。

2021年4月的一天，何红意外地收到一个发自武川的快递。打开后，是一束花和一封信，原来是小娇得知何红的生日，专门用平时省吃俭用攒下的

零花钱为何红买的生日礼物。小娇在信里说，从她懂事开始从未被温柔相待过，命运使她幸运地遇到了好心的何红阿姨，这枝鲜艳的花，就像何红在她生命中给予她的色彩，淡淡的花香如同何红心灵深处散发出的馨香，对于小娇来说却是大大的幸福。

随着时间的推移，孩子慢慢地有了新的变化，见面时会主动拥抱何红，平日爱笑了，在班级里也有了朋友。初二的时候，班里第一批入团的三名学生中就有小娇，她还入选了学生会。小娇说，等她长大了，一定要像何红阿姨那样去帮助需要帮助的人。

她用行动告诉人们公益是唤醒善良，不是你做了多少慈善，而是你影响了多少爱心

2018年3月，何红与别人合作创办了爱心书屋，因为是公益性质，没有书源，寻求图书援助成为一件令她头痛的事。一连半个月，何红整日奔走在筹集图书的途中，她把募捐图书的信息发到朋友圈，时时盯着手机看，生怕耽误了任何消息。功夫不负有心人，她的真诚打动了内蒙古团委、内蒙古图书馆、呼和浩特文明办、新城区图书馆领导们的心，各个公益团体也纷纷捐来图书，特别是募捐活动得到16所大专院校的响应，短时间内爱心书屋内的书架被填得满满当当。

4月23日世界读书日那天，何红与志趣公益等公益组织联合，一起发起大型读书宣传活动，各大高校的学生志愿者、新城区图书馆的工作人员以及社会各界爱心人士等300多人参加了活动。著名诗人、词作家、书法家火华先生为爱心书屋题字并且捐了书。

书屋的图书量虽然够了，但找何红捐书的人依然络绎不绝。面对这样的情况，一个多年前她心中谋划的建立"小小书屋"的梦想再次被唤起。说干就干，她实施的第一个项目选在了回民区攸攸板小学，一次性送去少儿读物600册。此后她又在清水河杨家窑、和林西沟门陆续建起"小小书屋"，累计募捐图书2200册，而且何红把单亲留守儿童作为捐赠重点，给予特殊关

照。除了继续进行图书募捐，何红还定期组织捐书家长带上孩子和边远山区的孩子开展读书分享会。

一次，何红一行带着3箱水果和500本图书走进了清水河白旗窑小学，这里有9名一日三餐基本只靠小米饭就小米汤生活的困难儿童，让何红没想到的是，孩子们齐齐奔向了图书而不是水果，并兴奋地议论着："啊，有这么多我想看的书，这本我喜欢，那本我也喜欢……"看着围着图书的孩子们，何红被深深地打动了，孩子们爱读书的热情更加坚定了何红的送书计划。2019年8月，"小小书屋"项目得到呼和浩特市志愿者联合会的大力支持，并正式更名为"七色阳光公益书屋"。何红的"小小书屋"计划，不仅使孩子们受益，也得到了社会认可，在政府和爱心人士的帮助下，14个"七色阳光公益书屋"相继建成。

在锡林北路街道办事处三角线社区，"七色阳光公益书屋"承担了多项职能，其中包括定期组织患自闭症和唐氏综合征的孩子通过读书、画画进行康复培训，并开设"三点半"绘画课堂。利用这一平台，何红还专门为自闭症儿童、唐氏综合征儿童开设了百米长廊画展。2019年儿童产业博览会上，何红带着特殊儿童们与正常孩子们共同完成百米长卷画作，营造出没有歧视、充满友爱与尊重的氛围。

爱是看得见的哲理，诠释着她无怨无悔致力于公益事业的精神品格

2017年6月，何红在参加关爱自闭症儿童的活动中发现，开始孩子们不愿意和她交流，递过去的玩具也不接，其中有一个不会说话、长着一双美丽大眼睛的小女孩，勉强和她玩起了石头剪子布的游戏，但当她准备离开的时候，孩子们却不肯让她走，甚至哭闹不止。看着这些孩子，何红的心情格外沉重。回去后，何红购买了大量关于自闭症的书籍，开始研究如何走进自闭症儿童的世界，并从2017年8月开始，将全部精力投入对自闭症儿童的关爱上。她发现通过开展美术等艺术教育，可以改善自闭症儿童的生存状态，于

是便招募了一批又一批美术专业的志愿者，分别走进7家自闭症儿童康复机构，采用一对一教学形式，每周上一节公益美术课，免费为自闭症儿童开设简笔画、黏土、折纸、水粉等课程。仅2019年就为孩子们上了102节公益美术课，志愿服务长达6320个小时。

通过不懈努力，很多孩子打开了心扉。有一次，一个一直不肯说话、不肯动手的自闭症孩子在贴纸课上贴到一个冬天的场景时，竟自顾自地唱起了歌曲《雪绒花》，还主动和志愿者聊起了天。还有一个孩子，上课一直不愿意坐下来，不仅在自己的画纸上乱涂，还经常拿笔去涂别的小朋友的画，经过半年多美术课的熏陶和老师的耐心引导，孩子终于坐了下来，而且能够坚持整节课的时间，并开始动手画水粉画。还有一次，一个男孩在上课的时候找到何红，说他的手破了，主动要求何红帮他包扎伤口。何红非常高兴，她知道她的公益活动已经开始得到孩子们的信任和依赖，孩子们逐渐开始与人交流，懂得求助别人。

一个个成功的事例激励了何红，也促使何红在关爱自闭症儿童这条路上越走越有信心。2019年12月，何红结合她的成功实践，聘请知名专家在内蒙古图书馆报告厅以"绘画治疗自闭症儿童群体的应用""绘画治疗的技术和与自闭症儿童沟通的技巧及注意事项"为题，专门为86名志愿者开展了专题培训，为打造志愿服务队伍的系统化、专业化、多元化奠定了良好的基础。

2020年初，何红在呼和浩特市民族美术馆举办了题为"献给妈妈——冬日最美的阳光"大型自闭症儿童画展，为期一个月展出作品300余幅。在参观画展时，当自闭症儿童指着自己的画给家长看的时候，家长们流下了幸福、激动的泪水。面对在美术教育和爱心融合上跨出的这一大步，何红说："不给他们机会，怎么知道他们优不优秀？"

她的无私奉献不仅体现在平日，更体现在每一次的危机时刻和紧要关头

连续三年反复的疫情，见证的是何红充满爱心的善举和新时代道德模

范的精神赞歌。每一次疫情出现，何红总会顽强坚守在防控一线，打头阵、当先锋，高举共产党员的旗帜。在2020年的疫情防控战中，她第一时间向居民们普及新冠肺炎相关知识，并为物资紧缺的各个旗县区公益协会和部分社区捐赠价值3万余元的防疫物资，还在基金会为疫情捐款。当她听说清水河百川公益24小时轮班在卡口执勤，物资匮乏，何红动情地说："你们保护人民，我来爱护你们！"她及时购买了手套、口罩、消毒纸巾等2000余件抗疫物资，分两次紧急送到百公里外的清水河县。在市区，她带领志愿者先后慰问新城、赛罕、玉泉、回民4个区的7个老旧社区以及英澜天使康复中心，送去数千元的慰问金和万余元的抗疫物资，用实际行动向社会各界传达着抗疫必胜的坚定决心。

无数个温馨的场面令人记忆犹新，她的公益之路开满了鲜花

何红在日记中写下这样一句话："每一次的爱心公益活动都是对生命的礼赞。"她将人生比作"七色彩虹"，而在热爱的公益事业面前甘愿隐去其他色彩，只留下单色的红。

2018年6月中旬，因为婆婆突然去世，何红开始重新审视生命，也因此与专做老人心灵呵护的公益组织结缘，并进入该公益组织学习。何红读的第一本书是《爱与陪伴》，她被书中的案例以及陪伴的技法深深吸引，第一次知道老人更加需要陪伴，第一次知道中国有4000万临终老人，第一次知道"爱与陪伴"的意义。从2018年6月到11月，何红参加了27次服务，陪伴了27位老人。这些老人或喜或悲，或嗔或怒，或淡然或寂寞，他们的人生经历，带给何红对生命的认识和启发，为此她写下很多关于生命的感悟。2020年10月她所在的公益组织入驻三角线社区后，专门针对老人开设了茶艺课、红歌课、牙科普及课等，在端午节、中秋节、重阳节等传统节日，何红都会把老人们请来，和志愿者一起制作品尝节日美食。关爱陪伴老人成了何红日常生活的一部分。

环境保护是何红一直关注的另一个领域，她在腾讯公益上每月坚持捐一棵树，为腾格里沙漠锁边行动贡献着自己的力量。2020年10月起，何红在社区开设"周二环保课程"，讲解垃圾分类和环保普及知识，她常引用"要像爱护我们的眼睛一样保护环境，环保功在当代，利在千秋"之类的话勉励自己和身边的人。她说有能力去为社会做贡献是件快乐的事。

2018年1月，何红第一次去献血，当收到血液合格并用于抢救病人的通知时，她内心涌起的波澜无以言表。送人玫瑰手留余香，她用她的热血让一个生命重获健康，对她来说也是一种幸福。她将献血的事情发到朋友圈，认识她的人都说让她下次献血带上他们，何红听到后十分激动。

点滴的真情洋溢着温暖。投身公益慈善事业16年，何红个人及家庭先后被评为内蒙古自治区学雷锋志愿服务优秀志愿者、呼和浩特市巾帼志愿服务先进个人、呼和浩特市优秀志愿者、呼和浩特市最美家庭；并荣登"青城好人""内蒙古好人""中国好人"榜；还分别被授予呼和浩特市第十届助人为乐道德模范、首届敕勒川巾帼志愿服务"十大感动人物"、首届北疆巾帼志愿服务"十大感动人物"荣誉称号。2022年8月，何红再次获得首届"内蒙古慈善奖"慈善楷模称号……

九月的青城依然一片碧绿，穿过公园快步赶往公益活动途中的何红，与高洁雅致的荷花相互映衬，成为一道美丽的风景。

扫码查看
拓展资料

德耀青城
——记呼和浩特市道德模范、青城好人

激情倾洒黄土地

——记呼和浩特市道德模范郭二文

边俊杰

"新的时代,赋予我们新的使命,为了让老百姓早日过上富裕、文明、幸福的美好生活,为了早日实现美丽、富裕、平安的新农村目标,我甘愿奉献全部的智慧、全部的心血、全部的激情。"

这一句句铿锵有力的话语还在耳边回响,"郭二文率先为抗疫捐款10万元"的信息在手机里刷屏,朋友圈、微信群映满眼帘,人们都在赞叹:郭二文,好样的!干事有担当,演讲有激情,关键时刻是榜样。

郭二文，清水河县城关镇小庙子村党支部书记兼村委会主任、呼和浩特市人大代表，中等偏高的身材，矫健的身姿充满了活力，充满了精气神。浓眉下一双大眼睛炯炯有神，宽阔的眉宇间透出一股坚毅睿智的风采。

"为人堂堂正正，受人尊敬；做事踏踏实实，充满激情。"这是城关镇干部群众对郭二文的评价。

激情倾洒黄土地，甜水润心送锦旗

2020年8月的一天，清水河县城关镇松树梁村村民笑逐颜开，扬眉吐气，村里出嫁的姑娘、外出的年轻人齐聚小山村，庆贺580米深的甜水通到了家家户户，"自来水喷出党恩情，郭二文打井献爱心""甜水润民心，村民感党恩"……一面面鲜红的锦旗在大山里飘扬。

松树梁村山大沟深，土地贫瘠，属严重的缺水地区，祖祖辈辈的村民过着吃水贵如油、天天为水愁的日子。20世纪70年代因为缺水，县里组织机关单位用汽车送水，全村人担来铁桶足有五六十只，因为分水还发生过冲突。因为缺水，村里无法饲养牲畜。

82岁的村民赵玉柱说，每天早晨，鸡还没打鸣，沉寂的山沟里就响起踢踢踏踏的脚步声。男人们起身后的第一件事就是去担水，上坡下沟，就算再精壮的劳力，一趟水担回来也得一个多小时。特别是冬天，担水进家的男人胡茬上挂满白霜，他们担来了一家人喝水的希望，要不然只能喝混浊的旱井水。

日子过得恓惶，说起吃水难，松树梁村人个个都是辛酸泪一把，不堪回首。当时，村里出嫁的姑娘多，小伙子婚娶的喜事却少得可怜，娶媳妇等于攀高山，可谓难上难。村民李贵文说，当年他领回一位温柔善良的漂亮姑娘，结果姑娘丢下一句"人是不错，但不愿意下一代缺水受罪"，拒绝了小伙子的求爱。

有点儿能耐的，迁到别处了，家有儿子的，入赘他乡了。松树梁村出现了人口负增长。

郭二文看在眼里，急在心上。2018年的隆冬，怀揣一颗初心的郭二文行走在松树梁村的深山沟谷里，寒冬的山野里显得荒凉而又寂寞，山下的沟道里赤裸裸的，再也没有任何遮掩。黄土地冻得像石板一样坚硬，沟谷中树木的叶子全部掉光了，在寒风中孤零零地站立着，山坡上一群喜鹊飞来飞去，寻觅生存的食物，叽叽喳喳的叫声不绝于耳。此时，郭二文正和他聘请的水利专家在这沟谷里苦苦寻找水源，他下决心要让这一方父老乡亲早一天结束吃水难的历史，早一天喝上清凌凌的自来水。

2019年春寒料峭的时节，郭二文顾不上休息，又带上水利专家直奔山沟。当打下430米深时，还是没有水，难怪人们说，这里曾被有关专家视为盲区，在这里打井无异于纸上谈兵。

430米，这已经是清水河县历史上最深的打井纪录了，郭二文傻了眼，20万元打了水漂，是继续打，还是放弃？他陷入了深深的沉思中。

此刻，郭二文头枕手掌仰面躺在黄土地上，长久地望着高远的蓝天和悠悠飘飞的白云，眼里莫名地盈满了泪水。山里寂静无声，他甚至能听见自己鬓角大血管跳动的声音，如果继续打，万一又打一个黑窟窿，怎办呢？那更多的血汗钱不是白扔了吗？但是，如果不试，村民们吃自来水就更没希望了，此刻，他想起了孟子的名言："故天将降大任于是人也，必先苦其心志，劳其筋骨，饿其体肤，空乏其身，行拂乱其所为，所以动心忍性，曾益其所不能。"

老百姓吃不上自来水，郭二文心不安啊。刚从疫情防控一线下来的郭二文，顾不上休息，带着水利专家，一头扎进松树梁村的另一条沟，搭起帐篷，又投入打井的工作中。

咬定青山不放松，斗罢艰辛又出发。郭二文以咬钉嚼铁的干劲、只争朝夕的拼劲、不负韶华的闯劲，始终奋战在打井一线。这一次，当打到370米深处时，见到微量出水，打到420米深时已见少量出水，打到580米深时，清凌凌的深井水喷涌而出。这60万元值得啊！

郭二文双手掬一口，送进了嘴里，甜甜的，爽爽的。"出水了！"沉寂的大山发出回音："出水了——"他的喊声，唤醒了沉睡的大山，唤醒了这一方水土，真是掬水月在手，弄花香满衣。

郭二文终于使祖祖辈辈吃水贵如油的松树梁村村民喝上了深井甜水，真是莫道春风归来晚，浮云过后艳阳天！世上无难事，只怕有心人！

郭二文把这一喜讯告诉清水河县水务局，水务局十分支持配合，铺管道、建水塔，580米深的井水经过3公里的管道、三级扬水站，被送到了松树梁村的家家户户。

采得百花成蜜后，为谁辛苦为谁甜。77岁的村民樊补花，20年前丈夫因病去世，儿子张平小因患重度静脉曲张手术4次，娶回媳妇仅仅过了1年就跑了，日子过得很艰辛。如今，家里安上了自来水，她与儿子虽然住在两间不算宽敞的窑洞里，但日子也算过得殷实。樊补花拧开水龙头，激动地说："我是不愁吃，不愁穿，就愁吃水难。这不，郭二文给我们打井上了自来水，感谢共产党，感谢郭二文，我这心里真是乐开了花。"

激情倾洒黄土地，党徽闪闪耀骨气

"出门就见面，握手得走半天。"这是清水河县山高坡陡、地势复杂的真实写照。每到下雪后，崎岖的山路阻挡着人们的出行，因路滑坡陡，境内发生的交通事故屡见不鲜。这些惨痛的教训，唤起郭二文内心的责任与担当——唯有尽心竭力为群众多办实事，方显初心。是的，郭二文的初心总是那么激昂澎湃，东方还未泛出鱼肚白，黑黢黢的路面上，郭二文已经迎着刺骨的寒风上路了，滴水成冰，白雪皑皑，大片大片的雪花在漆黑的夜空中打着旋儿，又无声跌落在结冰的道路上。他奋力迎雪前行，乌黑的头发弥漫着水雾，汗水顺着帽沿、脸颊往下淌，嘴里喷出的雾气与雪花一起飞扬。

当人们还在睡梦中，有谁能知道，塞外的冰天雪地，陡峭的山道上，闪耀着一道亮丽的风景。

6年来，郭二文每至隆冬时节都会调动公司6辆装载机和十几名工人，头顶刺骨的寒风，及时将清水河境内109国道、清水河至准格尔方向、清水河至平鲁方向沿线出口处、209国道清水河至偏关方向、清水河县至呼和浩特市方向的一条条山路上的积雪清扫得干干净净，从而保证车辆放心通行。

这就是郭二文的坚持，更是一名共产党人的信念，真是"烈马腾嘶驰北疆，冰天雪地奏乐章"。

2019年4月5日，清明节，狂风怒吼，通往老牛湾旅游线路上的黄家营村突然发生森林火灾。火险就是命令，郭二文迅速组织公司的十几台装载机、3辆洒水车、30多名工人奔赴火场，他冒着危险，配合森林警察指挥，一边用装载机、铲车铲开隔离带，一边用洒水车拉水灭火。经过连续十几个小时的奋战，一场山火被彻底扑灭，国家上千亩林木资源得到保护。之后每年清明节，郭二文都要组织防火救援队，随时待命，随时准备出战。

艰难方显勇毅，磨砺始得玉成。

2020年新春佳节之际，面对一场突如其来的疫情，郭二文心急如焚，他得知县政府需要封堵路段，立马动用自己的16台装载机，整整用了4个昼夜，将县城多个进出口全部封堵完毕，第一时间赢得了疫情防控的胜利。在抗击疫情结束后，他又顺利铲通道路，同时，郭二文还第一时间为全县抗击疫情捐款10万元，并让自家女儿积极参与疫情防控值班、消毒、巡查等工作。

有责任显担当，有胸怀见品格。

贾家湾村地下自来水管网建于20世纪80年代，年久失修，管网老化，极易破裂，郭二文自掏腰包，将该村所有锈迹斑斑的地下旧铁管道彻底更换为高质量的塑料管道。这真是贾家湾村民从来不敢奢望的事。

郭二文跑前忙后，争取水务部门投资，为蔺家山村安装了自来水，使20多户人家破天荒吃上了自来水，这又是乡亲们不敢想的奇迹。

一村又一村，一山又一山，留下了郭二文满载大爱的脚印，他长年踏着冰雪残残、泥迹斑斑的小沟小巷，访贫问苦，嘘寒问暖，架起了党和政府与老百姓共谋福祉的桥梁。

小庙子村路夹巷的孤寡老人仇引儿家大门外的自来水管道被冻裂，72岁的她不得不到一公里外的圣泉提水。郭二文得知此事后，自掏腰包，雇人重新安装管道，彻底解决了仇引儿的烦心事。仇引儿感动万分，主动积极参加村环境卫生清扫工作。

这样的事，郭二文还做了很多：为枳几村肺癌患者张锁成捐款1万元；逢年过节为曹家沟村70岁以上老年人送去米面油，并为该村2015年8月家中失火的乔占河家捐款1万元；为王三窑村开展环境治理、社会治安工作捐款1万元；看到潘山沟村村民郭二仁瘫痪在床5年，妻子也是残疾人，生活陷入困境，为他们一家捐款1万元⋯⋯

郭二文熟悉山间的一草一木，熟悉每个村庄院落，熟悉每一张淳朴的面孔，他连村民们哪家大门朝哪面开、哪家有几亩田地、哪家有几口人、哪家有什么困难都了然于胸。

村民的件件烦心事，他都挂在心上，十几年来，郭二文帮助过多少贫困群众，和患病群众去过多少次医院，帮助他们垫付过多少资金，给特困户申请过多少困难救助，他实在记不清楚。群众由衷地赞扬他："郭二文做的好事就像山里的菊花，灿烂而芬芳。"

激情倾洒黄土地，小康路上留印记

郭二文，是清水河县贾家湾村生就的骨头、长就的肉，今年49岁的他与山区父老乡亲有着深深的感情，对脚下这片黄土地充满无限热爱，家乡泥泞的土路，衣衫破旧的孩子，常常扯得郭二文的心隐隐作痛，如何能为乡亲们做些力所能及的事情，体现自己的人生价值呢？

从小喜欢摸方向盘的郭二文，高中毕业后便瞄准县境内丰准铁路建设的机遇，学习开装载机，之后又买了汽车，拉着煤跑河北，靠智慧、靠吃苦、靠信誉收获了梦想。

信誉、机遇、智慧，为他的创业打开了绿色通道；自强、忠诚、奋进，让他铸就了钢铁般的意志。

他从赶小毛驴车到开小四轮车，再到给别人开装载机，又从一名打工者到自己开办碎石加工，再到远方陶瓷企业、绿康苑养殖企业合作社的小型企业法人，他的事业像雪球一样越滚越大，事业成就了他的辉煌。

他从艰难困苦中走来，他在风霜雪雨中拼搏。

这里的石头会说话，这里的村民干劲大，现代化设备、现代化管理制度、现代化的安全操作，使他的小型企业走上了绿色、安全、环保、健康的发展轨道，走上了资源节约型、环境友好型，就业服务、生态效益、社会效益良性发展以及回报父老乡亲的路子。在他的矿石加工厂工作的工人月工资6000元，维修技术工月工资1万元，装载车和自卸车司机月工资1万元，另加效益提成，公司在短短几年内，为国家上缴税收6000万元，他使真正跟他一起打拼的弟兄们挣到了真金白银。

干今天，想明天，成竹在胸的郭二文始终考虑的是如何让自己的事业旭日东升，工人的工资实现芝麻开花节节高，考虑的是让国家税收和企业发展不断壮大。

郭二文以高尚的情操，在群众中树立了崇高的威信，他以一诺千金的信誉赢得了群众的信任和拥护。2019年春季，应全体村民的呼声，郭二文以高票当选为城关镇小庙子村委会主任。2021年初，他又以满票当选为小庙子村委会党支部书记。从一名小型民营企业家到村干部，改变的不仅仅是称号，更是一份沉甸甸的责任。

郭二文与"两委"班子，遇事共商、问题共解、责任共担。他十分注重调动村"两委"干部的积极性、主动性、创造性，以党建铸魂、党建培元、党建引领，加强"两委"班子建设，努力推动村务运行，督促落实村级重大事项"四议两公开"议事决策，村级"小微权力清单"等规章制度，加强村规民约，加强村务监督，加强村务公开。

他持续深化农村"领头雁"培养工程，一个个复员退伍的军人、青壮年农民成为村级后备力量，一批批返乡创业人员、大学毕业生进入村级班子。他与"两委"班子先后培养发展年轻党员8名。

这是郭二文的志向，更是一名共产党员的品格。一名党员，就是一面旗帜，一颗初心，一盏明灯。

郭二文为松树梁村背水一战打井的事，更加坚定了他带领村民建设美丽乡村奔小康的信心，更加澎湃了他干事创业的激情。

他把小庙子村的村民分为三类，一类是拔尖富裕户，一类是中等发展户，还有一类是老弱病残弱势群体户。

对拔尖富裕户投入的精力和心血，主要是通过党支部村委会的桥梁纽带作用，引导他们正确投入使用资金，帮助发展壮大经济实体。杨畔村的杨成旺想扩大生猪养殖规模，苦于无抵押，银行贷款难，郭二文想方设法通过村委会协调，帮助他筹集富裕户的低息资金20万元，帮助杨成旺盖猪舍，买仔猪、公猪，让杨成旺的养猪事业得以顺利发展。

对于中等发展户，则引导他们到他创办的远方陶瓷厂就业，在城边、村路边开办餐饮、超市、汽车维修、零配件服务、粮油加工、食品加工等实体。

对于弱势群体进行兜底帮扶。一村一村地撬动，一户一户地推进，达到一户不落，整体推动，实现全面过硬，全面小康。

走进贾家湾村精准脱贫户贾贵小的院子内，洁白如雪的20多只杜泊绵羊在咩咩叫着。贾贵小高兴地说："2019年春季的一天，郭二文来到我家，了解到我患有高血压、脑梗死，妻子患有重度脑梗死、关节炎等疾病，生活陷入困境。他看到我家院落宽敞，当即从自己兜里掏出5000块钱，支持我发展养羊。"贾贵小高兴得合不拢嘴，没有几天便买回6只杜泊小绵羊，他以鸡生蛋、蛋生鸡的办法，现在已拥有28只活泼可爱的大小绵羊，老两口那布满皱纹的脸上洋溢着幸福的笑容，室内的一盆盆鲜花，枝叶青翠，开得灿烂。贾贵小说："人家给一碗面也是个心哇，何况拿出自己那么多血汗钱，帮我发展养羊，我一辈子也忘不了好人郭二文。"

走进松树梁村，山顶上一座橘黄色外墙、蓝色彩钢瓦顶棚的养殖场在冬日阳光的照射下熠熠生辉，满院雪白的羊群正喝着清凌凌的自来水，静静地享受着阳光的爱抚。看着精心呵护的"宝贝疙瘩"个个长得膘肥体壮，李贵文开心地打开了话匣子。

李贵文，一个淳朴厚道的小伙子，当年却因吃水困难被姑娘谢绝成婚。为了谋生，他只好外出打工，自从郭二文引来自来水，他热血沸腾，四处筹资，建起占地1100多平方米的养殖场，乡亲们称他是"养羊大王"。他还养了20多头牛，他说："现在养羊、养牛，一年保守的收入20多万元，是外出打工收入的十多倍。我的羊吃的是青储玉米，喝的是深山里的矿泉水，羊肉筋道，没有郭二文，就没有我今天的小康生活。"面对镜头，一向腼腆内敛的李贵文露出了会心的笑容，充满无限感激之情。

是的，郭二文引来的深井甜水为山乡带来了滚滚财源，乡村振兴的春风吹开了涟漪，使这里一步步朝着农业强、农村美、农民富的目标迈进。

解决村民危房，统一改造土墙烂院，改造环保厕所，整修乡村道路，安装乡村路灯，修建文化广场，提升村容村貌，解决群众急难愁盼的疑难事、烦心事，让村民全面实现小康梦想。郭二文带领村党支部、村委会一班人坚定地行进在这片黄土地上。

郭二文说："只要用心、用情、用力，为老百姓办实事、解难事，没有办不成的。"

为了配合政府加快小城镇建设，让周边的村民、干部群众享受到高品质的楼房，让村民有更多的获得感、幸福感、安全感，他带领村委会干部取消双休，以"白加黑"和"五加二"的干劲，全力破解征迁难题。郭二文首先动员他的十几户亲戚率先签字，他一户户登门解说，一次次动之以情，一趟趟晓之以理，做到了不回避矛盾，不激化矛盾，不出现上访事件。最终，公开、透明换来了信任，汗水、吃苦换来了赞誉。

村委会干部说，在做小庙子村赵某的工作时，郭二文跑了不下30次。该村杨某在五良太乡一家牧场打工，郭二文开车亲自做他的工作，在返回途中，天黑路滑，虽然谨慎驾驶，但碰到路边的尖石，轮胎爆裂了，所幸有惊无险。开发商说："该小区能顺利施工，并迅速拿到五证，郭二文功不可没，而且没有出现一起群众或个人上访事件，得到了政府和群众的一致好评。"

是的，小庙子村既是城中村，也是城边村，历史上矛盾、纠纷时有发生，但是自从郭二文担任村委会主任、村党支部书记，该村社会治安良好，村巷干干净净，村"两委"班子风清气正，实现了党员靓起来、村民富起来、村干部强起来的奋斗目标。

如今，走进小庙子村，一条条柏油路宽阔平坦，一幢幢楼房错落有致，一片片绿化带郁郁葱葱，一张张笑脸洋溢着幸福。

星光不问赶路人，岁月不负有心人。郭二文以梦为马，古道热肠，一肩挑着为民的担当，一肩挑着奋斗的拼搏，激情澎湃，驰而不息，硕果累累。他先后荣获清水河县道德模范榜首奖、清水河县脱贫攻坚奉献奖、呼和浩特市青城好人、呼和浩特市道德模范、市级优秀共产党员等荣誉，并当选市级人大代表。他还在全县村党支部书记乡村振兴竞赛演讲中夺得第二名。

清晨，一轮红日像一炉沸腾的钢水喷薄而出，金光耀眼，阳光下古色古香的村委会小二楼，熠熠生辉；脚下，古老的山洞中，流出清凌凌的圣泉水，生生不息；院内，五星红旗迎风飘扬，郭二文的激情更加高昂。

沉睡了一冬的山川、河流、大地渐渐苏醒，绿草萌动，柳枝发芽。

郭二文行走在山岗沟壑间，他要趁着乡村振兴的东风，不仅在小庙子村的沟沟岔岔上打坝筑地，建设高标准农田，还要在坡坡梁梁上栽树养殖，他要将这山沟沟、山梁梁尽快变为绿水青山、金山银山。

扫码查看
拓展资料

德医双馨的"生命守护人"

——记呼和浩特市道德模范曹中伟

刘巧玲

伦·赖特有句名言,一个高明的外科医生应有一双鹰的眼睛、一颗狮子的心和一双女人的手。内蒙古自治区人民医院甲乳疝外科主任曹中伟就是这样的人,他用"鹰眼"敏锐地观察和洞悉患者的病情及病变;用"狮心"不畏艰险,挑战极限;用"妙手"持刀引线,精准细致地去除患者的病源。在成千上万的患者眼里,他怀着一颗博爱之心与死神赛跑,拯救了无数危重病人,是德医双馨的"生命守护人"。

真诚对待每一位患者

我国医学上有一句名言，就是"有时治愈，常常帮助，总是安慰"。早晨7点20分，在内蒙古人民医院A座住院楼14层的办公室里，换上白大褂后，曹中伟一天的工作就开始了。

每天早晨查房，是患者家属最重视的时间。每次查房前，曹中伟都会对陪同前往的人说："完全治好的病人，可能只占三分之一；有些病人或可延长寿命，或可改善生活质量；还有些病人是治不好的。那么我们做医生的一定要耐心地去倾听。"在查房过程中，即使不对照病历详单，他都清楚地记得每一位患者的病情，认真细致查看他们的恢复情况。

查房结束，每逢周一和周五，曹中伟就要马不停蹄地赶往门诊楼4层外科门诊室。在那里，前来就诊的患者已经排起了长队等待他，有些患者拿着检查结果，是从区内其他地方或医院慕名而来的。

"孩子，你哪里不舒服？"曹中伟用眼观察，同时用手检查，然后开用药处方。一整天里，他起身迎接，坐下诊断，嘴也没停过。曹中伟给人看病有一个特点，就是用通俗易懂的方式，讲解病理。他还有一句口头禅："你听懂了吗？"这不，一个3岁多的男孩儿脖子上长了个疙瘩，父母带他去了两家医院，都建议手术切除。想着这么小的孩子要做全麻手术，母亲心疼地痛哭了一夜。第二天，他们慕名来找曹中伟看病。曹医生用手摸摸那个小疙瘩，说："血管瘤，不用管它。随着孩子的生长发育，会慢慢消失的。"母亲知道孩子不用做手术，激动得哭成了泪人，父亲更是"谢"不绝口。无论大病、小病，曹中伟都能精准诊治，顾不上喝一口水、上一趟厕所，他的日诊量最多时有176人，始终保持着内蒙古人民医院的最高纪录。

每逢周二至周四，曹中伟查完房，就会赶往医院手术室。换好手术服后，迅速洗手消毒、戴手套，开始一整天忙碌的手术历程，一台接一台。每天要做的手术，短的一两个小时，长的十多个小时；少则四五台，多则十几台。有些手术开始了，也不知道什么时候结束，既没有按时吃饭一说，也没有按时下班一说。他在手术室一待就是一整天，因为手术台上没有日出和日落，时间在这里是模糊的，但又是清晰的，因为每分每秒都掌握在他的手中。常常一天手术结束的时候，已经是满天星辰。

无论是查房、坐诊，还是手术，曹中伟都真诚对待每一位患者。"连轴转"是他的工作常态，他早已习以为常。他舍"小我"为"大我"，虽然辛苦，内心却是快乐的。

创造生命的奇迹

2017年6月17日，曹中伟做了从医20多年来最艰难的一台手术。经过长达12个小时的巧手施救，一位腹部受刀伤的少年起死回生，创造了生命的奇迹。

那天，作为内蒙古人民医院甲乳疝血管外科主任，曹中伟受医联体成员单位凉城县医院邀请，赴当地开展手术带教，为一名甲状腺肿瘤患者进行手术。就在曹中伟进行手术的过程中，医院急救中心接回一名腹部被刀刺伤的少年，生命垂危。院长考虑到凉城县医院医疗条件和救治经验有限，不敢贸然手术，决定向刚走下手术台的曹中伟求助。曹中伟二话没说，跟着院长来到急救室。少年的腹部被水果刀捅伤致失血性休克，肚子鼓得像个大水牛，情况十分危急，已来不及转院，必须马上实施手术。曹中伟临危受命，连忙与县医院的医生会诊，制定抢救方案：在抗休克的同时，积极准备开腹检查。

时间就是生命。开腹手术，最大的难题就是必须保证血源供应，而凉城县医院没有血源储备。曹中伟积极协助医院联系到血源，为手术提供了最重要的保障。腹腔打开，血如泉涌。他探查发现肝、胰腺、十二指肠等多处脏器破裂，下腔静脉、肠系膜上静脉等血管破裂，需要全面补救。早晨9点多钟开始手术，在长达12个小时的生死搏斗中，曹中伟像一位浴血奋战的勇士，全神贯注于手中的"武器"——刀和线，没有丝毫懈怠。整台手术下来，为少年输血总量达8000毫升，相当于人体换血2～3次；甩掉的止血纱布

200多块，铺满了手术室的地面。经过他的巧手施救，少年从死神手里被夺了回来！曹中伟松了一口气，瘫坐在墙角的凳子上，任凭助手将半瓶盐糖水灌进冒火的喉咙，这是他全天唯一的能量补充。

手术非常成功！当地媒体得到消息后，纷至沓来，想对曹中伟进行采访，但他婉言谢绝了。在少年各项体征逐渐平稳后，他顾不上吃口饭，就开车返回呼和浩特市，因为等待他的是早已预约好的几台手术。

回到医院后，曹中伟对此事只字未提。术后几日，他只要有时间，就打电话询问少年的恢复情况。

2019年6月21日，少年病情稳定后转入内蒙古人民医院。随之而来的，还有凉城县医院为曹中伟送来的锦旗，上书："医务工作者的楷模，内蒙古人民医院的骄傲。"

素昧平生，没有犹豫，没有退缩，用双手和爱心挽救生命。作为自治区的知名专家，曹中伟带了十几年的研究生，现在依然承担着包头医学院和内蒙古医科大学本科外科教学和技能培训任务。他常对他的研究生和年轻医生说："老百姓看病，是看命呢！外科医生是磨炼出来的。只有研习最精准的技术，攻克最难啃的骨头，用技巧和科学武装自己，才能将一个个'不可能'变为奇迹，才能成长为一名优秀的外科医生。"

为拯救生命而努力

2021年7月，曹中伟遇到一个复杂而特殊的病例。这位49岁的女性患者是慕名而来的。她患甲亢30年伴甲状腺肿物逐渐增大3年，未遵医嘱规律用药治疗，近两年感觉颈部憋胀、吞咽困难，偶有呼吸困难。8个月前，突发晕厥，心跳停止，被诊断为III度房室传导阻滞，随即放置永久心脏起搏器。B超显示甲状腺III度肿大，右叶15厘米×7厘米×6厘米，左叶13厘米×5厘米×5厘米，这是一巨大甲状腺肿瘤合并甲亢的病例。因肿瘤太大，且患者放有心脏起搏器，手术全程无法使用电刀。而作为手术必备的器械，止血靠电刀，不用电刀就不能止血。曹中伟随即请示医务处组织麻醉二科、心血管内科、呼吸内科、内分泌科、耳鼻喉科、ICU等科室会诊。会诊意见为，甲状腺肿瘤巨大，气管声门下段已被肿瘤压迫轻度变窄，颈部解剖结构也发生变异，手术切除难度大；按照常规全麻诱导，肿物下压引起气道闭塞，可能出现急性困难气道而危及生命，麻醉风险大。

曹中伟说："生命当敬畏，医者应荣耀。披上白衣，就要承担起救死扶伤的光荣使命。我想冒一次险，换回她的自由呼吸。"

手术当天，早上8点钟患者准时被推入手术室。为了避免麻醉诱导后气管狭窄加剧，出现急性困难气道，麻醉师选择了表面麻醉下清醒插管。切开后，发现肿物与周边组织死死粘连在一起，巨大的肿瘤表面血管迂曲扩张，正常解剖结构发生变异，喉返神经、甲状旁腺的寻找探查都十分困难。

手术中更是险象环生。术中出血多，手术在艰难中步步前行，为避免对起搏器产生影响，止血靠的是钳夹和缝扎，曹中伟将肿物一点儿一点儿精细剥离。术中还发生两次急性失血，患者出现心率加快、血压降低等失血性休克表现，只能加快输血输液，及时加用血管活性药物。由于患者心脏脆弱，随后又出现了室性二联律、三联律等心律失常，医生立即采取对症治疗，尽全力维持患者生命体征平稳。

手术用时约4小时，巨大的肿瘤被完整剥离下来，瘤体长度超两支注射器。术毕患者清醒，参与手术的医生、护士无比激动和高兴。几日后，患者康复出院。

无影灯映照着他的仁德与大爱，手术刀雕刻着他的执着与专业。2011年，曹中伟作为高级技术人才被引进内蒙古自治区人民医院，先后开展了多项新技术和新业务。他首次在内蒙古地区开展了乳腺癌术后即刻乳房重建术、腔镜下甲状腺癌根治术、甲状腺肿物微波消融术以及腔镜下各种疝修补术等，填补了自治区的13项手术空白。

温暖的"粉红丝带"

根据世界卫生组织最新数据，乳腺癌已取代肺癌成为全球第一大肿瘤。

中国每年大约新增乳腺癌患者42万人，而且发病率每年递增3%～4%。乳腺癌的发病率为什么会这么高呢？曹中伟认为除了遗传因素，生活、工作、环境和情绪的压力，也是女性乳腺癌患病的重要因素。乳腺癌的预防和治疗应坚持"三个早"：早发现，早诊断，早治疗。2018年，曹中伟所承担的一项关于乳腺癌的课题获得自治区科技进步三等奖，而这只是他承担多项国家和自治区的课题之一。

2013年春节，一位女子因乳腺癌致乳房切除，或因再造后身体的排斥，或因身体缺陷产生的心理问题，选择结束自己年轻的生命，后因抢救及时而脱离生命危险。这已是第四例了！都是20岁左右的大好年华。曹中伟深深感到，乳腺癌术后1～3年，最易产生心理问题。乳房再造，虽然能恢复女性身体的曲线美，但弥补心灵的缺憾在于心理疏导。为乳腺癌患者组建一个科学抗癌、群体抗癌的相互交流的团队，势在必行。

同年5月，经过多方协调，曹中伟发起成立首家"粉红丝带"——内蒙古乳腺癌俱乐部。这个俱乐部最初只有6名有治疗经验的医护志愿者，后发展成一支拥有乳腺内外科、心理医生、中医、营养师、瑜伽师等36人的专业团队。结合临床经验，曹中伟请教多名康复专家，自创出一套适合乳腺癌患者快速康复的乳康操。术后专业指导和长期管理，对患者本身及其家庭、生活都产生了潜移默化的影响。"重返原来的你"是曹中伟为乳腺癌患者讲座的题目，也是他心中温暖的期待。

道阻且长，行则将至。正是在这股温暖向阳的力量的召唤下，俱乐部会员已达万余人。几年来，通过印刷关爱手册、讲座、交流互动等形式，俱乐部为乳腺癌患者提供康复咨询和心理疏导，对于患者术后的康健起到了积极的促进作用。

2016年，"粉红丝带"荣获内蒙古首届青年志愿者服务大赛金奖。在全国第三届青年志愿者服务大赛的角逐中，评委被曹中伟的温暖事迹深深打动，他们说："看了这么多项目，你是唯一做的比说的多的人。"这也是当年内蒙古唯一获得全国金奖的参赛项目。2018年，"粉红丝带"入选全国志愿者服务100个优秀项目库第一批入库项目。

医生是一份职业，更是一份信仰。曹中伟是自治区知名专家，也是"草原英才"。他以医德修身，以医术济世，真诚对待每一位患者，以解除患者病痛为己任，每年门诊量近万人，年手术量800台，三、四级手术95%以上。2021年，曹中伟获得呼和浩特市第十届敬业奉献道德模范荣誉称号。

扫码查看
拓展资料

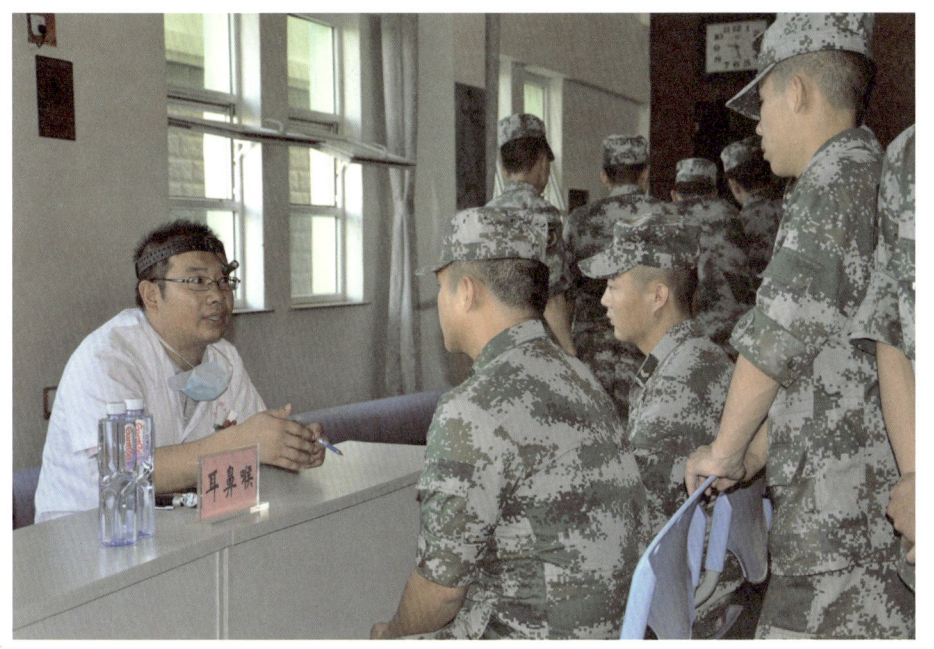

春天的召唤

——记呼和浩特市道德模范翁兆平

郭铁强

> 春天,是个常常被写进诗里的季节。每到这个时候,草原青城桃李吐蕊,丁香盛放,一切熙熙攘攘,皆为春开。
>
> ——题记

春天,绝对是一幅饱蘸着生命繁华的画卷。内蒙古医科大学附属医院志愿者服务总队队长翁兆平,更多深切关注的不是自然的芳华,而是社会生活的春光、春意、春情。

生活经历使然，党性职业使然，深情回眸之间，在他16年的志愿者服务中，有追求，有执着，有耕耘，也有收获。那澎湃着"报得三春晖"般的激情，如同一粒种子，在肥沃的公益沃土上，迎着春天的召唤，发芽、成长，直至长成参天大树，结出累累硕果。

发　芽

在翁兆平的眼里，只要心中有爱，满目皆春。他的志愿者之路有诗有梦，有坦荡也有远方……

1982年的春天，翁兆平出生在河北省一个偏远地区的小村庄，这里没有鸟语花香，也鲜有绿草如茵，有的只是空荡幽深的巷院和沧桑贫瘠的土地。由于产量高，土豆是村子里主要的种植物。当时，一斤土豆只卖一毛钱，可磨成土豆粉却可以卖到三毛钱。翁兆平的父亲从牙缝中抠出一台磨粉机，这也是村子里为数不多的一台磨粉机。每年土豆成熟后，他家就成了全村最热闹的地方，在自家磨完粉后，翁兆平家贴着柴油、水电钱帮助乡亲们磨粉。平时村子里有个大事小情的，翁兆平一家也是第一个赶到帮忙。耳濡目染和言传身教下，在一次次的爱心奉献中，他心中那颗博爱的种子发芽了。

2005年夏天，一列火车在京包线上行驶，窗外丝毫没有夏天五彩的芳华，一辆辆拉煤车荡起的黄土弥漫在铁路沿线，一个个"土制"的小村庄从车窗掠过。此时，已经考入内蒙古医学院的翁兆平正在这趟列车上，前往学校报道。他看着窗外的苍凉，想着一辈子就要在这样的环境中生活，心中涌出一丝惆怅。从呼和浩特站下车后，他立即被内蒙古医学院的志愿者拥住，接回学院。报道，缴费，分配宿舍……志愿者们带着他完成了他来之前认为"天大"的难题，心中的失落被热情抹去："我也要做一名志愿者，去帮助需要帮助的人。"于是他报名参加了学生会的志愿者服务队，并加入医学院与美国健康基金会的合作项目。除了完成紧张的学业，他还全身心投入社会活动的组织和实践当中。

武川县是全国著名的革命老区，2008年，翁兆平循着老一辈无产阶级革命家的光辉足迹，跟随学校志愿者团队来到这里。在武川县特殊教育学校，他远远地看见一个身着单衣的小男孩，在阴冷的山风中瑟瑟发抖，翁兆平拿着一袋水果走到小男孩面前，说："这些水果是给你的。"小男孩没有接水果，而是轻声对他说："哥哥，抱抱我。"翁兆平看着他娇小瘦弱的身躯，眼睛一酸，一把把他紧紧地拥在怀里。小男孩看了看袋子，从里面拣了一个最大的苹果，转身跑开了。活动快结束时，小男孩急匆匆地跑过来，衣服的前襟被水浸湿，他把刚才挑好的那个苹果递给翁兆平，说："哥哥，洗净了，你吃。"

爱，是一种无声的诺言，只要轻轻一点儿火花，就能让世界充满温暖；爱，是一种无偿的交换，只要小小一缕奉献，就能让彼此真诚相待。看着孩子脸上的水渍，感受着他纯净的心灵，此时翁兆平的心潮就像平静的湖泊泛起层层微波，心里满是感动和喜悦。翁兆平把苹果分成两半，一半递给孩子，一半留给自己，这半块苹果是他一生中吃到的最甜的苹果。翁兆平知道，他将在公益的路上走很远很远，很久很久……

2008年汶川大地震时，已经是学校青年志愿者总队队长的翁兆平组织举办了以"为了我们的家"为主题的为四川灾区献真情的大型募捐活动。还是2008年，他在上千名志愿者的选拔中成为奥运会残奥会志愿者的一员。2010年，他被上海世博会录取为园区志愿者；2011年被第二十六届世界大学生运动会组委会选为赛会志愿者……

就像永远播荡着清新明快的律动，无悔的青春编织成翁兆平美丽的人生历程，也筑起了他心中那一条"势若骏马奔平川"的公益奉献之路。为表彰翁兆平在志愿者活动中的突出表现，他先后被自治区团委评为"十大杰出青年志愿者"，被自治区文明委评为"全区学雷锋优秀志愿者"，被团中央评为"中国大学生百强人物"等。

成 长

踏过如歌的花季，走过如诗的雨季，翁兆平眼中那片公益的红霞更加璀璨，这艳丽的色彩也幻化出斑斓的价值。他始终坚信：成长因奉献而精彩，奉献因坚强而美好。

2017年底，《志愿服务条例》开始实施。已经是内蒙古医科大学附属医院社会服务部科员的翁兆平，翻看着条例，思考着方向，那颗火热的心始终无法平静。他有一种预感，作为大家眼里的"志愿明星"，他将有更大的作为。2018年，内蒙古医科大学附属医院逐步开展医务社工及志愿者工作。2019年底，时机成熟，组织、制度日臻完善，医院成立了志愿者服务总队，这个总队长的重任，毫无悬念地落在了翁兆平的肩上。

涌动的春潮，靠一颗颗晶莹的水珠汇成；策马的春歌，需一个个嘹亮的音符组成。在翁兆平的组织下，内蒙古医科大学附属医院志愿者服务总队成立了8个服务队，先后制定了医务社工及志愿者工作制度16项，同时还与16个社会组织、公益组织成为公益合作伙伴。连成网络的志愿服务团队，就像柔曼的红绸，牵系着生命的源头，牵系着爱的誓言。

土默川平原是西北地区的掌上明珠，这里背靠阴山，这里与后套守望，这里与黄河为邻，春天山杏泛红，盛夏山丹奇艳，金秋层林尽染，冬日雪挂琼枝。翁兆平带领志愿者服务总队迈着铿锵的脚步，在这里撒下一片繁茂。

在医院的手术室门口，当病人即将进入手术室时，家属会伏在患者身边叮嘱"坚强"，患者也会安慰亲人"放心"。其实，这看似"坚强"和"放心"的背后却是紧张和焦虑。"群众的需求就是志愿者的追求"，2017年，在翁兆平的组织下，志愿者服务总队成立了"无忧术"术前患者心理疏导项目。项目由专业社工及资深志愿者在手术等候区为术前患者做心理疏导，他们运用"话疗"、游戏互动、实例讲解、VR（虚拟现实）等形式开展服务。几年来，为近1000人次开展服务200余次，服务患者及家属20000余人，最大程度解决了患者和家属的手术"恐慌症"，减轻了医患沟通负担。

没有掌声，没有鲜花，没有报酬，他们用一颗跃动着爱的心，完成了爱的传递，将汗水融成满脸笑容，快乐他人的同时也快乐了自己。在翁兆平的带领下，志愿者服务总队携手肾内科举办肾友会，为患者提供各类信息和相互的鼓励支持；联合肿瘤内科、放疗科开展患者互助小组活动；邀请志愿患者现身说法，与患者面对面交流，帮助患者树立战胜病魔的信心；与胃肠外科合作开展造口人联谊会，为患者提供专业服务和同伴支持……

　　2020年新冠肺炎疫情爆发，翁兆平第一时间组织志愿者通过不同途径参加志愿服务。他联合内蒙古北疆应急保障志愿者服务队、呼和浩特市滴滴雷锋爱心车队、呼和浩特市红十字顺风车队及爱心餐饮企业吃货大本营、靓仔鸭脖、益香塞北等爱心团队临时成立疫情防控保障志愿者服务队……活动期间，累计接送医务人员400余人次，赠送爱心餐3000余人次。志愿者服务总队通过发起捐款、捐物的倡议，共收到N95口罩、防护服、手套、消毒液等物资及爱心捐款合计近10万元。

　　2022年2月16日，新冠肺炎疫情卷土重来。翁兆平连续三次组织爱心车队的志愿者们，为呼和浩特市四区入住80余家酒店近1200余名的医务人员送去保暖、慰问等物资。

　　这里有穿越时光的温情，这里有跨越时空的豪迈，在一次次志愿服务行动中，翁兆平用行动诠释了——善良之外，更需责任；温暖背后，满是担当。这颗爱的种子，正在茁壮成长！

结　果

　　"没有惊天动地，却又真心实意。志愿服务，温暖人心。"这是"桃李之星"颁奖仪式中，大会对翁兆平的评价。多年的公益，向善之魂早已融入翁兆平的品格，他是梦想者，更是实践者和倡导者。

　　2022年初夏的兴安大地青山含黛，绿水如蓝。内蒙古医科大学助力乡村振兴医疗专家组，来到科尔沁右翼中旗开展助力乡村振兴医疗志愿服务活动，除了开展义诊、健康咨询，专家组还分别到当地蒙医医院、人民医院开展手术示教、教学、讲座、经验交流等医疗志愿服务工作，翁兆平也参与其中。活动结束后，翁兆平感慨道："这些年来，学校筑巢，医院引蝶，全校师生耕耘，才有了学校志愿服务的满园花香。今后，我也要利用自己的特长，与时俱进，精准地开展志愿服务，进而助力健康扶贫、乡村振兴。"

这是一组案例。不，这是北疆亮丽风景线上一道道仁爱共襄的风光无限。

为残疾儿童筹集爱心基金进行唇裂修复手术；到儿童福利院、养老院、特教学校开展慰问帮扶；关注贫困孩子、大学生互助行动"一帮一"活动；开展器官及遗体捐献的宣传等志愿服务活动；开展医疗健康知识进社区活动；关爱偏远山区空巢老人，关爱农民工子女……

生命因关爱而美丽，人间因感恩而和谐。2022年元旦来临之际，自治区红十字会人体器官和造血干细胞捐献服务中心相关领导以及医务社工办公室工作人员、儿科医护人员、患儿家属代表等40余人围坐在一起，开展"冬暖童心·情暖血液病儿童"慰问活动，16名血液病患儿每人获得1000元慰问金及新年慰问礼包。在从事公益的事业中，翁兆平辛苦着也快乐着，他说："我从事公益这么多年，看着一个个被帮助的人重新燃起对生活的希望，我的内心就特别满足。也正是在各种公益活动中，我增长了知识，看见了世界原来那么大，心中的自豪油然而生。"

这是一组数字。不，这是一部恢宏乐章中一个个熠熠生辉的悦耳音符。

与内蒙古公益事业发展基金会合作开展"有爱无疾"肿瘤大病救助项目，救助患者130人次，救助资金近150万元。

每年定期举办关爱白血病患儿活动，通过与内蒙古红十字会等组织合作，为患儿捐款捐物10余万元。

健康义诊共20余次，组织各个专业临床专家近百人，到基层牧区、村镇进行巡回义诊。为4000余位农牧民患者进行免费诊治，捐赠各类药品十余万元……

在志愿服务成为全社会风尚的当下，翁兆平带领的内蒙古医科大学附属医院志愿者服务总队，生动诠释了"奉献、友爱、互助、进步"的精神内涵。通过一系列的志愿服务活动，大家在服务的同时，也收获着志愿服务内涵建设不断深化、倡导助人即助己的志愿服务文化不断升华的累累果实。

2021年12月5日，2021年第三季度内蒙古好人榜、2021年度内蒙古自治区新时代好少年暨第十届呼和浩特市道德模范发布仪式在呼和浩特市举行。经过层层推荐、严格把关、逐级审核和媒体公示，选树名单在仪式上被揭晓，翁兆平被选树为第十届呼和浩特市助人为乐道德模范。

"我们是梦想者，更是实践者和倡导者。医疗机构内的志愿服务工作前景可待，未来可期。站在新的起点上，内蒙古医科大学附属医院志愿者服务总队将紧跟时代步伐，以实际行动投入新时代文明实践中。"站在内蒙古文明建设的最高领奖台上，翁兆平动情地说。

扶危济困当伸手，助人乐善志如磐。翁兆平所带团队组织开展的志愿者服务项目荣获全国青年志愿者项目大赛铜奖1项，内蒙古自治区青年志愿者项目大赛银奖2项，内蒙古自治区卫生健康行业青年志愿者服务项目大赛金奖1项。

春在召唤。志在，愿在，奉献在；爱在，心在，希望在。真正的仁者，将更奋然前行！

扫码查看
拓展资料

德耀青城
——记呼和浩特市道德模范、青城好人

热心公益事业　传递爱的力量

——记呼和浩特市道德模范郭连娣

高铁军

引　言

作为历史文化名城，呼和浩特人杰地灵，文化底蕴深厚。近年来，首府公民道德建设蓬勃开展，并取得丰硕成果，道德模范群星璀璨，新时代的道德标杆层出不穷。大爱无声，善行无疆，一件件发生在这座城市温暖人心的故事，向人们展示着助人为乐、见义勇为、诚实守信、敬业奉献、孝老爱亲的高尚道德情操，感动着青城，感动着北疆。

内蒙古自治区红十字会仁爱妈妈志愿服务工作队副队长郭连娣，这位孩子们心中敬爱的郭妈妈，就是一位传递爱的力量的人。

爱心妈妈郭连娣

想让郭连娣讲讲这么多年参与、开展志愿服务工作的酸甜苦辣可不容易，她一再说："我不会讲，就会做。要写也要多写我们的团队，因为有一个好的团队我才做了一些力所能及的事。"

说起内蒙古自治区红十字会仁爱妈妈志愿服务工作队，公益界人士无不竖大拇指。2014年，内蒙古自治区红十字会仁爱妈妈志愿服务工作队成立，刘玉敏被任命为队长。成立8年来，"仁爱妈妈"们情牵单亲失依儿童、留守儿童和贫困流动儿童，创造性开展了成长陪护、安全教育、心理辅导等志愿服务。目前工作队已注册195人，团队志愿服务总时长超50000小时，而"仁爱妈妈"志愿精神已经成为呼和浩特市一张闪亮的精神名片，感召着越来越多的人投身到爱心志愿服务中。说起仁爱妈妈志愿服务工作队，队长刘玉敏如数家珍，谈及多年来携手并肩开展工作的副队长郭连娣，刘玉敏坦言："她以全身心付出赢得了团队伙伴和孩子们的信任和敬重。"

回顾8年公益路，仁爱妈妈志愿服务工作队以实际行动赢得了众多赞誉和肯定，于2020年11月，被中国红十字会总会授予全国红十字模范单位称号。2022年3月，仁爱妈妈志愿服务工作队被中央宣传部、中央文明办等部门授予2021年度学雷锋志愿服务先进典型"最佳志愿服务组织"称号。

几乎每次在仁爱妈妈志愿服务工作队活动现场，都能看到一个胖胖的身影在不停地碌着，她就是志愿服务队成立后就加入其中的郭连娣。郭连娣是呼和浩特市的一名下岗职工，丈夫是内蒙古银行学校里的一名电工，2023年年初这位高级技师退休。"丈夫退休后，就能和我一起照顾婆婆了。"郭连娣说。

郭连娣的经历可谓坎坷。家里只有父亲一人上班，母亲在家做家务，带着5个子女。1979年7月由市第十三中学初中毕业后，当时年仅15岁的郭连娣开始了下乡两年浸透汗水的难忘历程，在华建木工厂，她用稚嫩的肩膀拉排子车给工地送门、送钢窗。华建木工厂位于呼和浩特市北郊小府村一带，这里众多工厂所在的区域被当地人称为新钢。郭连娣能吃苦，在新钢一带经常每天往返几十里路，只要接到活儿，不管什么天气她都立马出发去送货。有一次，郭连娣现在想起来都心有余悸。那天，他们从木材公司拉了一车原木去西货场，快到地方下坡时排子车突然失去控制，一下翻到路边沟里，幸亏当时车跟前没有人。

下乡回来后，郭连娣到饭店打过工，以热情周到的服务深受顾客满意。1984年12月，呼和浩特市第二轻工业局招收集体工，郭连娣先后在呼和浩特市地毯厂地毯车间、梳纺车间工作。地毯厂工作环境差，毛毛和灰尘较多，工作也比较累，特别辛苦，但郭连娣坚持了下来。2006年她下了岗，之后断断续续照顾着一名脑瘫患儿小阿。5岁的小阿不会说话，生活也不能自理，但郭连娣不嫌脏、不怕累，精心照顾小阿，俩人结下了深厚的感情。除了中间因为婆婆出车祸，有一段时间没去，郭连娣一直照顾了孩子12年，现在只要有时间还会去看望小阿。

2014年，郭连娣开始跟着仁爱妈妈志愿服务工作队一起去做一些事情，成为服务队的一员。她主要承担活动的后勤保障工作，做一些力所能及的事情。大伙都说郭妈妈是郭管家，经手的东西丢不了。服务队要去哪里开展活动，事先要安排一些事情，譬如贴条幅、布置场地，活动结束后整理志愿服务服装等等，都是郭连娣负责打理。

开展志愿服务活动，"仁爱妈妈"们要付出时间、爱心，有时也要承受"爱的代价"。2018年4月14日，志愿服务队在团结小学组织博爱公益学堂陪孩子们写作业。两个孩子写完作业后，抱起足球眼巴巴盯着郭连娣想出去，郭连娣不放心就下去陪他俩玩，不想意外崴脚摔伤，造成小腿胫骨骨折。看到郭妈妈摔倒在地不能动，两个孩子急得直掉眼泪。郭连娣安慰他们不要哭，让人到教室里叫刘玉敏老师过来。孩子们把郭妈妈扶起来，刘玉敏把孩子们安顿好之后，带郭连娣赶到内蒙古玛拉沁医院时，医院已经下班，于是又开车去包氏正骨医院紧急处置。后来又去内蒙古医科大学第二附属医院治疗，由于恢复得不太好，郭连娣落下了病根，现在一变天或者累了脚部就隐隐作痛。在家休养期间，郭连娣没有停下公益的脚步，她把孩子们接到家中，陪伴孩子们学习。她从不后悔，也没有埋怨，更没有因此而放弃公益。

2019年，郭连娣成为团队的副队长。无论走村入户，还是单独的一对一资资助孩子，她都以身作则。每学期他们都会给孩子们送去学费，走遍了首府的9个旗县区。多年来，一有时间郭连娣就到周边农村给"娘弃娃"送去关爱与呵护，每到一户，她都会给孩子一个妈妈般的深深的拥抱，与孩子一同促膝谈心，给孩子带去妈妈般的关爱。同时她还对孩子们进行情感疏导，告诉他们虽然失去妈妈是不幸的，但有很多人在关心他们、爱护他们，希望孩子们努力学习，开心生活，乐观面对一切，怀着一颗感恩的心，长大后做一个自立于社会的人，尽自己的力量帮助更多的人。

呼和浩特市第二十一中学的一名学生，父亲因车祸离世，母亲患精神疾病，跟着爷爷奶奶生活，家庭状况十分困难。郭连娣了解到这一情况后，主动与这个孩子结对帮扶，经常给他买生活必需品，捐赠衣物，买新鞋子，还给孩子的爷爷奶奶买保暖衣裤，尽力让孩子感受到温暖。

文华、文娟是"博爱寸草心"项目救助的对象，也是"仁爱妈妈"长期帮助的对象，在入户走访过程中，郭连娣与她们偶然相识，便决定帮助这一对姐妹。那时两姐妹一家在东乌素图村租房，妈妈是残疾人，爸爸打零工维持家里的生活。刚开始去家里的时候，妈妈脸上露出戒备的神情，去得多了，慢慢与郭连娣接触，越来越信任她。一次郭连娣去看望姐妹俩，姐妹俩高兴地说："今天正好我们吃好的，咱们一块儿吃。"郭连娣揭开锅盖一看，眼泪差点儿掉下来，原来铁锅里烫着3块素糕，她这才知道姐妹俩喜欢吃糕。之后每次进城来，郭连娣都给她俩买炸糕，并让她们带回家里和妈妈一起吃。几年来，两个小姐妹的学习、生活时刻牵动着郭连娣的心。每到开学前夕，郭连娣就会把学习费用早早送到孩子家中。逢年过节，她也总是记挂着孩子们，还经常带着孩子们进城，给她们买衣物鞋子，买水果，领她们去饭馆吃饭，小姐妹也一口一个郭妈妈地叫着，和她的感情特别好。

这学期文华上高中了，文娟读中专，郭连娣再三叮嘱姐妹俩："知识改变命运，你俩要好好学习，以后才会有出息。"文华、文娟一家现在住的是由政府提供的廉租房。开学后，郭连娣还是不放心文娟，白天联系担心影响她上课，便晚上给她发去微信："文娟，你是不是住校了？"文娟回复："就是。"她又安顿文娟："好好照顾自己。"文娟发来一个笑脸的表情。文娟加入学生会、播音协会，都会在微信里说一声，郭连娣鼓励她要认真负责地去做好，不要耽误学习。寥寥数语包含着满满的爱，郭连娣用爱的力量，为这个特殊的家庭燃起了生活的希望。

为了帮孩子们，即便自己也不富裕，郭连娣每次也都毫不犹豫地慷慨解囊。2021年，考上师范大学的小高姐妹俩的父亲因车祸去世，母亲改嫁以后，把她们留给了爷爷奶奶，郭连娣为其捐了1000元。2022年，郭连娣在为小连、小高筹款时，自己也捐助了1000元。在资助孩子们的学习上，尽管退休金只有2800多元，但每次郭连娣都带头捐款。队员们说，每当遇有急难险重的时候，除了队长刘玉敏捐得多就是郭妈妈捐得多，她们以身作则，带动着更多的志愿者去做公益。队长刘玉敏对自己这位左膀右臂也是赞不绝口："郭连娣特别厚道善良，踏实勤恳，任劳任怨，特别具有善心、爱心、耐心，对孩子及孩子们的家长，甚至孩子们的爷爷奶奶都特别好。"

前些天，为贯彻落实群团组织"进万家门、访万家情、结万家亲"的工作要求，呼和浩特市各级妇联组织同步开展"北疆巾帼心向党携手喜迎二十大——我为妇女儿童办事·十送"示范引领推进活动。郭连娣以志愿者的身份与其他"仁爱妈妈"一起去参加活动，带着由仁爱妈妈团队长期帮助的博爱公益学堂的孩子们去填写自己的微心愿，由自治区最美家庭帮助孩子们实现各自的微心愿。

作为仁爱妈妈志愿服务工作队副队长，郭连娣常年在关爱单亲儿童公益的道路上奔波，不仅从物质上关心这些孩子，还常教育他们要学会体谅、理解、感恩，助其健康成长。每次入户看望单亲贫困儿童，郭连娣都会给孩子们买水果、糕点，她还多年帮助救助户义卖土豆和红谷小米，给他们实实在在解决问题。多年来,她亲手为环卫工人和单亲儿童赶织爱心围脖数百条;投入资金上万元资助结对贫困儿童,志愿服务时间累计10000多小时。她还积极无偿献血,累计献血近2000毫升。郭连娣还是邻里眼里的热心人,她曾帮助邻居尿毒症患者操持家务,不嫌脏不怕累,一帮就是十几年。

家住武川县哈彦忽洞村的王祥的侄女燕子是仁爱妈妈志愿服务队从小学三年级开始就资助的对象,如今燕子已经上高一了。说起郭连娣,王祥激动地说:"胖胖大姐对我们可好了,资助燕子上学,带燕子进城参加活动;还帮助我们家义卖土豆,没得说,真是个大好人。""胖胖大姐"是郭连娣的微名。

近几年风调雨顺,庄稼长势喜人,王祥种的土豆收成不错,好地每亩能起6000多斤。土豆丰收了,老王却犯起愁来。自家销售渠道不广,收土豆的上门来收,便宜了舍不得卖,窖里还放不下。仁爱妈妈志愿服务队知道这件事后,郭连娣与队长刘玉敏发朋友圈、同学群、亲友群,发动大家订购,贴人、贴时间帮助王祥义卖土豆。王祥手机里还收藏着她们去年最后一车土豆的义卖词:"各位亲们大家好,因天气原因,武川县燕子姑姑家最后一车义卖土豆明天早上拉到团结小区东区18号楼下,有需要土豆的亲们抓紧时间联络,已经预订土豆的亲们务于明天上午去取土豆。45元一袋,每袋63~65斤。今年最后一车义卖土豆火热预订中……"这位憨厚老实的庄户人用这种方式记着帮过他的好心人。

众人拾柴火焰高。仁爱妈妈志愿服务队一出手,加上刘玉敏、郭连娣跑前跑后的联系、呼吁,一下子把老王的燃眉之急解决了。原来种30来亩土豆都卖不了,现在种100多亩加上租种别人的地,每年通过各种渠道都能消化掉。这几年过了中秋节,王祥就根据仁爱妈妈志愿服务队统计的订单数量往呼和浩特市送土豆。郭连娣则早早穿过新华大街,去团结小区等着王祥过来,引导他停好车,盯数、算账,中午带他吃饭,或者给他买饭。每年差不多义卖土豆20车左右。

"胖胖大姐跟刘校长没白吃过我一颗土豆啊,她们也照价付钱。非亲非故的,贴上电话费,贴上精力。刘校长身体还不好,胖胖大姐腿也不利索,我实在过意不去。"王祥感动不已。

郭连娣还帮着保合少小魏的爷爷义卖了好几年红谷米。她尽己所能，无私帮助革命老区困难群众义卖农产品，为打赢脱贫攻坚战、实现乡村振兴，尽自己的一份绵薄之力，在公益界被传为佳话。

除了做公益，郭连娣平日就是陪伴和照顾80多岁的婆婆。她30多年如一日孝敬、照顾婆婆，是小区里街坊邻居公认的好儿媳。如今老人有时清醒有时糊涂，在一旁看着郭连娣对婆婆无微不至的照顾，丈夫也常情不自禁地说："你比妈的亲闺女还亲！"

不知不觉，郭连娣在公益之路上已走过8个春秋，她以默默无闻的付出得到了大家的认可。2017年至今，郭连娣先后被呼和浩特市红十字会评为优秀志愿者，被呼和浩特市文明办评为青城好人。2021年，她被评为呼和浩特市第十届最美青城人暨道德模范；她的家庭被推选为呼和浩特市最美家庭标兵户。

"开展公益志愿服务，帮助他人的同时也快乐了自己，我会继续走下去。"59岁的郭连娣说道。

补记：

写作过程中关于郭连娣的先进事迹，她自己介绍的不多。我多次与她的亲友、队员、受助者联系沟通，才了解了这位多年热心于公益事业，在志愿服务中传递爱的力量的"仁爱妈妈"看似平凡却并不简单的闪光点。郭连娣就是这样无怨无悔投身于志愿服务，因为爱而执着、坚守，用真情书写大爱，用自己微薄的力量去帮助他人、温暖他人，成为无愧于新时代的道德楷模、文明先锋。

一生承诺

——记内蒙古自治区第八届道德模范薄晓钟

刘建光

20世纪80年代有一首歌《大爱无边》，歌中唱道：

　　置身在洁白圣殿
　　守护在生命前沿
　　满怀着殷切希望
　　铭记着铁的誓言

你来到我身边

我就在你面前

无须承诺

决不放弃

我们彼此心照不宣

存一份感动

捧一张笑脸

送一份快乐

报一声平安

生命之树常绿

生命之火再次点燃

你来到我身边

我就在你面前

捧出我的心

挽住你的手

让人生色彩斑斓

捧出我的心

挽住你的手

让世界大爱无边……

  1951年,薄晓钟出生于土默特左旗铁帽乡苏卜盖村。他从小学习中医,虚心拜师,潜心研习,初中毕业后,1969年参加内蒙古生产建设兵团,先后在巴彦淖尔盟兵团医院、兵团乌拉山化肥厂医院等担任中医主治医师,以救死扶伤的医德和精湛博深的医术赢得了人们的广泛称赞。他退休后在察素齐镇工农北路开设个体中医门诊,悬壶济世,乐于助人,成为远近闻名的中医名家。

每当人们从心里感激他时，他连忙摆摆手说："惭愧，惭愧。晓钟长期民间行医，深知百姓疾苦，以治病救人为天职，不敢懈怠。今躬逢盛世，为民除病，更是义不容辞。药王孙思邈有言：人命至重，有贵千金。"

但当有人问起他妻子的病时，他避而不答，眼睛里却流出了泪……

一诺千金，今生我无怨无悔

薄晓钟的妻子名叫陈建一，比他小两岁。他俩从小青梅竹马，不仅是同校同学，还是同一天到兵团报到的战友。1969年，陈建一只有16岁，正值花样年华，情窦初开的年纪。由于建设兵团工作强度大，陈建一因疲劳过度，1969年9月就得了肾炎，后发展为尿毒症。那时，18岁的薄晓钟在兵团师部医院工作，他见到老同学，摸了一下额头。他说，好烫。她绯红了脸，像见到了自己的亲人，泪水从眼眶里扑簌簌地掉下来。她说，没事。在医院住院期间，薄晓钟一直悉心照料她。当她病愈出院分别时，陈建一羞涩地攥住他的手，久久不肯松开。

1975年，陈建一被诊断为尿毒症前期。作为医生的薄晓钟深知这个病需要长期治疗。但是，他俩当时已经确立了男女朋友关系，为了照顾她，经向组织申请，当年初春薄晓钟把她从兵团连队调入巴彦淖尔盟医院。那时陈建一知道了自己的病情，不愿连累他，她嘴唇张了几次，最后用颤抖的声音说："晓钟，我知道你对我的感情很深，你对我的爱我也无以报答，为了不拖累你，咱俩还是分手吧。"薄晓钟含泪抱紧她说："遇见你，是我一生的幸福和安慰。到了秋天，红叶题诗时，我俩就结婚，一生一世，地老天荒，我将陪伴你一辈子，一生一世我都无怨无悔。"

1975年9月，经过6年的等待，22岁的陈建一与薄晓钟喜结良缘。

不离不弃，今世你是我的唯一

当时24岁的薄晓钟，精力正旺，事业正搏。他每天除了集中精力完成医院的本职工作，把所学到的中医知识和临床经验全都用在了医治妻子的病上。10年、20年……50年，600个月、18250天，一位风华正茂的男人照顾瘫痪在床的妻子，支撑起一个家，用行动无怨无悔演绎着大爱人生，用不离不弃谱写出亲情之歌。陈建一在不幸中，感受到了人生的幸福。他们一起在追求幸福的道路上艰难前行的故事，让人唏嘘不已。

"妻子疼在身上，我却疼在心里。"薄晓钟道出一名医生细腻的爱。这个坚强的男人，每当回忆起往事，就泣不成声。那一年，年仅24岁的他，本该有多种选择：找一个美丽健康的妻子，或以大哥的身份照顾得了病的战友。可他看到她被病魔折磨得疼痛难忍，看到她被疼痛折磨得死去活来，他顿时感到揪心的疼。薄晓钟以慈悲之心，千般思量，选择了照顾她一生。

面对因病退休的妻子，薄晓钟摊开双手无奈地说："当时没钱，真的没钱医病啊！"为了增加收入，他携妻子调到工资略高一点儿的兵团乌拉山化肥厂医院工作。但当年工资一个月几十块钱，加上加班费也不足百元，根本没有多余的钱带妻子到大医院检查治疗，只好向附近的草药医生求医。薄晓钟边抽泣边说："尽管全家四处奔走，可还是因为得不到大医院的科学治疗而耽误了她的病情，她的肾脏肌肉也渐渐萎缩了。"

但是，为了治好妻子的病，他潜心研究中草药的药方并采取中西医联合疗法。这极大地缓解了妻子的痛苦。妻子起初还可以自己走，买菜，洗衣，做早点，也能干点儿简单的家务活，但随着病情的发展，后来就瘫痪在床上了。薄晓钟以男人的担当，挑起了家中所有的重任。

1985年6月，为了这个家，为了增加收入，薄晓钟毅然离开兵团乌拉山化肥厂医院，回到故乡察素齐镇开办了个人中医诊所。为照顾妻子的饮食起居，他让妻子住在诊所，悉心照料。每天天刚蒙蒙亮，他就起床给妻子烧水煮药，煮好后轻轻地倒在玻璃杯里凉好，生怕不小心烫伤妻子，然后放在妻子顺手就能端到的地方。后来，他妻子大小便也在床上，这是多么难为情的事啊，薄晓钟却坚决地说："老天爷留我一天，我就要照顾妻子一天。因为妻子是我今生今世唯一的爱！"

执子之手，让妻子生活在幸福中

有人说："薄大夫，你对妻子已经尽心尽力了，放弃吧。"薄晓钟说："天下薄我，我却不能薄天下。"由此，他的这份爱，诠释了人间"坚守"的全部内涵。他的妻子陈建一说："看到晓钟为我买吃买药，端屎端尿，我心疼他，又痛恨自己。多少次，我都想去死。当我把双手伸向他，准备给他诉说的时候，摸到的却是他大滴大滴的泪。"妻子咬了咬嘴唇又说，"晓钟，你为什么不放弃我？你为什么这么傻？这么多年，半辈子了，你为什么要坚持留住一个不能再给你带来幸福的人？"

此刻，薄晓钟看着妻子多情而又绝望的目光，心如刀割，提心吊胆，生怕妻子寻了短见。薄晓钟真怕妻子做傻事，有好多个晚上不敢睡着，听到屋里有一丁点儿动静，就起来看护。为了让妻子过上幸福的生活，为了让妻子享受人间的美好，他购买了大楼房，布置了漂亮的阳台。太阳只要出来，他就把妻子背到阳台晒太阳，她的床前床后摆满了各式各样的花卉，从而缓解了妻子患病以来常常感到的不安和病痛带来的折磨。

薄晓钟说："我是她唯一的依靠，曾经的幸福时刻我不会忘记。等她好起来，我们还要创造更多的美好。也曾有人劝我放弃，但我决不做负义之人。"为了妻子，他从不怕累，也不觉得委屈，和妻子结婚，就注定两个人相守一生一世一辈子。

2019年9月是薄晓钟与妻子相依相伴50周年的日子。他多么想陪老伴儿到处走走，带她到其他地方散散心、旅旅游，可这个愿望如今却很难实现了。他说："我愧对她，她现在行动不便，瘫痪在床，如果早20年、30年，我会带上她游历全世界。"那天晚上，他买来蛋糕、蜡烛和99朵玫瑰花，与儿子围坐在她床前，唱了一首生日歌，唱着唱着他自己就流泪了。薄晓钟害怕妻子要离开他，虽然照顾她近50年确实很辛苦，但身为丈夫，他从不觉得委屈，也不想过没有她的生活。妻子握住他的手说："如果有来生，我还要嫁给你！"这句话让全家人感动得抱头痛哭。

那一晚，儿子说："爸，你太累了，我想代替你侍候我妈一次。"儿子为妈妈擦洗了身体，然后为妈妈做了中医穴位的全身按摩。可妈妈的肌肉萎缩了，关节粘连了，两只手的小拇指关节已经发麻，有时候连筷子都抓不住。她用手心摁住儿子的手说："邻居们都夸我命好，说我找了个好丈夫，生了个好儿子，有你们照顾我，我才能活到今天，是我拖累了你们。如果有来生来世，我一定健健康康地、漂漂亮亮地走向你们，我还嫁给你爸。"

是啊，近20年来，薄晓钟不仅在家为妻子精心治疗，2015年妻子病情发展成尿毒症晚期时，又开始每星期两次血液透析，薄晓钟按时租车接送妻子到医院透析治疗，严寒酷暑，风雨无阻。由于妻子长久忍受着病魔的折磨，生活不能自理，大小便失禁，记忆力衰退，作息时间没有规律，性格变得暴躁易怒，为此，他每天都会起早贪黑，悉心照顾她的生活起居，再加上他用中医药辅助调理，每次化验结果都很理想。

在妻子最后的日子里，薄晓钟每天为妻子按摩、洗肾，并为妻子梳头洗脸擦拭身体，给妻子做热乎的饭菜，用饭勺一口一口地喂妻了……每天晚上耐心疏导妻子因心理和身体上的打击出现的压力。妻子跟别人谈起他的时候经常自豪地说，今生找到他这样的丈夫是她的福气。他也动情地说："这辈子，我疼你不够，来生有缘，我还要与你在一起。"在他的心目中，妻子永远是兵团中最美丽的那朵军中之花。

然而天有不测风云，2019年10月底，妻子不慎摔倒在地，造成胸部骨折，加上她长期卧病在床，肺部感染没能有效得到控制，5天后，他的妻子在一片安谧祥和中，带着对亲人深深的眷恋离开了人世。

好人薄晓钟，始终践行了对妻子的承诺。薄晓钟不离不弃悉心照顾尿毒症妻子的事迹，感动了许多人；他慎诺守信、一言九鼎的美德，得到邻里和社会的公认。他不仅是一位好医生，更是一位好丈夫，在妻子患病的50年间，他没有离弃，反而对妻子加倍照料着，细心呵护着。

老吾老以及人之老，幼吾幼以及人之幼。这是中华民族的优良传统美德，面对家庭的不幸，薄晓钟没有怨言，更没有背着妻子偷偷离去的念头。他说，妻子选择了他，就是选择了一种责任。

尽管照顾妻子花费了他全部精力，但薄晓钟依旧不忘对子女品德和生活能力的培养，子女力所能及的事，他从不包办代劳。新冠肺炎疫情期间，他与在呼和浩特市工作的儿子为市民捐赠了200个N95口罩和500个医用口罩，为土左旗红十字会捐善款1000元。2021年春夏之交，疫情又袭，面对人们的紧张情绪，他出于一种平等博爱的思想，对登门求医的病人，有问必答，态度和蔼，并乐观地抚慰乡亲们："活着一分钟，快乐六十秒。"

有一位患病的农村妇女，听说薄晓钟给妻子治病的事后，特地来找他看病，面对这名三度子宫脱垂、小便严重失禁的病人，他特别同情和关怀。由于这名妇女去不起大医院，薄晓钟就凭借自己的关系，请来大医院的著名妇产科和泌尿科专家，给她做了手术。术后，病人不思饮食，他就买来橘子汁送给病人开胃，并亲自煮了鸡汤给病人补身子。在他的精心治疗和护理下，这位农村妇女终于恢复了健康。病人出院时，他还给病人送了一件羽绒服。

薄晓钟五十年如一日，不务虚名，生活恬静淡泊，不管在顺境中还是在逆境中，他将全部精力都扑在工作以及悉心照顾妻子上，这种博大的精神与宽厚的情怀让每一个人钦佩，值得每一个人学习。

2019年，薄晓钟被评为土默特左旗第四届道德模范；2021年被评为呼和浩特市第九届"最美青城人"；2022年被评为内蒙古自治区第八届"孝老爱亲"道德模范。

当我采访他时，他却说："爱自己的妻子、照顾自己的妻子是天经地义的事，没想到党和政府授予我这么多荣誉，惭愧呀。"如今他已年逾古稀，两鬓垂霜，并因长期的操劳染上了多种疾病，但他仍专心致志地为别人治病，对自己的病仿佛一点儿也不在乎。他每天照常工作十几个小时，他的事业心像一团火，时时激励着他要解除病人的疾苦。他舍己为人的精神和高尚的医德，在连续不断地迸发出闪光的火花。

德耀青城
——记呼和浩特市道德模范、青城好人

她是一个有温度的人
——记呼和浩特市道德模范赵雅冬

吕达超

　　有一位作家说：一个有温度的人，就像一抹春天里的暖阳，春风的和煦暖人心扉，装点了诗人的梦；一个有温度的人，犹如冬日的炭火，融化了冰冷的霜，温暖了他人的心；一个有温度的人，像雨后的甘霖，浸润了干涸的田，滋养了世人的魂。

——题记

一

2004年3月15日上午，塞外青城呼和浩特，春光明媚，暖阳高照，还在读大三的赵雅冬从宿舍走出来，在去图书馆的路上看到同学们三五结伴，从四面向教学主楼前小广场路边的一辆大巴车前聚集。好奇心使然，她也随大溜朝小广场走去。凑近一看，这辆大巴车外挂着一条参加义工活动的红色宣传条幅，人群中竟还有两位同班同学正在组织活动。赵雅冬主动上前与同学打招呼，询问起活动的相关事宜，那两位同学也积极向她介绍情况并鼓动她参与其中。正因此，赵雅冬在同学的介绍帮助下加入了义工队列，在课余时间里积极参加校内组织的义工活动。

2008年参加工作后，赵雅冬工作之余，更是频繁地参加单位或社区组织的义工活动。2015年，作为党支部的一分子，赵雅冬下沉到社区一线参与呼和浩特市回民区三顺店社区的党建共建志愿服务。作为内蒙古电视台的记者，她立足工作岗位，充分发挥新闻工作者的优势，于2016年全程负责策划采编《新闻天天看》"六一"特别行动，参与组建志愿服务团队，开展公益服务行动，从此开启了她公益事业的追光岁月。

都说做公益不难，难的是一直坚持做公益。赵雅冬始终怀揣着做公益的初心，热心于公益事业，播撒助人的种子，把助人为乐当成自己人生的重要组成部分，通过公益事业为社会发展汇聚强大正能量。

二

2016年，凭借《新闻天天看》主播王芸的社会知名度，赵雅冬作为组织者之一，开始牵头参与组建内蒙古芸公益协会，开设"芸公益"专用账户筹募善款，实现了专款专用。当年，大学生李莹、张仲培就通过赵雅冬参与策划采编的《新闻天天看》，实现了身后志愿捐献眼角膜的遗愿。"芸公益"不断扩大自己的社会化功能，发挥社会各界资源与力量，开展以捐资助学、敬老爱老、送医药送文化等为主题的爱心公益活动。

"芸公益"的第一场活动，是关注留守儿童的学习与生活。2016年5月，赵雅冬和台里的同事驱车从呼和浩特市出发，来到清水河县西部山区，了解乡村留守儿童的学习和家庭生活现状，用镜头记录了单台子小学孩子们的生活。全校24名学生，基本上都是留守儿童，精神文化生活贫乏，亲情匮乏，这一切赵雅冬都看在眼里，记在心里。

一年级的王奥成，才8岁就开始住校。当赵雅冬关心地问起住校原因时，小小年纪的他脸上竟带着淡淡的忧伤说，因为家离学校太远，爸爸妈妈在城里打工，半年多才回一趟家，他每天都很想妈妈，回家后也没有玩伴，只能在家里陪着爷爷奶奶。这些话触动了赵雅冬的心。当天下午，赵雅冬一行便坐上小奥成爷爷的三轮车，一起回到他家。他们的村子四面环山，山大沟深，距离学校大概30公里远。村民祖祖辈辈面朝黄土背朝天，奥成的爷爷希望奥成好好学习，走出大山。爷爷奶奶说，村里的年轻劳动力大多都进城打工了，有能力的父母把孩子也一同带出去了。奥城的爸爸妈妈在工地上帮忙，根本抽不出时间，没法陪伴和照顾孩子，就没有带走他。

六年级的白星明，年幼时妈妈就去世了，爸爸在外地给别人家放羊，他现在和大姑生活在一起。他最大的爱好就是看书，最大的梦想就是好好学习，将来能走出大山！

在单台子小学，像王奥成和白星明这样的孩子不是个例，全校24个孩子家庭情况基本相似。返程后，赵雅冬的内心好几天都难以平静，她不禁陷入思索，同在一片蓝天下，单台子小学的孩子们却是如此处境。24个孩子的境况，总是令她充满牵挂和不放心。

单台子小学公益之行，激发了赵雅冬的爱心，也坚定了她做公益的信心。作为"芸公益"协会发起人之一、协会副理事长兼秘书长，赵雅冬和她的团队开展了捐款捐物、公益互动活动，也将从最基层的自我关注、捐款捐物、带山区孩子来城市拓展眼界，转变成为一项公益事业。她身体力行，利用媒体与"芸公益"平台，向全社会发出呼唤，倡导更多人参与进来。不久，单台子小学所有小学生就与志愿者建立起一对一的帮扶关系，每个学期每位孩子都能得到800元的生活费资助和其他生活物资帮扶。

之后的修建爱心图书室、开展支教益课堂等一系列帮扶项目，在山区孩子们的心里种下了一颗对美好生活无限憧憬的种子，点燃了孩子们成长成才的希望之火。

三

芸公益协会组建后，赵雅冬及团队不仅把关注点放在助学方面，还将帮扶范围扩展到助老方面。在和林格尔县舍必崖敬老院志愿服务期间，他们对老人的年龄、身体健康状况做了摸底调查，发现敬老院里的老人都是70岁左右，90%的老人全口没有一颗牙齿，大多数情况下吃饭都是直接吞咽，既影响身体健康，也影响生活幸福感，因此这个问题就成了赵雅冬想解决的首要问题。在她和队友的倡议下，仅三天时间协会就凑齐善款两万多元，为敬老院17位老人顺顺利利地镶上了假牙。看到老人们露出牙齿的开心笑脸，赵雅冬也同样感到很快乐。

打这之后，赵雅冬又通过节目平台和芸公益协会，向社会发出关爱孤寡老人免费镶牙、治疗眼疾的公益倡议，并得到社会的快速响应，筹集善款100多万元，先后为100多位老人镶上了假牙，并且免费为他们做了白内障手术。正是因为像对待亲人一样地关爱孤寡老人，敬老院的老人们每一次见到赵雅冬总会拉住她的手，亲切地和她唠家常。

2016年12月，杜尔伯特草原早已银装素裹，赵雅冬带队的芸公益医疗志愿者们冒着零下20多摄氏度的低温，顶着刺骨的寒风，来到乌兰察布市四子王旗巨巾号乡敬老院。80岁的郝福旗大爷和志愿者们说，自己的眼睛看不清楚，这两年愈发严重，走路都靠摸，生活十分不方便。了解具体情况后，芸公益医疗志愿者立即行动，来到敬老院为郝福旗大爷和其他三位老人就诊。2017年元旦前一天，呼和浩特市朝聚眼科医院为他们进行了免费的手术治疗。老人们都没有子女，芸公益志愿者就每天轮班到医院照顾他们。重获光明那天，郝大爷高兴得说不出话来，一个劲儿地向大家表示感谢。

与"光明行"同步，2016年12月25日，"芸公益"与呼和浩特新视界眼科医院联手，开展了"挚爱明眸"眼病防治公益援助活动，免费为100名贫困眼病患者治疗，让惠民政策真正落实到基层有困难的群体中。100名贫困眼病老人回家的那天，赵雅冬代表"芸公益"全体志愿者来看望他们，其中两位老人在拆掉纱布后露出的喜悦笑容，赵雅冬至今都记得很清楚。"太清楚了！""可亮堂啦！""这下看得清啦！"虽然是几句简朴的话语，却十分珍贵，道出了老人们对赵雅冬及团队的认可。

像这样的助老公益服务活动，赵雅冬他们先后组织开展了50多场，捐赠爱心物资超过100万元，用爱为全社会敬老、助老点亮了一盏明灯。

四

2021年冬天，因天气原因，乌兰察布市东营子村农民的30万斤青椒、尖椒滞销，急需出售。赵雅冬第一时间赶到这些农户家中了解情况，并通过媒体和社会志愿者积极对外宣传，解决滞销难题。功夫不负有心人，仅三天时间，30万斤辣椒销售一空，使农民挽回经济损失20多万元。爱心助农，赵雅冬从未掉队。五年来，她先后组织助农行动30多场，助力义卖滞销葱头、土豆、西瓜等农副产品上百万斤，帮助菜农解决了燃眉之急，为他们挽回经济损失300多万元，用真情扛起了脱贫攻坚的旗帜。

"公益人其实都很普通，志愿者本身无所求，收获的就是快乐和安慰，更多的就是坚持和责任。"这是赵雅冬的一句口头禅。她凡事亲力亲为，团队的管理总是在业余时间来做，七年多时间，熬夜写公益材料已经成为常态。

赵雅冬的身影还常常会出现在公益现场。2020年，在一次义务植树活动中，赵雅冬摔伤骨折。当人们问起这件事时，她却笑着说，当时受伤时第一反应就是感到很庆幸，因为受伤的是自己，而不是其他公益伙伴们。在家养伤的三个多月时间里，她也在不间断地为协会和公益出力，依靠团队力量，让寻找到的每一个帮扶对象都可以自始至终得到关注和帮扶，这也是她要实现的目标。

多年来，赵雅冬和团队还围绕禁毒宣教、关爱大病儿童、关爱环卫工人、创建文明城市等内容开展了无数次志愿服务项目。

五

2022年，新冠肺炎疫情突袭，赵雅冬第一时间在群里发布志愿者报名信息，群内成员争相报名，迅速组成了一支志愿服务团队，蓄势待发，随时准备投入抗疫战斗当中。

赵雅冬的爱人单位事务繁忙，如果自己参与志愿服务，那孩子在家的一日三餐问题该怎么解决？在两难面前，作为一名共产党员，赵雅冬和丈夫商量后，仍旧选择了舍小顾大，挺身而出，在第一时间响应号召，主动请缨到疫情防控一线。赵雅冬带领着40多个小组340名社会志愿者，始终坚守在志愿服务岗位上，从未缺席，用汗水和行动筑起了抗击疫情、护民安康的钢铁长城，让人民群众真切感受到了作为共产党人、作为普通志愿者一心为民的情怀和无畏、坚韧、奉献的高尚品德。在这期间，赵雅冬还利用公益平台带动700多名志愿者和爱心企业捐款捐物，主动支持抗疫一线，在收到抗疫爱心物资总值超过20万元后，又全部发放到140多个疫情防控点。

其实，这种情况对赵雅冬来说也是常事，在家庭、单位、公益组织出现矛盾冲突的情况下如何处理时，她常对别人讲："志愿服务不求回报，在传递向上向善、与人为善的人间真情时，一定会对家庭甚至本职工作产生一定影响。微光成炬，也正是这些暖心、贴心的志愿服务，激发出正能量，弘扬了真善美，影响和感化了很多人，包括我的部门领导和家人，大家都还是很关心、支持我的志愿服务工作。"

有人说，面对突发事件，赵雅冬临危不惧，照样能够驾轻就熟地开展好志愿服务工作。这话确实不假，2020年新冠肺炎疫情刚爆发时，在买不到防疫物资的前提下，她就立即行动，书写公益倡议，号召志愿者自筹材料，组织大家通过网络一起学习手工制作防护面罩，仅两天，就带动60个家庭赶制出11000个防护面罩，并及时发放到了基层一线防控人员手中。

"越是艰险越向前,万众一心加油干。"就是抱着这样的信念,也正是她的责任与激情、奉献与担当,绘出了青城一抹鲜艳的"志愿红"。

六

一路走来,赵雅冬对"公益"这两个字也有了更深刻的理解。每次公益行动结束后,她都会记录自己的公益日记和心得,通过网络平台发表后,收到众多网友的鼓励与互动。数万张照片、50多万文字,是她在从事公益事业中收获的无数感动和温暖。同时,她也得到了社会各界对她的一致认可:共青团中央授予她"第十三届中国青年志愿者优秀个人奖","志愿中国"授予她"中国五星级志愿者";内蒙古自治区党委宣传部授予她"内蒙古学雷锋志愿服务优秀志愿者",内蒙古卫健委授予她"内蒙古自治区级结核病防治优秀志愿者""结核病防治知识传播行动优秀志愿者",内蒙古禁毒办、内蒙古妇联联合授予她"内蒙古优秀禁毒志愿者",内蒙古自治区妇女联合会授予她"自治区维护妇女儿童权益先进个人";呼和浩特市文明办授予她"优秀志愿者",呼和浩特市妇联文明办授予她"巾帼志愿服务先进个人",呼和浩特市精神文明建设委员会授予她"呼和浩特市道德模范""青城好人"……

以爱为光,以心为灯。公益对于赵雅冬来说就像一束光,未来她将继续尽自己最大力量发挥光和热,充分提升自己的专业技能,精心策划每一场公益行动,组织领导好内蒙古芸公益协会,引导更多人加入志愿者队伍中,用心去温暖他人,在守护公益"追光"的道路上奋勇前进。

赵雅冬走过的路灿烂辉煌。

赵雅冬未来的路充满希望。

我们坚信,赵雅冬及其团队的公益事业一定会百尺竿头,更进一步!

满园芳菲

——记呼和浩特市道德模范提名奖获得者苏慧

乔福俊

初见苏慧，是2016年暑假，在土默特左旗第一幼儿园工地的图纸会审现场，随着一位皮肤白皙、齐肩短发、衣着干练的女子的出现，会审正式开始。她就是这所幼儿园未来的园长苏慧。

会审现场会上，苏慧对照设计图纸，虚心向与会的专业设计师询问幼儿园的各项功能的设计情况。在她脑海里，也许也有一张蓝图：室外，幼儿教师和孩子们一起在运动场上戏耍，天是蔚蓝的天，云是洁白的云，操场像是长满绿茵的草原，有滑梯、钻洞钻圈跨栏、淘气堡儿童乐园；室内是幼儿园软包墙裙、木纹栅格板、环保亚光PU，现代化的幼儿教学设施一应俱全……

在之后的监理过程中，无论我何时到工地，总能看到苏慧的身影：一身运动装，脚上一双土灰色旅游鞋，自然的一张素颜，没有脂粉修饰，但看上去得体大方，只是发型比第一次见面的时候剪短了很多，显得更精神了。我们几乎天天见面，主体工程快要封顶的时候，我们已然成为"工友"。

苏慧从小在一个知识分子家庭中长大，她的爷爷就是一位老教师，父亲在教育战线上工作了30多年，母亲曾经也是一名乡村教师。苏慧2000年毕业于呼和浩特师范学校幼儿教师专业，毕业后一直从事她所热爱的学前教育。2009年，她被调任到土默特左旗第一幼儿园任副园长，2011年5月担任园长一职。苏慧接手幼儿园时办园条件很差，园舍前后两排都是平房，20世纪80年代初建园后一直没有做过加固和维修，教学场地在冬季还要使用火炉取暖，幼儿教师除了需要备课带班，还有一项最基础的工作，就是打炭生火。有些刚毕业的年轻教师见也没见过火炉，更别说生火了。这样的幼儿教学环境存在很大的安全隐患，制约了幼儿园整体的发展。在苏慧任职的第一个暑假，经过不懈努力，利用一个假期，她不仅将园所整体做了加固，维修了屋顶和地面，协调解决了取暖问题，还新增了多种幼儿游戏设施。新学期幼儿园从原有的70多名孩子增加到120多名，而且逐年递增，幼儿园逐步迈上了新的起点。

园舍的安全隐患问题一直压在苏慧心头，在不断提高办园质量的同时，她也一直在不断与上级部门协调，终于在2015年得到新建园舍的批复。看着新幼儿园楼层一天天加高、成型，苏慧被晒黑的脸上露出了欣慰的笑容，她觉得再苦再累也值得。

新园于2017年9月正式开园招生。这一年是她记忆犹新的一年，是记录着她泪水与汗水的一年，它是土默特左旗第一幼儿园一个新的里程碑。新幼儿园的建成使用，解决了片区适龄幼儿的入园问题，提高了整体办园质量。为了让孩子们的学习环境和活动场地更清洁卫生和美观，苏慧以身作则，带领幼儿教师，从幼儿园内的教学环境到园外活动场地，不知道加过多少班，清洗过多少次。经过共同努力，一座集教育教学、户外活动等功能齐全的大型园所呈现在土左旗人民的面前，得到社会各界、家长的一致好评，因此，幼儿人数在不到两年的时间就达到满园。

在浙江参加的全国先进幼儿工作交流学习考察结束后，那些先进的幼儿教学器材让苏慧心动不已，可是，十多万元的资金从哪里来？突然她灵机一动：何不利用一些废旧的器材设计、制作试试呢？功夫不负有心人，在一家废旧材料厂，苏慧发现有一个类似"探索游戏"的设备，与老板几经商议，老板被她执着的精神深深打动，就按照回收价卖给了她。苏慧如获至宝，又经过十多天的创新设计和精巧制作，一座结实耐用、安全美观的启迪幼儿心智的大型游戏设备出现在了活动场地。这一活动器材，至少为幼儿园节约了数万元的资金。

2019年，在暑假即将结束的时候，苏慧突然接到通知，调任到一座更需要她的幼儿园——乌兰夫幼儿园。她在交接工作的这几天，心中五味杂陈，因为这所幼儿园倾注了她太多的心血和情感。她爱园如家，甚至超越了家，一直以来她像是在经营着自己的家一样，园内的每一朵花、每一处装饰，无不倾注着她的心血。太多的不舍，太多的眷恋，让她在离开幼儿园前一夜，彻夜徘徊在园里。她在月光下走进操场中心的种植园、沙坑和水池，用手抚摸着滑梯和攀岩墙，仿佛觉得有好多孩子都围在她身边，与她一起做游戏、捉迷藏……

2019年9月开学前，带着不舍和期待，苏慧来到乌兰夫幼儿园——这所充满浓厚红色爱国主义和民族团结氛围的幼儿园，也是土默特左旗唯一一所自治区级示范性幼儿园。

土默特左旗曾走出无数革命先烈，这里丰富的红色文化资源是开展教育、培养幼儿团结意识最好的依托和教育主阵地。乌兰夫幼儿园在开展教育工作中，更加注重传承和发扬红色基因、促进师幼共同发展。在这样一所拥有红色革命历史背景的幼儿园，苏慧深感做好党的教育事业，通过学校教育传承革命精神，弘扬民族地区的团结情怀，是这所幼儿园义不容辞的责任。

在不断提高办园水平的同时,苏慧带着幼儿园的老师们一起潜心研究适合该园发展的教育模式,在与老师们一起摸索、探索实践的过程中,将铸牢中华民族共同体意识贯彻到孩子们的生活学习中,不断深耕育人文化环境,将环境和公共资源作为宣传民族团结进步的媒介,把爱国主义教育、社会主义核心价值观、民族团结教育蕴含其中。

苏慧带领全园教职工利用放假期间打造了楼层文化。每层楼的文化内涵都不同,幼儿园大楼共三层,其中一楼传承中华传统文化的精髓;二楼展现民族文化习俗,营造民族团结、各民族和谐发展的氛围;三楼以科技文化为主题,展示国家的繁荣、民族的富强。她经常对幼儿园的其他老师说:"我们不但要弘扬中华传统文化,也要培育有创造性的时代新人,即一代代能够适应新时代快速发展的接班人。"

为了把教育做深做远,经过三年的不懈努力,苏慧团队设计创建了爱国主义教育展室、民俗体验室、科学探究室等多个教学活动功能室,为孩子们的学习与发展提供了有力的支持。

在教育教学过程中,苏慧深知,作为一所教育机构,文化教育是主体,因此她在日常教育教学过程中将民族团结教育渗透在各班级开展的活动中。比如在扎染、泥塑、制作手工艺作品、体验美食等活动中,她让孩子们了解到了各民族的习俗和传统文化;在与孩子们做游戏、接受爱国主义教育、感受中华艺术文化精髓的过程中,她经常与孩子们玩在一起、学在一起,让大家感受亲如一家的快乐。

苏慧还经常通过开展丰富多彩的活动,把民族团结教育贯穿到幼儿每天的生活当中,充分发挥节日、节气的教育契机,抓住节日的核心意义,通过各种活动发展幼儿健康的情感和灵活的动手能力,并培养幼儿敬老、友爱、善良、勤劳、勇敢等健康情感与品德。

每年清明节到来之际,为了弘扬中华民族的传统文化,特别是孝老爱亲的传统美德,苏慧拓展了寒食节文化,组织全体幼儿教师和孩子们集中到幼儿园食堂参加活动。她在每一个区域都精心安排好了面团、案板和其他一些可以用来做手工的厨具,让幼儿教师带领孩子们捏寒燕儿。寒燕儿和花翎串串一样，是当地在清明节习俗中不可或缺的元素。苏慧亲自示范，手法娴熟地捏出一只栩栩如生的寒燕儿，孩子们兴趣大增，纷纷开始动手，发挥自己的想象，捏出了十二生肖和花鸟鱼虫的样子。不大一会儿工夫，厨房的笼屉里就蒸出了形态各异的寒燕儿，老师和孩子们都兴高采烈地分享着自己手工制作的成果。最后，苏慧不失时机地用通俗易懂的语言向孩子们讲述寒食节的来历和习俗。

孩子们被介子推那种忠于国家、孝顺母亲的事迹感动了。苏慧还会讲一些各民族亲如一家的故事，铸牢中华民族共同体意识，使其在孩子们幼小的心灵深处生根发芽。

除了在清明节捏寒燕儿、做花翎串串，苏慧还组织大家在芒种节画麦芒、扎稻草人，在端午节包粽子等，孩子们在动手实践中充分感受到了传统节气、传统节日以及民俗文化的魅力。

土默特左旗是一个拥有优秀红色历史文化的地方。为传承好红色基因，厚植爱国主义情怀，苏慧坚持将实践教育活动作为助推民族团结教育的有力抓手。利用日常生活的点点滴滴，不失时机地组织幼儿家长、老师开展民族团结、红色文化教育等主题实践活动，使幼儿深受鼓舞。

为使孩子们体会到老一辈无产阶级革命家为了新中国解放、为了现在美好生活付出的艰辛，同时也锻炼孩子们的坚强意志力，苏慧在2021年建党100周年之际，组织全园100多位老师、400多名孩子一起体验了"重走长征路"的社会实践活动。活动前，她亲自带领老师探路，策划活动方案，研究路线过程中的安全保障以及活动过程中如何开展爱国主义教育。

活动当天，孩子们一大早就来到了幼儿园，身着小红军衣服，兴致满满地等待活动的开始。2500米的路程对于大人来说不长，但对于孩子们来说也真不是短距离。庄严的升旗仪式结束后，"小红军大部队"出发了，孩子们三三两两兴致勃勃地大步向前。一开始孩子们还特别积极，有说有笑，有的孩子甚至还觉得走路太慢，于是想跑步追赶到达"长征"目的地。在行至一半路程的时候，有部分年龄比较小的孩子走不动了，苏慧就鼓励大一点儿的孩子手拉手帮助年龄小的孩子，还不断地给孩子们讲述当年红军长征时"穿草鞋""挖野菜""吃皮带"的故事。"红军长征两万五千里都能坚持下来，我们今天才走2500米，我相信你们一定会坚持下来的！"孩子们在她的鼓励下，肩并肩、手挽手坚持到了最后。当孩子们看到终点的集结地时，兴高采烈地欢呼起来。具有挑战性的"长征活动"结束了，孩子们不仅锻炼了意志，还深深地接受了一次爱国主义教育，节约粮食、爱惜粮食的种子也被深埋在了孩子的心中。

幼儿园里各种类型的孩子都有，其中有部分是留守儿童，家长不能陪伴孩子，在家庭教育这块存在很大的困难。乌兰夫幼儿园滨河分园就有这样一个特殊家庭，父母离异，父亲常年在外打工，孩子只能交由78岁的奶奶抚养。苏慧了解到这样的情况后，主动担起了责任，为孩子送去所需生活用品、学习用品。由于缺乏母爱，父亲也不在身边，奶奶又很少和孩子交流，孩子形成了孤僻内向的性格，不愿意和小朋友们一起互动交流和做游戏，情绪化的性格也特别明显。苏慧每天放学后，只要没有特殊情况，就会抽时间到家里陪着孩子阅读、画画和游戏，不到半年的时间，在苏慧和班级老师的共同努力下，孩子的性格慢慢有了转变，一年后，孩子的学习成绩也进步了不少。

乌兰夫幼儿园是一所多民族幼儿园，苏慧始终坚持"各民族共促繁荣发展，共建民族团结友爱大家庭"的办园初衷，每学期都会用一个月的时间开展"民族团结一家亲，同心共筑中国梦"的主题教育活动，通过定期走访幼儿及其家长，了解孩子的学习生活情况。在一次走访中，苏慧发现有一名幼儿的家庭条件很差，父母感情不和，姐姐又在外地工作，家庭矛盾突出。苏慧多次与这位幼儿的姐姐沟通，对她进行了心理感化，鼓励她回到家乡工作，这样既可以减轻父母的经济负担，又可以照顾年幼的弟弟。最终在苏慧的说服和鼓励下，孩子的姐姐回到了家乡工作。

苏慧不仅关注着家庭困难的幼儿，也关注着教职工的工作与生活。有一位教师因父亲发生车祸，家庭一时陷入困顿，她得知情况后，在教职工群里发出了捐款倡议书，不到两天的时间，幼儿园就给这位教师送去了组织上的关心，让这位教师感受到了民族团结之家的温暖。苏慧坚持通过点点滴滴深入人心的小事，让全体师幼感受着民族团结之情，在这个温暖的大家庭中感受到了幸福和自豪。

2018年，乌兰夫幼儿园被土默特左旗委宣传部授予"小小乌兰牧骑"称号。苏慧组织成立的幼儿园"小小乌兰牧骑社团"以乌兰牧骑优良传统为指引，进一步整合全园优质资源，开展了马头琴、古筝、围棋、象棋、泥塑、口才、合唱和儿童话剧等14项社团活动，并专门为孩子们筹建了功能室，让孩子们能常态化地开展社团活动，不仅丰富了幼儿的教育活动，同时也为师幼践行社会主义核心价值观的主题实践提供了平台。

2022年夏初，苏慧还利用泥塑社团资源，组织全园小朋友和老师创作了"陶好五彩土默川"主题沙盘。小朋友和老师们通过手工制作察素齐镇的一景一物，充分了解了家乡的历史文化、经济发展等，培养了幼儿爱祖国、爱家乡之情。

在一次机缘巧合下，苏慧认识了一位公益组织的负责人，那时负责人正在大力宣传公益支教活动，苏慧觉得这是一件可以帮助孩子们的好事，当即就答应了。孩子们大都来自云南省绿春县、丽江市宁蒗县、四川大凉山等偏远山区，他们绝大部分都是留守儿童和孤儿。本次支教活动是通过网络给孩子们上课，当上第一节课的时候，苏慧又激动又紧张，激动的是这些孩子和自己幼儿园的孩子年龄相仿，紧张的是不知道这些孩子能否接受她的教学方式。苏慧带着这些现实问题和激动紧张的心情开始了网络支教。从支教老师到网络支教的校长，虽然工作内容一直都在改变，但她的初心未曾动摇过——能够给孩子们带去知识，让更多偏远山区的孩子看到外面的世界就是她的初衷。

在每节课中，那些大山里的孩子们都把眼睛睁得大大的，聚精会神地盯着屏幕，生怕错过屏幕这边的任何一个瞬间。隔着屏幕，当苏慧看见一个孩子在书本里写下"我愿成为祖国栋梁"几个字时，她瞬间被感动了。她觉得，网络支教工作不仅改变了山区的教学形式，提高了山区学生的科学文化水平，也让孩子们跨越了民族、跨越了地域，了解了中华民族的优秀文化。同时普通话授课，也提高了当地学生的普通话水平，推动了国家通用语言文字工作的落实。她用自己的行动践行了党的民族工作政策，促进了各民族共同繁荣发展。

  2020年12月被评为全市民族团结进步模范个人，2021年9月被评为呼和浩特市教优秀德育工作者，2021年荣获第十届呼和浩特市道德模范提名奖，2022年荣获自治区民族团结进步模范个人称号，2023年被评为呼和浩特市优秀教师……这些荣誉，是社会对苏慧的认可和赞誉，更是她今后工作的动力，她将在工作中，将民族团结之花培养得满园芳菲。

爱的守护

——记第十届呼和浩特市道德模范边法定

孟慧生

夏日的早晨,清凉的空气湿润了寂静的村庄和碧绿的田野,微风吹拂着道路两旁的杨柳,把隐藏在密叶浓荫中小鸟的啼鸣传向远方,给人们带去了闲适愉悦的心情。村子周围的田野上,健壮的禾苗吸吮着晶亮的露水,几乎每隔一夜,就长高一截。

托克托县双河镇的城拐村,是一个典型的"城市里的村庄",多年的城镇化建设,把城拐村分割为南街、北街、城圐圙、丁家营等几个自然村。在靠近包托公路的两边，是鳞次栉比的商场、店铺、住宅楼。但是顺着一条宽阔的水泥路走进村里，却呈现出一派标准的田园风光。这里没有各种车辆的喧嚣和刺鼻的尾气，也很少看见打扮得花枝招展逛街的少女少妇，只有一些上了年纪的人在田野和家里这两点一线间忙碌着。他们衣着朴素而简单，几乎和这个接近现代化的小县城格格不入。

丁家营在包托公路的北边，是城拐村的一个自然村。立夏以后，田里的农活儿逐渐多了起来，乡村的街道上行人很少。然而就在这宽阔宁静的乡村街道上，每天上午9点至11点，下午3点至5点的时候，总会有两位老人出来散步——大风大雨大雪等恶劣天气除外，而且姿势和动作几乎不曾变化：男人总是搀扶着一位身体比他微胖的女人慢慢前行。远远看去，像一对亲密的热恋中的情侣，到了跟前，才看见这是两位上了年纪的老人。男人的头发大都变成了花白的颜色，身体微微有些佝偻，但是眼睛依然清澈明亮，饱经风霜的脸上总是露出慈祥的笑容。他一边走一边说着村子里或他所知道的外界的新鲜事。女人的头发梳得齐齐整整，脸色很红润、白净，是长期不参加农业劳动和心情愉快的结果，只是脚步有些迟缓，每向前迈一步都显得很吃力，一看就知道是不便于行走。如果不是男人在旁边一直用力搀扶着，她应该会马上摔倒，连一步也走不了。

村子里的人都知道，他们就是村里的老党员边法定和他的妻子申安稳。他们是在无所事事地悠闲地散步吗？不是，边法定这样坚持为妻子进行康复锻炼的场景，已经持续了9个年头。

边法定1953年出生。他的父母都是共产党员，为党和人民群众的利益奋斗了一生。边法定从小就受父母的教育熏陶，以帮助村民群众排忧解难为最大的快乐。年轻的时候，他就参加了村里的基干民兵，也是当时的青年突击队员，在城拐村各生产队修渠筑坝，建设水利设施，令村民至今受益。1976年，年仅23岁的边法定就光荣地加入了中国共产党。村里的人谁家有困难，只要和他说一声，他从来没有推辞过。村民盖房子，办红白喜事，需要他帮忙的，他也总是把自己的事务推后去帮忙。这些事看起来很平常，没有值得特别炫耀的地方，但是一个人做点儿好事并不难，难就难在任何时候也无怨无悔，这就十分可贵了。

改革开放以后，城拐村实行土地联产承包责任制。这时的边法定和比他小两岁的申安稳结了婚。申安稳年轻漂亮，性格温柔，勤劳肯干，和边法定在承包的土地上辛勤劳动，小日子越过越甜蜜。随后，他们的两个女儿和一个儿子相继出生，他们又在丁家营盖了新房，一家五口过着幸福甜蜜的生活，每天充满了欢声笑语。这是边法定人生中最快乐的一段时光。但是，边法定并没有忘记自己是一名共产党员，仍然想方设法为群众排忧解难。有的村民想做买卖找他借钱，他从来没有拒绝过；有的村民向他借用农机具，他也从来没有推辞过。在村民的朴素观念里，边法定就是一个好人，无愧于共产党员的称号。

进入新世纪，边法定的两个女儿先后出嫁。大女儿在托克托县第二中学教书，二女儿跟随丈夫到了哈尔滨工作，小儿子也已经上了高中准备高考。可是就在这个时候，一场可怕的灾难降临在这个原本温馨幸福的家里，降临到已经年过花甲的边法定身上。

2013年前后，城拐村发展了奶牛养殖业。这一年冬天，边法定正在一家办喜事的人家里帮忙。妻子申安稳牵着两头奶牛准备去挤奶。这时，一辆小汽车鸣着喇叭从后面驶来，受惊的奶牛一阵狂奔，把申安稳重重地撞倒在水泥路上，她一下子晕了过去。边法定闻讯赶来，看到妻子的头上磕破了，已经不省人事，他连忙把妻子送进托克托医院的急诊室。医生看到申安稳意识模糊，反应迟钝，大小便失禁，诊断为"脑出血"。要想挽回生命，需要进行开颅手术，但是托克托县医院不具备这样的条件。边法定一听，立即决定转院。在进行了简单的处理后，救护车载着申安稳和边法定连夜向呼和浩特驶去，妻子在午夜时分住进了内蒙古医院重症监护室。内蒙古医院经过紧张的会诊，确定实行开颅手术，但是告知边法定：虽然手术可以保住性命，但是很可能造成终身瘫痪，要做好长期保养的准备。边法定一听，毫不犹豫地说道："做手术。只要保住性命，花任何代价都值得。"

手术很成功，申安稳脱离了生命危险。在昏睡了20多个日日夜夜之后，申安稳渐渐苏醒过来，她第一眼就看见边法定守护在她的身边，瞬间流下了眼泪。她说："你应该放弃治疗。以后我会拖累你的。"边法定说："看你说到哪里去了。我们是夫妻，是亲人，我会好好地照顾你。"

正如医生判断的那样，申安稳虽然暂时保住了性命，但是由于脑出血面积过大，手术后也不能完全恢复，而且造成了重度瘫痪。经过一个月的后续治疗，瘫痪现象一直没有改变。为了看病，边法定已经背上了巨额债务。边法定和妻子商量后，决定回家疗养。

这突如其来的打击，几乎把边法定击倒了。为了抢救妻子，他花了十几万元的医疗费用。这对一个普通农村人来说，绝对是一个天文数字。为了给妻子做手术，边法定掏空了多年积蓄，卖了奶牛，卖了四轮拖拉机……几乎卖了所有值钱的东西。虽然两个女儿也负担了一部分医疗费用，但是仍然欠下了巨额债务。正在读高中的儿子含泪放下书包，走上了去西安打工的道路。

生活给了边法定沉重的一击。一开始的一段时间里，边法定多次彻夜难眠，思量着以后的日子该怎样度过。原本乐观的他变得沉默寡言，两鬓迅速增加的白发印证了他内心的愁苦。空空的柜子里，只剩下一堆自己获得过的各种证书、奖状。他看着这些证书和奖状，一个坚定的信念像一团火焰冉冉升腾："我是一名共产党员，要处处起到先锋模范作用。对群众的困难尚且不能袖手旁观，难道让自己的妻子失去生活的希望吗？不，坚决不能。"于是他下定决心，即使有再大的困难，也要为妻子撑起一片蓝天。

于是，从2013年的春天开始，边法定就以极大的耐心和坚强的毅力当起了妻子的守护神。为了方便妻子休息，他特意购买了一张大床和一辆轮椅，放在本来就不大宽敞的房间内。为了有更多的时间照顾妻子，他把一大半土地租给别人耕种，自己则留了一小块村边的地种西红柿、黄瓜、茄子、豆角等应季蔬菜，为的是补贴一些生活费用。

从此，边法定的每一天就这样度过——

早晨起来，为妻子准备早饭。等妻子醒来后，把她从床上扶起来，帮助她把衣服穿好，上卫生间，然后是擦身、洗脸、梳头，再把妻子扶到轮椅上，把早饭放在轮椅面前的小桌子上，一勺一勺细心地喂饭。那个动作和细心的程度，仿佛是在照料一个三朝未满的婴儿。吃完饭以后帮助她刷牙、漱口，顺便打开面前的电视机——这是边法定唯一没有卖掉的物品。做完这一切后，边法定下地干活儿，干到将近9点的时候，他从地里回来。收拾完屋子，用轮椅推着妻子申安稳走到街上，晒太阳，和村里人聊天。更多的时候，是让妻子从轮椅上下来，自己亲自搀扶着她慢慢走路，活动身体。在外人看来，这种情景是十分舒适惬意的。可是谁能想到，每走一步，申安稳就要忍着剧痛，边法定必须使出全身力气搀扶，否则妻子就要摔倒。每走四五十米，边法定就会累出一身汗。但是为了申安稳身体机能的恢复，他必须要这样做。快到中午的时候，太阳的光线愈来愈强烈，边法定把妻子推回家让她休息，自己则抓紧时间做午饭——当然，午饭要征询妻子的意见，看她对什么食物有胃口，尽量满足妻子的需要。因为一个活动量很少的人，对食物往往是很挑剔的。有时妻子会想吃一些边法定不会做的食物，如酿皮、粉托、烧烤之类的食物，边法定就骑一辆破旧的自行车，去街上的商铺买回来。

　　午饭过后，边法定把妻子扶到床上休息。夏天的时候，他用一把扇子轻轻驱赶着蚊蝇，扇着凉风。冬天的时候，他小心翼翼地照看着火炉，使屋内保持适宜的温度，同时把洗净的苹果、橘子、香蕉、草莓、梨等放在床头，等妻子午休醒来的时候吃。下午的时候，他一般不去地里干活。等到下午3点以后，室外阳光充足，凉热适宜，他又用轮椅把妻子推出去，和上午一样，陪妻子慢慢走路、聊天。过一两个小时，又让妻子坐在轮椅上，推她回家。然后准备晚饭，晚饭过后，陪伴妻子看电视、聊天。晚上9点以后，给妻子洗脚、擦身，然后让妻子躺在床上，不断给妻子按摩、翻身，一直陪伴到妻子睡熟。

　　刚开始的那几年，妻子申安稳不忍看着自己的身体和心灵遭受双重折磨，不忍看着丈夫边法定这样辛苦操劳，常常大喊大叫："法定，我拖累了你，拖累了孩子。我活着没有任何意义。你就不要管我了，让我去死了吧！"并且故意绝食，摔砸东西，或者突然间痛哭不止。每到这个时候，边法定总是以超人的毅力和耐心去说服、解释："安稳，你就放心吧。你做了我的妻子，我就不忘记咱们当初的承诺，一起白头到老。你就是我生命的一部分，只要我们还有一口气，就要坚强地活下去。"精诚所至，金石为开。妻子申安稳听了丈夫的话，又流下了眼泪——不是痛苦，而是幸福和感动的眼泪。

这样的生活，已经形成了规律，而且这份坚守，从2013年春天到现在，已经9个年头。有一句俗语，叫"久病床前无孝子"，面对枯燥无味的生活，谁都有感到不耐烦的时候，谁都有情绪发泄的时候。别说是妻子申安稳，就是村子里的人，也有人表示："再有感情，侍候一两年是可能的。但是时间一长，谁也难有多么大的耐心。"因此，他们对边法定一家仅仅是同情，并没有特别的感觉。但是随着时间的推移，人们惊讶地发现，边法定的意志、热情、耐心、善良、坚贞等等，都远远超过了他们的想象。他们感觉判断错了，远远低估了一名优秀共产党员宽广的胸怀、高尚的品格和坚毅刚强的意志。于是，他们用另一种眼光重新审视边法定，审视自己的价值观。

他们开始宣传边法定平凡而感人的事迹，并用来校正自己的某些不适当的行为。在边法定的影响下，城拐村民风淳朴，就像一座世外桃源。村里的好人好事层出不穷，道德风尚更是令人赞叹。谁家有了矛盾，人们第一句话总会这样说："你看一看人家边法定两口子，咱们还有什么大事难事不能商量着解决吗？"榜样的力量是无穷的。于是，夫妻之间，婆媳之间，邻里之间，都能以善良友好的态度相处。外地来托克托县读书、经商的住户，也纷纷慕名来城拐村租房。因为这里不用担心半路租金上涨，不用担心出去忘了锁门，不用担心忘了买菜而无法做饭，不用担心亲戚来了没有住处……一句话，边法定用9年爱的守护，在人们的心中树立了一个道德的标杆，激发了人间大爱的力量。

为了有充足的时间照顾妻子，边法定不仅不能从事其他职业，甚至连地也不能多种，所以一直没有经济来源，只靠他和妻子两个人的养老金来维持生活。几个孩子由于各自有家庭负担，接济也限于逢年过节买些方便食品，如牛奶、饼干、面包等等。为了让妻子的营养跟得上，边法定十数年没有给自己添置新衣服，把节省下来的钱用在改善妻子的生活上。他专门为妻子制定了食谱，早上是牛奶、鸡蛋、馍片、油条、豆浆、包子、稀粥……一个星期内不重样。中午是米饭、馒头，一荤一素两个炒菜——蔬菜大部分是自己种的，整个夏秋季节，可以节约一部分菜钱。晚上吃一些容易消化的素食。边法定本来不会做饭，现在却掌握了厨艺，用他自己的话说："都是逼出来的。"可是，谁又知道这句话的后面，得需要多么强大的意志力来支撑啊。

边法定的悉心照料得到了回报。妻子申安稳的精神状态越来越好。我们去采访他的时候，看到他的妻子脸庞白白净净，容光焕发，头发梳得整整齐齐，一丝不乱。这就是边法定3000多个日日夜夜陪伴的成果。"桃李不言，下自成蹊。"尽管是平凡的一草一木，但是只要用辛勤和善良的汗水浇灌，也会绽放出艳丽夺目的花朵。

2020年，边法定的事迹引起托克托县双河镇的关注，在"我推荐、我评议身边好人"的活动中，边法定以高票当选为"托克托好人"。2021年，他的事迹经中共托克托县委宣传部推荐，边法定被内蒙古自治区精神文明建设委员会、中共内蒙古党委宣传部、呼和浩特市精神文明建设委员会、中共呼和浩特市委宣传部评选为第十届呼和浩特市道德模范。

边法定守护妻子的平凡事迹，已经过去了9年。9年间，他的事迹和影响在慢慢扩大，我希望这样温暖感人的事迹不仅局限在托克托县双河镇城拐村这样一个狭小的范围内，更希望他的名字和事迹走进更多人的心中，激励更多的人用爱来守护——守护我们的亲人和朋友，守护我们这个民族的良知和道德底线，守护我们伟大的祖国！

德耀青城
——记呼和浩特市道德模范、青城好人

爱的光芒
—— 记呼和浩特市道德模范杜倩

陈　刚

1

六月的青城，凉风习习，白云悠悠。呼和浩特每年的初夏几乎都是这样的情景。

在内蒙古大学桃李湖旁的一座楼上，在一个书香与花香交织在一起的小长廊里，我见到了久闻大名的青城道德模范——杜倩。这是一个满脸喜色的女子，留着齐肩短发，与她的瓜子脸很协调。柳叶眉下一双水灵灵的大眼睛格外有神，笑起来显得更加喜色。

杜倩，出生在黄河北岸的托克托县南坪乡，那里的人们勤劳朴素，乐善好施。杜倩的母亲就是一个非常乐善好施的农家妇女。逢年过节，她总会想着村里的孤寡老人和贫困家庭，哪怕是一盘糕、一碗肉，都会想着端去给他们尝一尝。

杜倩的母亲常常说："逢年过节家家户户都要吃点儿好的，但孤寡老人和贫困人家吃不上啊，可怜的！"在杜倩的记忆中，村里有一位她叫二奶奶的老人，母亲经常去看望她，杜倩也跟着去过好几次。杜倩家的院子里有一小片菜地，里面种着白菜、韭菜、水萝卜、黄瓜、芹菜、西红柿……实际上自己家连三分之一也吃不了，其余的都送给了别人。

母亲的善良行为，杜倩从小不但看在眼里，而且经常跟着母亲一起去做。这些早早地给杜倩幼小的心灵里种下了善良之根。如今，杜倩的母亲已年近古稀，严格意义上讲，她都需要别人照顾了，但她还时时惦记着周围的孤寡老人。2022年五一劳动节，杜倩回托克托县看望母亲时，母亲精神地说："走，帮妈妈拿上牛奶，去邻村看望一个孤寡老人去……"

杜倩本身是一名道德模范，却被年近古稀的母亲的举动又一次深深地打动了！她二话没说，拿起牛奶，带着母亲，开上车就出发了。

2

杜倩上五年级那年，爷爷去世了，奶奶的身体不好——已经瘫痪在床，杜倩就与奶奶住在一起，并伺候着奶奶的一日三餐和日常起居。在此期间，杜倩还学会了蒸馒头、做烩菜、擀面条、熬稀饭……两年半以后，奶奶安详地去世了。通过伺候奶奶，杜倩更懂得孤寡老人这个群体，特别是身体不好的老人——他们生活的艰辛与困难，实在令人心疼。

杜倩大学学的专业是企业管理，她非常热爱读书，喜欢花草，也喜欢花艺。大学毕业后，她还在不断读书，学习花艺技能。她还是呼和浩特微朵公益书屋和微朵花城的创始人。

方舟启智花店是一家残疾人公益花店,这里的工作人员是十几位残疾人。杜倩每隔几天就得去培训一次花艺技术,而且系统培训需要很长时间,有的可能需要几个月,甚至更长的时间。虽然这样做十分耗时间、耗精力、耗钱财,但杜倩一直在坚持。杜倩说,残疾人是弱势群体,应该尽可能地让他们学一门技术,首先能把自己的基本生活解决了,同时不仅能为社会和国家减轻负担,甚至还可以为社会做贡献。听到这里,我突然感觉杜倩就像雨后的一道彩虹,是那么美丽,那么温暖!我相信,雨露滋润禾苗壮,万物生长靠太阳,方舟启智花店的未来会更加美好。

3

2000年,杜倩开始参加公益事业,如今她已经是内蒙古爱心之家公益协会呼和浩特市分会会长(以下简称爱心协会)和妇联主席。

22年的公益之路,她走访了呼和浩特地区无数个困难家庭和困难人员。截至目前,爱心协会固定救助的困难人员是121名,主要是留守儿童和贫困孩子。武川县有一个上小学的孩子,父亲是残疾人,家里还有一个需要伺候的年迈的奶奶,而他一个人从村里来到县城读书,放学后回到租住的房子里烧水做饭,有时不是没米就是没面。孩子还小啊,干的却是成人的事儿。现在好多上高中的孩子,还得家长接送,而这个幼小的孩子却以单薄的肩膀顽强地负重前行,让人看了心酸不已。内蒙古爱心协会决定帮扶这个孩子读书到大学毕业,承担他上学期间所有的学费和生活费。

4

2020年,新冠肺炎疫情爆发后,杜倩立即组织协会有关人员启动了应急预案。他们通过微信及其他网络平台通知志愿者协助当地政府和有关方面进行防控工作。

从2020年1月29日起，杜倩开始联系购买防护服、防护面罩、护目镜等防疫物资，并主动承担起内蒙古第四医院、呼和浩特第二医院等防疫一线医院的物资捐赠工作。同时，还向呼市第一医院、呼铁局铁路公安处、新城区东风路东影北街社区捐赠抗疫物资，为赛罕区38所学校、回民区43所学校、玉泉区38所学校以及土左旗民族学校、托克托县学校等捐赠开学前校园消杀物资。

杜倩不但组织抗疫物资，而且亲自装卸、拉运，因为抗疫期间物资装卸的工作量实在太大，杜倩的胳膊直到现在还有点儿疼。那段时间不能按时吃饭，饿了就凑合吃盒饭、方便面，有时没有开水，大家就干吃一包方便面；渴了，没有开水就喝几口冷矿泉水，没有矿泉水，就直接喝自来水。杜倩看着志愿者们的辛苦付出，心里既心疼又欣慰——如此艰苦的环境，没有一个人退缩，大家用爱心燃起一团火，温暖着彼此，温暖着社会。

在抗击疫情期间，杜倩深深地感到，不管是隔离人员还是医务人员，他们都很辛苦，心灵都需要得到安抚。人性化的爱护才是最有效果的爱护，于是，在2月14日前夕，杜倩组织志愿者制作了300多束康乃馨和玫瑰花，分别送到内蒙古自治区第四医院、呼和浩特第二医院，为奋战在抗疫一线的医护人员送上特别的节日礼物。收到鲜花的年轻人非常激动！他们隔着手机屏幕向自己的恋人"献花"，屏幕那头的恋人露出了甜蜜而幸福的笑容。看到这一幕，杜倩欣慰极了。

3月8日妇女节之际，杜倩带着鲜花慰问了内蒙古军区保家卫国的警花和守护社区的志愿者们，为她们送去了节日的问候和祝福。

杜倩自己有三个孩子，我问她："你在外面做公益，家里的孩子怎么办呢？你爱人支持你吗？"

杜倩骄傲地回答："爱人非常支持，别说他了，我家大女儿还召集了她20多个同学加入我们的志愿者团队。另外两个小的有时我哥嫂给带着呢。实际上我哥和嫂子也是志愿者，他们当然支持我了！"

从杜倩的母亲、杜倩本人到杜倩的大女儿，三代人都在做公益，这就是我们中华传统美德的传承。而且美德是可以感染人的，杜倩带动了亲人、身边人以及更多的人走上了公益之路!

5

爱心协会的宗旨是"敬老、助残、助小、济贫",但其实际行动早已超过了这些范围。墙面、地面、电线杆上乱贴的小广告等白色污染以及其他垃圾,都是他们清除的对象。老百姓看到他们捡垃圾,总会伸出大拇指称赞。有一次,一位老大爷看到杜倩他们在一个小区里清理墙壁上的小广告,以为是环卫局的工作人员,当了解到他们是志愿做公益的,而且做了好多年,老大爷伸出大拇指称赞道:"这是有德行人家教出来的好孩子!好!"

在做公益事业的过程中,杜倩发现有的爱心人士其实自己家里都很困难,但他们还要参加志愿活动;有的志愿者家庭也达到了被资助的程度,但他们仍一腔情怀为别人做好事。杜倩看到这样的人非常感动,更加坚定了自己做公益的信心和决心。

5000多人的协会,体量很大,部门也比较多,有办公室、妇联、律师部、医疗部……而这些部门的负责人和志愿者全部是义务奉献,没有一分钱补贴。

杜倩在接受采访的过程中,几次被电话打断,从谈话内容上可以听出是关于志愿服务活动的安排。杜倩的日常生活一直就是这样忙忙碌碌的状态。

6

我看着杜倩脸上洋溢着善良与幸福的笑容,便羡慕起她是三个孩子的母亲了:"杜会长,您有三个孩子真幸福啊!您刚才说大女儿已经上大学了。那老二和老三多大了?他们都上几年级了?"

"陈老师,是这样的,老二和老三是收养的。老二是女孩,今年10岁,上四年级;老三是男孩,今年9岁,上三年级。"杜倩说。

听了杜倩的回答,我大吃一惊,收养了两个孩子!我脑子一时蒙住了,用了好长时间才确定没听错。收养孩子,这可不是资助孩子,只出一些钱,时不时看望一下那么简单。收养,首先是法律上的确认,一切等同于亲生孩子,其次,培养一个孩子付出的心血、资金是无法估量的,或许还有来自家庭、亲人的阻力等等。收养一个孩子都要经过深思熟虑,考虑到方方面面,何况收养两个孩子!这需要何等的勇气、决心才能做到呀!

爱心协会成立以来,杜倩和广大志愿者发现清水河县的贫困地方比较多,于是对清水河县给予了更多关注。在清水河县韭菜庄乡做公益的时候,他们听老乡们说在本乡双合子村有一对年近古稀的老人带着一对亲姐弟生活,极其艰难。这对老人是两个孩子的爷爷奶奶,而且奶奶还患有精神疾病。

经详细了解,杜倩得知两个孩子的母亲在男孩8个月、女孩不到2岁时离家出走了。之后,孩子的父亲和亲戚朋友找了很长时间也没有结果,孩子的母亲彻底失联了。后来,孩子的父亲再婚,把两个孩子扔给了爷爷奶奶。奶奶患有精神疾病,发作时,揪住哪个孩子就踢打一顿,孩子的爷爷对此也是防不胜防。

杜倩和志愿者们听得泪水止不住地流,大家都为这两个孩子的不幸遭遇感到痛心。伤心过后,杜倩冷静下来思谋:这一家人往后怎么生活?老的老,小的小,光靠爱心人士捐助一点儿吃的穿的,实在太有限了。而且现在两个孩子本应该上幼儿园,可是双合子村在大山里,去哪儿找幼儿园?即使有,又靠谁来接送?还有,将来孩子上小学、上初中……谁来接送?学费、生活费……钱在哪里?那时候爷爷奶奶越来越老,谁来管这两个孩子?

这一系列问题,让杜倩和广大志愿者的心无法平静下来。

回到呼和浩特,杜倩一行就组织各个部门召开理事会,商议两个孩子将来如何帮扶的问题,比如怎么体检,怎么上幼儿园,怎样轮流照顾孩子等等,基本达成了一个具体方案。

2016年5月28日,杜倩一行再次来到双合子村,以协会的名义与两个孩子的父亲签了一份收养协议书,其中有一项是孩子每年寒暑假期间回村里和爷爷奶奶住一段时间,目的是不能让孩子忘记了自己的亲人和家乡。签完协议后，协会就将孩子接到了呼和浩特。

接回呼和浩特后，起初，两个孩子是在这个志愿者家待一个星期，那个志愿者家待一个星期，在杜倩家也如此。这样轮流了近两个月，两个孩子最终落脚在杜倩家里。虽说如此，但只要杜倩有事，别的志愿者也会照看孩子，只是时间相对会少一些。

自从把两个孩子接回家中，杜倩就密切观察大女儿的变化。终于有一天，女儿突然把自己关在屋子里，也不和他们说话。杜倩赶紧走进女儿的房间，问："闺女，有什么心事，你给妈妈说说？"

女儿抬头看了看妈妈，眼睛里一下子溢出了泪水。

杜倩的心里也早已按捺不住，她的眼泪比女儿流得更多："闺女，你知道吗？小妹妹和小弟弟是两个苦命娃娃啊！他俩一个不足2岁，一个才8个月大时，母亲就离家出走了，随后父亲再婚，年迈的爷爷和奶奶抚养他俩，而且奶奶还患有精神疾病，动不动就对他们拳打脚踢。这么小的两个孩子，哪能经受得住呀！其实，妈妈第一次见到小妹妹和小弟弟，就生怕他们有一天被奶奶打出个三长两短来，甚至发生更可怕的事情！妈妈也知道，原来咱家就你一个宝贝，所有的爱都集中在你一个人身上。现在就得分成三份了。小妹妹和小弟弟自幼就是两个苦命娃娃，所以我们不能看见不管啊，更不能袖手旁观！这也是我们的社会责任。所以……"

女儿哇的一声哭了："妈妈，您不要再说了，我都知道。实际上我也非常可怜小妹妹和小弟弟的，就是有时候也不知怎么回事，心里不舒服。现在好了，以后我会好好照顾小妹妹和小弟弟的。"

这时，杜倩抱紧女儿，眼含泪水，脸上露出了欣慰的笑容。

在后来的这些年中，大女儿越来越爱自己的小妹妹和小弟弟，特别是上大学到了外地，时不时打电话或开视频，关心小妹妹和小弟弟的学习情况。此外，她也逐渐关心起妈妈的公益事业、爸爸的生意来……

杜倩的大女儿很优秀，如今已是一名大二学生。社会公益无处不在，大女儿在家，就是呼和浩特的青年志愿者，到了学校又是学校的志愿者。她不光自己做公益，还经常号召身边的同学也去当志愿者。为此，她的爸爸妈妈、姥爷姥姥、姑姑舅舅……整个家族都为她骄傲！

7

两个孩子刚到呼市时，尽管三四岁了，但都不会说话，毕竟那么小就由爷爷奶奶抚养，想着只要不饿着冻着就行，爷爷多数时间在地里干活，奶奶患有精神疾病。所以两个孩子除吃饭喝水、换洗尿布时爷爷过来操持一下，说几句话，其余时间根本不和他们说话。没有良好的语言环境，孩子的表达能力肯定是欠缺的。

在如今的社会情形下，家里有一个3岁和一个4岁的孩子是一种什么样的概念？况且杜倩自己还有一个孩子，也就是说一家有三个孩子。大人能正常上班吗？能按时吃饭、按时睡觉吗？杜倩说孩子刚来呼市时身体素质很差，经常闹病，跑医院是常有的事。半年多时间她才教会孩子上厕所，教会他们说话……而这些不仅靠杜倩，还有丈夫，就连杜倩的大女儿也经常上手帮忙。

听着杜倩的讲述，我不由得想起了"草原母亲都贵玛"那副慈祥的面容。而眼前慈眉善目的杜倩不也是一位年轻的都贵玛吗？

随着孩子渐渐长大，从幼儿园升到了小学，但由于没有本地户口，两个孩子上的是私立学校的"高价生"，因为是寄宿学校，包括学费和伙食费，每年需要4万元左右的费用，加之两个孩子学习画画、古筝，又需要好几万元。令人欣慰的是，学校以及画画班、古筝班非常理解两个孩子的处境，以上费用给减免了一半，不然每年就得十几万。杜倩说市文明办、市妇联都很关心这两个孩子，大部分学费是由爱心企业赞助的，所以目前经济几乎没有问题。

杜倩说她现在正给两个孩子设计一个上下铺的床位，毕竟孩子越来越大，在一起生活和学习都不方便。我说那就得又增加一个卧室了，杜倩笑着点了点头。孩子上小学后，正常他们都是周一早上送去，周五晚上接回来。

自从把两个孩子接到家里，每天晚上都是杜倩搂着他俩睡觉，想到马上要分开卧室住了，杜倩反倒有点儿舍不得了！

星期天，杜倩喜欢领着两个孩子去公园玩耍，她想让孩子们亲近自然，感受一下公园里的花花草草。因为杜倩是一名花艺师，她知道人要多接触大自然的重要性。女孩的小手一直握着妈妈的一个指头，她每走几步就在妈妈的手背上亲一口。杜倩感到很温暖，但又不太明白孩子的这种行为是要表达什么。想着想着，杜倩的脑海里出现了孩子爷爷奶奶家的情景，一股酸楚不由得涌上心头……

近几年来，每到寒暑假，杜倩都会把孩子带回双合子村的爷爷奶奶家，让他们两个住几天，可是孩子们怎么也不住。一方面，孩子很小就离开爷爷奶奶，对他们的记忆有所淡漠，感情也没那么深了，住在爷爷奶奶家，就好像住在陌生人家里；另一方面，两个孩子住惯了城里，回到山村，各方面条件受限制，孩子们都不习惯。杜倩说即便如此，今后寒暑假她依然会带孩子回村看望爷爷奶奶，毕竟，那里是他们的根，有牵挂他们的亲人，孩子们必须记住这一点。

在果果9岁、二旦8岁时，他们的奶奶因脑出血去世了。

8

几日后，我在呼和浩特新华公园见到了果果和二旦。

新华公园坐落在回民区政府机关大楼的对面，这里古树参天，湖水环绕，空气清新，大树下围坐着一圈乘凉的人，闪闪烁烁的阳光照在身上，温馨又美丽。公园里有拉二胡的，有坐在阴凉处下象棋的，还有唠嗑的……好一个惬意的地方！

在公园北端，我远远看见杜倩左手拉着一个身穿粉白色连衣裙的小女孩，一双有神的大眼睛，笑起来甜甜的，很可爱；右手拉着一个身穿运动服的小男孩，身体很结实，走起路来就像要跳起来，也是一个非常精神的小帅哥。他们欢快地向我走来。因为先前与杜倩有约，两个孩子一见到我就大声喊："爷爷好！"非常有礼貌。

两个孩子正在换奶牙，感觉可爱极了。杜倩和我说一有机会她就会带着孩子来这里玩，公园里环境好，对大人小孩的身体都有好处。我把自己出版的《生态鄂温克》作为见面礼赠送给两个孩子，没想到两个孩子还挺喜欢，立刻就翻阅开了，可以看出杜倩对孩子们在读书方面兴趣引导得很成功，因为杜倩就是一个非常喜欢读书的人。记得和一位本地教育工作者说起读书，他说："无论是大人小孩，只要能拿起书来，那么他的成长就赖不到哪里去！"

此时，从孩子的活泼快乐、文明礼貌、热爱阅读等方面，已不难看出杜倩教子有方了！

我们向公园的南面走了一段路，在一棵大树下面的环树木椅上坐下，这儿树荫很大，空气通透。二旦有些坐不住了，在周围蹦蹦跳跳起来，杜倩觉得二旦在我面前来回蹦跳，有点儿不好意思，便让二旦坐下来好好说话。我说这才叫男孩子呢，在这宽敞的公园里蹦蹦跳跳对身体是最好的锻炼，活蹦乱跳的孩子更有出息。二旦听我这样说，笑着蹦跳得更欢快了，多么健康活泼的孩子！

杜倩说，二旦除了喜欢画画，还喜欢打篮球，这时二旦的眼睛里一下就流露出自信和骄傲的神情，果果看着弟弟喜笑颜开的样子也很高兴。

临别时，果果突然说姐姐再过两天就回来了，二旦也激动地说他早就想姐姐了。这发自内心的童声好亲切啊！杜倩说去年她开人代会封闭了5天，全是大女儿在家里照顾他俩。

分别时，杜倩一手拉着一个孩子，孩子一边回头与我招手说再见，一边欢快地蹦跳着，望着他们三人远去的背影，我觉得杜倩的大爱依然任重道远，也觉得这两个小可爱在杜倩一家以及社会爱心人士的关心下，将来一定会成为栋梁之才！

"博爱之谓仁，行而宜之谓义"，杜倩从博爱之路走上仁义之道，其行为超越了血缘亲情，一如草原上无私接受三千孤儿并抚养成人的草原额吉，永远闪耀着不灭的爱的光芒！

铁汉仁心

——记呼和浩特市道德模范韩四虎

胡国栋

韩四虎从来都没想过，一个在庄户地里滚爬了50年的乡村医生在退休之后竟然成了名人。

2016年起，内蒙古自治区"草原健康卫士""内蒙古好医生""青城健康卫士"、中国"最美接种医生""中国好医生""中国好护士"、呼和浩特市道德模范等十多项荣誉接踵而至。之后不久，韩四虎出现在了中央电视台一套的《新闻联播》中。众多的光环一时拥向这个曾经籍籍无名的庄户人。

  69岁的韩四虎出生在武川县中后河乡东后河村，他18岁做乡村医生，在这片土地上为乡亲服务了50年。当地丘陵相连，村庄陋小，262平方公里的土地上散落着48个村庄，在村村相连的乡间小道上，50年间，他像一只勤劳的蜜蜂往来穿梭。自行车骑坏了5辆，摩托车骑坏了4辆，他每天都在重复的路上做着重复的事情，除了接种疫苗，就是为村民治疗常见疾病。

  在乡人看来，韩四虎还是那个韩四虎，每天出现的一瘸一拐的韩四虎，一个日渐老迈又活力不减的韩四虎，一个乡人离不开的好人韩四虎。他依然骑着破旧的摩托车四处奔波，其实这个信念如铁的汉子并不那么坚强，他只是靠顽强的意志支撑着他残缺的身体，在践行一名乡村医生的职责。

一、汉子

  2019年5月20日，武川正值农忙时节，一个让人震惊的消息在中后河48个村庄传来传去：韩四虎在去往红山子村的路上出了车祸。麻绳总是从细处断，残疾了60多年的韩四虎的身体又遭受了一次突如其来的重击。

  他本来是要给十几公里之外的一个农妇去输液，那个女人得了肠胃炎，上吐下泻得厉害，非常痛苦，她的丈夫及其子女电话一个接一个地催，韩四虎似乎感觉到了对方所经历的病痛。

  天还没亮，这个时节大青山地区早晨的风凉飕飕的，刚刚大修过的摩托车动力显得十分强劲，韩四虎心系病妇，加快了车速，行驶中的摩托车后轮在滚动的小石子上跳跃了一下，然后侧滑，韩四虎被惯力甩出，脑袋撞到了坚硬的公路上，这时候，韩四虎的意识里一直响着不断的手机铃声，但他已经没有了举手之力……

  一个等待救助的病人家属变成了施救者，在得不到韩四虎的信息之后，病患的家属感觉到了不妙，他们顾不上自家的病人，沿着大夫的来路寻了过去。果然，他们看到了不愿意看到的一幕：韩四虎躺在公路上，他的脸上凝固着一团血块，摩托车的后轮还在转着，排气筒冒着淡淡的青烟。用手摸摸他的鼻子，似乎还有微弱的热气……这个奄奄一息的乡村医生被抬到了他熟悉的卫生院。一个曾经的同事为他处理包扎了伤口。

没有多大事儿！尚能言语的韩四虎这样安慰着周围的人们。闻讯赶来的儿子见到父亲处于半醒状态，说话语无伦次，知道他伤得不轻，拉上他直奔呼和浩特。

韩四虎头部受伤，上下眼睑撕裂。内蒙古附属医院急诊科眼科值班医生第一时间为他处理了伤口，共缝合50余针。因感觉没有其他不适症状，加之放心不下镇上的医务工作，韩四虎坚持要求回家自行养伤。

正当人们认为这是一场虚惊时，6月9日晚上，韩四虎出现剧烈头疼，他再次到附属医院急诊科就诊。经过头颅CT检查，显示"双侧额颞顶硬膜下血肿"，有脑出血症状。神经外科主任得知情况后，第一时间向院内申请了"绿色通道"，所有的医生和护士都知道他们抢救的是一个"中国好医生"于是以最快的速度为他办理了住院，然后进行脑血管、头颅核磁，快速制定治疗方案。韩四虎是幸运的，他得到了最好的治疗，又一次转危为安。

韩四虎在内蒙古附属医院进行抢救的日子里，乡亲们都觉得韩四虎凶多吉少，40多个村落的留守村民都陷入了深深的悲伤和牵挂中。有人不断地向乡卫生院打探消息，还有人给韩四虎的亲戚打电话，询问韩四虎的病况。人们聚在一起，韩四虎的话题像热油锅里放入的油麻籽，引得七嘴八舌，噼里啪啦：

"这好人怎么不得好报啊？"

"四虎这回怕是要彻底残废了！"

"他就是保住命也会跟着儿子在呼市养老养病。"

"他走了，咱们这些老弱病残谁来搭照？"

几天后得到准确消息说，韩四虎经过专家的抢救，已经从昏迷中苏醒过来。当得知韩四虎没有生命之虞，人们长出了一口气，庆幸这个一生多灾多难的好人保住了性命。但这个消息仍无法消除这些留守老人们心中的焦虑和不安，摸过阎王鼻子的韩四虎残上加残的身体会不会从此告别乡医？每当他们身体不适，只要拨一个电话过去，那个摇摇摆摆的身姿就会出现在身边的日子不会再有了。

40天后，韩四虎回来了。

他走路依旧一瘸一拐，不紧不慢，脸上的笑容映出一个铁打汉子的从容，虽然刚刚和死神握过手，只不过是给这个经历过太多苦难的乡村医生额头上添了一处显眼的伤疤。

他冷清的家门顿时挤进了许多乡亲，他们不是来找他看病的，他们手里提着东西来看望这个特殊的病人，人们心里都默默感谢上天，让这个好人留下一条命，虽然他们并不指望这个天使般的好人能继续给他们送医送药。

就在人们猜测韩四虎会不会远走呼和浩特去养老养病，他竟然到卫生院上班了，有太多的资料需要去上报，有太多的表格需要他填写，有太多的病患需要他后续的方剂治疗。显然，没有什么能阻挡他去干他心中热爱的工作。

几天后，韩四虎买回一辆老年代步车，这个有着四个轱辘的家伙，稳稳当当地行驶在乡村的土路上，车上放着他的药包和药箱，人们的心里除了涌起一阵感动，觉得心里也踏实了许多。所有的失落、忧虑在那一刻，仿佛被西北风吹散了。

汉子！这几乎是所有人对这位残疾老人的定义！他的身体看上去七倒八歪，但支撑这具永远一副铮铮铁骨身子的是他的仁心、他的善念、他一心利人的信念。

"我的残疾之躯，能够成为有用之身，这让我韩四虎心里充满了感激之情，无以回报，只能做好我自己能做的事，每天才能吃得香甜，睡得踏实。"

这是韩四虎对我的采访给出的最简单也最沉重的答复。

二、样子

这个乡的四五十个村庄，韩四虎无人不知无人不晓，这些人家有多少地，有多少只羊，他们的儿女在哪里，这些人血压高低，身上有什么老毛病,他都了如指掌。

而这些乡下人,几乎每个人都记得韩四虎有一双粗糙的手,他们身上的病痛就是这双手给驱走的。他脸上的笑容像哈巴塔尔梁的太阳,四季温暖,没有人见他动过怒,面对病患,他的脸上从没有显示过厌烦、恼怒、惊讶、失望,他只会把笑容传递给病人,那双手温暖、熟练、沉稳,经这双充满温情的手的抚慰,多少颗焦灼不安、惶恐万分的心都会安定下来。

这就是好人韩四虎的样子。这个样子,他保持了40多年,这道沟里的人都熟悉他的样子,

韩四虎的身体本来可以像他三个"虎兄"那样高大挺拔,虎虎有生气。但老天爷似乎表现得很不公道,他来到人世间不到100天便被命运无情地摧残,小四虎成了一只"病猫"。当他日夜啼哭,劳累又粗心的父亲发现了他的胯部满是红肿,便到十多里的乡卫生院找了一个半中医半兽医的庸医去看,那人说生疮化脓了,破了口子挤了脓就会好。他的误诊耽误了最佳治疗时间,而真正的根源其实是胯骨关节脱臼,但已痛失救治时机,这对于这个小生命意味着什么?母亲痛心绝望,哭晕在医院:娃还没有学走路就残废了,将来他可怎么走这一辈子?

他还没有迈出来到这个世界上的第一步,就被打上了残疾人的烙印。

灾难不断地降临在这个不幸的家庭里,在他3岁的时候,36岁的母亲去世了,只是因为一次出血,在今天的医学看来不过是一次普通的妇科疾病,但就是这样一种病剥夺了他母亲年轻的生命。

一个没有母亲呵护的残疾幼儿,他的童年何其坎坷,他贱如草芥,但他坚强地活了下来。

当同龄的孩子蹦蹦跳跳的时候,他只能躲在角落里看着大家,他的心里充满了悲观和绝望,他盼望有一个神仙能用灵丹妙药把他残缺的腿治好。当年龄大些,他知道没有任何人会拯救自己,便开始考虑自己的人生之路。他见过残疾的手艺人,做纸扎、吹鼓匠,也听人说过,城里有缺胳膊断腿的人乞讨,还是能养活自己。

韩四虎心里一阵痛,一阵怕,他不想做废人,不想被人看不起,他下决

心要做一个有用的人!

在艰难跋涉的人生路上,他亲眼看到过许多人间悲剧:因为使用药物不当而成为聋哑人的聪明玩伴;一个漂亮小姑娘被野狼咬伤,脸部感染而变得面目狰狞;一位难产的母亲和她腹中的婴儿一起在痛号中力竭而死;一个年轻的后生被急性阑尾炎夺去青春蓬勃的生命;负气的少女服用老鼠药不得救治而花容凋零……

这样的悲剧伴随着乡下人们的生活,那些善良的人都是因为缺医和少药离开了他们万般不舍的亲人。虽然做一名救死扶伤的医生这个梦想离他那样遥远,但至少在他心中的萌动不曾停息。

一个叫赵汉臣的医生的出现点燃了他希望的火苗。

这个人从医科学院毕业,因为历史问题被下放到这里,不仅怀有一副侠义心肠,还有一手高超的治病医术,中西医皆通。在这一带的乡村里他是人们心中的救命之神。现在,尽管他已去世多年,民间仍然流传着他许多妙手回春治病救人的故事。

赵汉臣是一名非常称职的乡村医生,他医德高尚,医术高明。在所有的老百姓面前,他是那样平易近人,从来不会看人下菜碟,更不会为了钱而施救病人,他骑辆破旧的自行车在乡间小道上风雨无阻,不分昼夜,好多次摔到沟里昏迷不醒,又爬起来不顾疼痛赶到病人家里。他解救的病人难以计数,而且他从来不计较病人家里给他吃什么喝什么,也不需要病人家属对他酬谢,最奢侈的莫过于喝一杯劣质的烧酒,这就算是最好的答谢。

韩四虎想成为赵汉臣那样的人,凭一身真本事游医乡里,除病去疾,扶伤息痛,这个人生目标无时无刻不在他心中闪现。他崇拜赵汉臣,每当看到他给人看病,韩四虎便瘸着腿立在赵汉臣身边,专心看他把脉,看他问病,看他开药,看他行针……尤其着迷他那个写着"为人民服务"五个字的医药箱,仿佛那是传说中神仙藏有灵丹妙药的宝葫芦。

赵汉臣也从这个不声不响的残疾小孩眼中读出了他的渴望,甚至看到了自己的影子——倔强、善良、好学。他已经暗暗喜欢上了这个娃娃:"你想学医?"这个长着黑亮眼睛的小孩急切地点着头,眼里充满了渴求。

"乡村医生不能心存一点儿歹念,不能靠这个发财,很难睡一个安稳觉,不能拒绝任何一个病人,你做的每件事都关乎人命!你要想好了,我就收你为徒!"

"早就想好了,我就是要当医生!"

他艰难地扭动着身子要跪下行拜师礼,赵大夫转身扶起了他,对身边的人高声宣示:"我要收韩四虎为徒!"

这一年,韩四虎12岁。就是从那一天起,韩四虎拜师赵大夫,跟随他出诊行医,这位乡村医生的一言一行,对韩四虎后来的行医路起到了引领和表率作用。更为重要的是,韩家一家老小都支持这个娃从医,在他们看来,一个腿有残疾的人当医生是最好的选择,不像当农民那样需要一个健壮的体格。

不久赵大夫告诉他一个好消息,县第一中学要办一个初中中医班,除了当时规定的教程,有一门专业课——赤脚医生基础知识,是专门为培养赤脚医生打基础的。当时的乡村医生有着全国统一的称号——赤脚医生。村里人则叫他们赤脚板子大夫!

少年韩四虎怯生生走进县城,跨进了初中中医班的教室,在这里,虽然所学的医学知识量极少,但毕竟他已经踏上了做医生的台阶。

在这期间,赵汉臣一直关注他的这个小弟子,并发现这个孩子大多数时间里都在读他给的那些医书,勤奋好学,也勤于实践。有一天,赵大夫出诊回来,在附近的山梁上看到了韩四虎,原来他在挖药材,有秦艽、防风、柴胡、黄芪、甘草。他说一方面自己可以亲自认识这些药材,另一方面可以通过挖药材,挣些钱买点儿医疗类的书籍和医疗器具。

韩四虎怯怯地说:"赵老师,我很心虚,肚子空得像鼓,在学校甚东西也没有学下,怎么治病救人?"

"县卫生局和卫校要办一个红医班——专门为培养赤脚医生的,我推荐了你。这是你人生最关键的一步,这三年你要努力填充自己的基础知识,增加临床经验。"

赵大夫没有再说什么,而是把他温暖的手掌放在韩四虎瘦骨嶙峋的肩头上。夕照把两个人的影子投向故乡的原野，韩四虎的心里温暖、充实、感动，那条残腿仿佛注入了一股前所未有的力量。

三年后，韩四虎从红医班毕业了，他凭借自己的真才实学和赵大夫的力荐回到大队当了赤脚医生。这一年，他不到18岁。

有了和赵大夫一同出诊的资历，他还需要更多的临床知识。一天夜里有个急诊，赵大夫路过喊上他，两个人共骑一辆自行车，他驮着赵大夫，结果路上自行车不堪重负突然爆胎，赵大夫重重地摔了下去，爬起来试试腿脚还能动，俩人只得推着自行车一瘸一拐地走向病人家。

患者是个产妇，生产提前，送医院已来不及，可又没有人接产，韩四虎这只"鸭子"被赶上了架。女人哭喊得撕心裂肺，旁边年轻的丈夫头上冒着汗，婆婆、公公急得在院子里不停地来回走。

初次经历这种场面，尚未结婚的韩四虎显得有点儿手足无措，他的眼睛都不敢在产妇的脸上身上停留，脸颊涨得通红。看出了年轻人的尴尬，赵大夫高声提醒他："四虎！别忘了你是个大夫！病人比天都大！"

从此，韩世虎记住了这句话，病人比天都大！

赵大夫的话像一束光打进韩四虎的心里，他一把拉过产妇的丈夫，平静而严肃地说："你听我的口令！"他找出一本乡村医生手册，翻到接产的内容，逐条按照规范要求命令产妇的丈夫做，折腾了很长时间，终于一个男婴的啼哭声响彻小小的农家院，院里流溢着添丁的喜悦。

那一刻，韩四虎感觉到了做乡村医生的神圣。他信心大增，每天挎着药箱伴着一匹老马走村串户，那个药箱今天仍然挎在他的肩上，"为人民服务"那五个字依然锃亮。

那时候，赤脚医生除了诊治常见疾病，还要接种各种疫苗。他走村入户，一门心思为那些接种儿童登记注册，生怕漏掉一个。

此外，他每天都要面对各种各样的患者，对于头疼脑热拉肚子，他有足够的治疗手段。但更多时候是一些疑难杂症，这令他束手无措。病人痛苦的表情，令他自责和羞愧，他觉得自己应该不断地学习，因为只有拥有真才实学才能效力于乡亲。这期间，他阅读了大量的医学书籍，治病诊病的能力和手段大大丰富。

那时候公社卫生院正缺一名专职接种员，考虑人选时，老实巴交的韩四虎凭着他的务实肯干和专业技术为自己赢得了一片赞许举荐之声。

"韩四虎是个好好！"赵汉臣说。

"韩四虎就是个好好！"其他人都说。

"好好"是武川方言，包含的内容很丰富：向上，肯干，能干，有前途。"好好"也是乡亲们对韩四虎四年赤脚医生的经历给出的最好评价。

他获得了这份令许多乡村医生羡慕的工作。就这样，他背着他的药包来到了公社卫生院。他没有想到，这个破烂的院子里将是他穷尽一生年华并甘为孺子牛的地方。

当时条件差，韩四虎最初是骑马去各个村接种，后来是骑自行车，他的那条残腿从来没有拖累过他前行的脚步，他的心里有一种别人无法理解的信念。

春节过后，他去20公里外的公忽洞村接种，这里毗邻希拉穆仁草原，当时正逢天降大雪，天地白茫茫一片，积雪没膝，根本找不到路，自行车只能扛在肩上。他深一脚浅一脚在漫无边际的天际中寻找目标，也不知过了多久，天渐渐黑下来，他看到了远处的灯光，在经历了4个小时的雪地挣扎后，他得救了，但他的身体却多处冻伤。

韩四虎的信念促使他将一切置之于外地拼命工作，认真地完成一名乡村医生职责之内、职责之外的工作。由于在接种防疫上极为认真，且业绩突出，韩四虎被指定为专职接种医生。

说是接种医生，其实干着乡村医生所干的一切工作，中医、西医，儿科、妇科、骨科，用他自己的话说，凡是碰到的病患他不可能绕着走过去，如果超出他解决的范围，就向他们推荐他们该去的地方，如果有能力他就帮他们找该去的医院和专家。

多少年来，他对所负责的48个村庄近2000口人，已经做到了如指掌的程度，从他的手中不会漏掉任何一个人。正因为如此，他的工作效率达到了一个非常高的指标，疫苗的普及率达到100%。

1988年，武川县搞了一次"两麻"大会战（即麻疹、小儿麻痹接种会战），时间紧、任务重，而那时又没有冰箱冷藏疫苗，只能利用寒冷的季节抓紧接种。时值初春，后山地区仍寒气袭人，一场罕见的大雪过后，积雪没过了膝盖，吹起了白毛风，大多数人都守着自家火炉，盘坐在火炕上，或几个人打扑克，或喝点儿小酒，享受年后的休闲时光。

韩四虎孤独的身影在厚厚的雪地里挣扎，奋力迈动他的残肢破雪而行。大青山后的村庄之间距离都很远，但这无法阻挡这个乡村医生从这个村跑到那个村，他仅用一个月时间就跑遍全乡48个村庄，共给400多名儿童接种了疫苗，接种率达到98%以上。然而他的手脚以及耳朵都遭受冻伤，身体消瘦了十几斤。

人心换人心，韩四虎的贴心服务乡亲们看在眼里，热在心头，日久天长，村里人把他当成了亲人：家里的母鸡要等着四虎来了才炖，孩子捎回来的稀罕食品四虎来了才拆封；大娘拿出多年未动的针线纳鞋底，千针万线做好千层底布鞋，大娘说四虎的脚一只大一只小，比着他的脚做才穿着合脚。穿着这双鞋，韩四虎的心被融化了。

接种后的幼儿有时会出现轻度发烧或针眼处红肿，家长们便万般担心，电话频催，有时候夜里他已经睡着了，接到电话后二话不说，起来骑着摩托上路，冒着冷风钻入漆黑的夜晚，从无半点儿怨言。对于家长听到他亲口说孩子没事后的歉意，韩四虎总是以微笑回应。

当然，他也有委屈的时候，几年前，他给一个幼儿接种乙肝疫苗，几天后家长找到他，满脸怒气说她的孩子打疫苗出了问题，经常哭喊腿疼。他对此进行了耐心的解释，疫苗接种后因人而异会出现各种反应，均属正常，时间久了，这种症状会自然消失。但这这个年轻的母亲仍然喋喋不休。韩四虎不恼不嗔，答应陪她和孩子到内蒙古医疗机构做权威鉴定，为孩子找到病根儿。在内蒙古医学院附属医院进行检查后，鉴定结果显示并非接种疫苗不良反应，那个母亲才终结了她的纠缠。

这件事情发生之后，妻子和一些要好的朋友都劝他推掉这种费力不讨好的工作，他笑着说："牛头不烂，多费点儿柴炭，是我做的宣传提示工作不到位，这回是权威机构给我做了主，以后的工作就更好做了。"

每次看着疲累的丈夫倒头睡着，妻子邢枝兰总会抚着丈夫的残腿，偷偷地流下眼泪。

三、妻子

25岁的韩四虎没有想到他的爱情来得如此迅速，让他有点儿猝不及防。彼时还在乡卫生院做临时工的韩四虎以他的善良、质朴、好学和任劳任怨吸引了邢枝兰这个乡里最美丽的姑娘的目光，她认定他是她的佳婿。

邢枝兰在公社当干部的父亲一听便暴跳如雷："没房没钱没正式工作，甚至没有一个健康的身体，爹妈家穷得几块炕板叮当响，炕上连块毡子也没有，你是眉秃还是眼瞎？这里有多少好后生任你挑、任你选，你非要嫁给这样一个人？"

父母简直不敢相信向来百依百顺的女儿态度如此坚定，母亲更是一把鼻涕一把眼泪，亲戚朋友也是动之以情，晓之以理……但任尔东南西北风，家人的态度没动摇这个美丽的姑娘对爱情的认定。

十里八乡的姑娘们都知道"韩门"就是"寒门"，嫁入寒门就是自讨苦吃。而邢枝兰明知寒门却飞蛾扑火。人们几乎有一个共同的疑问：条件这么好的枝兰到底图韩四虎什么？

邢枝兰亲口告诉了人们答案："四虎这人除了身体残缺，他的身上具备了一个男人所有的好品性，最重要的是他有一副好心肠，这是我看中的地方。他的身体不行，但我有一个好身体，跟着他过日子，将来一定错不了！我受点儿苦受点儿累也是心甘情愿。"

父亲和母亲费尽心机之后，仍然没能使女儿回心转意，他们动用了最后的杀手锏——脱离关系。几十年的血缘关系硬生生地剥离开来，这在戏剧和小说里发生的情节，却在枝兰和她的父母之间上演。

没有父母的陪嫁，没有亲人的祝福，在这个不足10平方米的土屋子里，邢枝兰度过了她的新婚之夜。不久他们的第一个孩子出生，这个小得可怜的房子里传出了欢乐的笑声。走出家门的韩四虎脸上泛着幸福的容光,他知道身后妻子那双深情的眼睛正在看着她,那辆破旧的自行车被他蹬得飞快,他的身体迸发出一个年轻人应有的活力。

农村实行了包产到户,韩四虎一家归根结底还是农民,他每个月30元的工资养活一家四口难以为继,50多亩承包土地是这个家庭的主要收入来源。

妻子瘦弱的肩膀挑起沉重的家务,她没有买过一件漂亮的衣服,没有和他下过一次馆子,甚至没有睡过一个懒觉,这让韩四虎的内心充满了自责,他只有利用自己的业余时间分担妻子肩上的重量。他会跑到地里忙活,虽然是个残疾人,可干起农活来一点儿不差,耕种锄收样样精通。他每天天不亮就会到自家的田里干上一阵子,8点之前再赶5公里的路到医院上班,从来没迟到过。

邢枝兰要面对的是几十亩耕地和家里鸡零狗碎的营生,一个乡干部女儿进城的梦想早已破灭。人们看到的是一个勤俭、本分、吃苦的农家少妇家里家外忙碌的身影。

每当丈夫拖着残缺的身体回到家里,邢枝兰就会把锅里热好的饭菜端上来,放下饭碗又会及时地打来热水帮他烫脚。她甚至早早为他在炕头上热好了被褥,当丈夫躺在炕上的时候,她也不会看电视,因为会影响这个疲惫不堪的男人休息。

家里的所有营生她一个人扛起来,她做了一个好女人所做的一切,知冷知热,相夫教子,家里家外,无微不至。

漫长的冬季降临到这个小山村,在没有自来水的时候,担水是男人们最犯愁的事,从冰水冻成高台的井口吊水,然后用肩膀挑两桶水从冰台上走下来,每一步都让人战战兢兢。而邢枝兰每天都会数次重复这样的履冰挑水。久走冰滩没有不倒的,一天她滑倒了,胯骨严重骨折。看着妻子痛苦的表情,铁打的汉子韩四虎流泪了。

韩四虎觉得亏欠妻子太多,他把所有从婚姻中衍生出来的责任、担当、报答、愧疚放在了肩头,把所有的饥寒、苦闷、孤独、委屈埋进男儿的胸怀。他始终笑对生活,笑对家人,笑对患者。

直到8年以后，韩四虎和妻子邢枝兰抱着一双儿女双双跪倒在父母面前，双方在撕心裂肺的号哭声中，在滂沱的泪光里尽释前嫌，所有的怨恨、思念、牵挂都融化在骨血相拥的温暖怀抱中……

现在，年过九旬的岳父母觉得女婿比儿子都亲，他们都佩服女儿当年的眼力。路遥知马力，日久见人心，40多年过去了，韩四虎的好人品和热心肠以及一个丈夫的担当成为兄妹们的榜样，也成为岳父岳母的骄傲。韩四虎的事迹在央视一套《新闻联播》中播出时，老两口边看电视边流热泪：国家也知道咱女婿的好？

在韩四虎经历了那场生与死的摩托车之祸后，不幸再次向这个家庭袭来：常年的劳累，使得60多岁的邢枝兰得了多种病，先是高血压，后又查出乳腺肿瘤，血管壁狭窄堵塞，一年做了两个手术。面对满是愧疚的丈夫，妻子说了一句话："跟着你，我从来没有打算过享福。"在韩四虎看来，妻子很少抱怨，但是这一句话里包含了这样的情绪。

"这都是年轻时干活太猛累下的后遗症！"韩四虎的语气中满是亏欠和心疼。他知道自己一生一世都无法报答对妻子的亏欠。

妻子在内蒙古医院做手术的时候，韩四虎没有陪在身边。作为乡村医生的他那时正在为别人的妻子、别人的母亲送医送药，妻子在病床上看着病友的丈夫温存抚慰的身影，脑海中浮现出自己的丈夫韩四虎正骑着摩托车在寒冷的旷野里行驶的身影。妻子心里明白，丈夫心里怀揣着大义，装着更多需要关怀和帮助的人。

大夫说邢枝兰需要长期治疗休养，必须把她当作一个病人来服侍和保护。眼下，这个护理任务由她的女儿承担起来，孝顺的女儿给母亲找了一个保姆，照顾她的起居。在呼和浩特市的一个小区，他们的女儿为父母安排了宽敞舒服的住宅，她希望父母每天能够在公园的林荫道上漫步，能在附近的市场购物，母亲可以像城里的老太太那样尽情地跳广场舞。虽然这个梦想不是很遥远，却被父亲固执地击碎。

韩四虎一个人住在乡下那个冷清的屋子里，和孤独为伴。妻子心里放不下疾病缠身的丈夫，在一个金秋的上午，坐着儿子的车回到了她和丈夫生活了40多年的院落，当时丈夫正在自家炕上给村里的一个老汉扎针，他神态专注，甚至顾不上和自己的妻儿打一声招呼。这时候她才发现，丈夫的仁心扎根在这个小乡村里，他对这片土地的爱有多深，根就扎得有多深。

四、金子

韩四虎本来可以成为有钱人的。

中后河村，20世纪80年代这里曾是名声远播的金窝子。那时候村里人拉帮结伙呼朋唤友，掘土打洞沙里淘金，许多人家把纯度很高的沙金积攒在罐头瓶里，一罐，两罐，三罐……人们把住了几代人的土坯房换成红砖灰瓦插扉走檐，二轮三轮四轮冒着烟神气地出入……

一天，韩四虎的同学李二兴冲冲地冲着他大喊："四虎！跟我去喝酒！"一双有力量的手把他拉上了摩托车，几分钟后，村东口一个帐篷里的一张桌子上堆满了各种各样的肉，几个他熟悉的面孔都冲着他笑，仿佛在嘲笑一个傻子。不算愚笨的韩四虎已经猜到了他们嘲笑的目光中的含义：是啊，你坚守的那个破工作能有几个钱？

这些人都买了摩托车和四轮车，一个个清一色的皮夹克，皮夹克在那个时候需要花一两千元，摩托车一万多元，要知道那是20世纪80年代呀！

这些从小一起长大的玩伴们其实没有恶意，他们甚至对身体残缺的韩四虎充满了同情。他们记着的一句话叫"苟富贵勿相忘"，他们没有忘记兄弟的情谊，觉得有必要拉这个残疾兄弟一把。几个人私下商议了好久，决定拉韩四虎入伙。他们知道四虎要强，他的身体干不了重活儿，一定会拒绝别人的好意。果然，韩四虎说："我这身体只能给大家添麻烦。"

"我们需要一个管后勤记账的人，你还能给干活的人磕碰后做个包扎，反正缺不了你这样的人。咱们一起干吧！"

"你一个月才挣几个钱？跟我们干，可能一天能挣你一个月的工资，好的话一天可能挣你一年的工钱！"面对这些发了财的朋友，韩四虎从穿戴到兜里都显得寒酸万分。吃完饭，他仍然骑着那辆破旧的自行车，来到乡政府卫生院的那破旧的房子里上班。

黄金的光芒在眼前闪过,不眼红那才是假的!韩四虎还是向我透露了当年的想法。当天晚上他翻来覆去没有睡着,甚至决定第二天就辞去工作,去淘金点上班,但是天大亮的时候,他又反悔了,妻子的话起了很重要的作用:"我知道你一晚上睡不着,还是想你的金子,你是个残疾人,当医生也是你自己选择的,金子总有淘完的时候,做大夫可是一辈子的技术啊!"

韩四虎使劲儿握了握妻子的手,便早早起来整理他的医箱,他重新确认了方向,那就是他卫生院的办公室。

卫生院大门外搭满了帐篷,帐篷里飘出了炖羊肉浓郁的香气,各式各样的淘金人进进出出,大碗酒、大块肉,有了钱说话也气粗,那些老实巴交的庄户人开始变得吆五喝六,不断有人隔着墙喊他的名字,韩四虎只能装聋作哑,有时候被人从办公室强拉到饭馆里,之后仍然有人劝他入伙,他们大多有情有义,提出让韩四虎管好后勤就行。但他最终摇头拒绝了这些好意。

这时候村里的人几乎都拆掉了他们的土房,盖起了更敞亮更结实的砖瓦房。而韩四虎的家还是一门一窗、进门一口水缸的小土房。韩四虎决定重盖房子,请不起工,就起早贪黑和妻子拓土坯,有时兄弟乡亲众人出手相帮,他那条残腿累肿了消散,再肿了再消散,总算盖了两间土坯房,这是他最扎实的梦想——给老婆娃娃一个宽敞的窝!尽管落下一地饥荒,韩四虎已经觉得非常满足了。和他一块玩大的那些哥们都觉得不能理解,韩四虎居然没刨闹下钱,居然眼瞅着金子不动心!

这种黄金带来的繁荣只维持了两三年,终于有一天金尽人散,村里重新恢复了安静,韩四虎的自行车依旧每天穿梭在矿坑边缘的路上,那场黄金梦离他很近又很遥远。

也有人说:韩四虎没刨闹下金子,但韩四虎有一颗金子一样的心!

五、房子

我来到韩四虎居住的东后河村时,村子里空荡荡的,甚至找不到一个问路的人，总算在村口碰到了一个放羊人，听说我找韩四虎，他很热情地把我指引到了韩四虎的院门外。

院落在村子的最后一排，大门上着锁，透过铁栅门，韩四虎的房子看上去像是新盖的，两间正房算不上气派，墙面依然是水泥抹面没做任何外装修，很是普通。院墙是用附近厂汉朝鲁山上的片状白石块砌成的，墙面像刀切过的豆腐一样洁白齐整，院子很大，东南角被辟作菜地，长满了芹菜、豆角、西红柿、黄瓜、土豆这些常见的蔬菜。

我等了40分钟才看到他的代步车缓缓走过来。第一次见到这个名满天下的好人韩四虎，我的鼻子有些发酸。这是一个走路摇摇摆摆的男人，像一台随时会倾倒的破车，脸上密密麻麻纵横交织的皱纹刻录着他人生的沧桑。但他的笑容却像年轻人般灿烂，一双眼睛闪现着活力和神气，来自他胸腔的声音像敲响的洪钟，让人觉得他底气尚在。

握手，寒暄，他热情地招呼我进屋。屋内的装修也算不上讲究，铺了现在人们惯用的地砖，但一盘炕占了很大面积，一些老旧家具填充进去，房子并不显宽敞。院子旁边的库房却出奇大，拖拉机在里边像个小物件，一些农机有顺序地排列着，这一切表明院主不像乡村医生，更像是个农民。

韩四虎的房子曾经是村里最破烂寒酸的房子，这还是他婚后和妻子拓土坯盖的，低矮、漏风、阴湿，每逢下雨后，外面早已晴空万里，屋子里稀稀拉拉还在下着，后来有人给他出主意，在房顶上覆了一层彩钢板的铁皮，省得每年用泥抹一次房顶。不过下雨的时候房顶上像在擂鼓，但好在屋里不再用盆接水。退休在即，没有人相信他会在这个破屋子里继续住下去。

2015年，一直是临时工的韩四虎按照政策被转为正式事业编制，还没有领到工资他就被退休了。人们都以为韩四虎顺理成章会到呼和浩特定居。

儿子知道一生忙忙碌碌的父亲一时半会儿不会放下手中的听诊器和血压仪，特意在呼和浩特买下了一处铺面，希望他在这里开个门诊，挣不挣钱无关紧要，重要的是父母可以离开农村，回到自己身边含饴弄孙，尽享天伦之乐。这可能是儿女对辛苦大半辈子的父母尽的最好的孝道。

这一年，内蒙古大搞基础设施建设，东后河村里村外尘土飞扬，装载机推倒那些老旧破败的土房，新的宅院在旧址上冒出来，院子和院子的主人同时焕发出欣欣向荣的景象。

韩四虎也动了心，妻子却反对道："一个60多岁的人需要别人照顾了，我们随时会离开这里进城，咱手头又没多少积蓄，把钱扔到一个我们不会住的房子里实在没有意义。"

"眼下我还被卫生院返聘，在这里待多久都不好说，再说这些乡亲们眼巴巴看着我，他们害怕我离开，如果我们的房子盖起来，乡亲们的心也会安稳。我盖新房子就是表明我不会离开这里。"韩四虎盖新房的理由很充足，妻子儿女知道拗不过他，只好由着他。

"我不想到城里，在村里我还是个有用的人！我活着才有意义！"几天后，他对赶回村里的儿子表明了自己的观点。

知父莫如子，用任何方法都不可能把父亲带到城里，儿子不忍让父亲拖着病殃殃的身体住在简陋的房子里，在凛冽的寒风中煎熬在草原漫长的冬季里。他决定给父母建一个温暖的家，这个年轻人似乎理解了父亲的心情，他知道父亲不会到城里去住暖和而宽敞的楼房，悠闲地在城市的公园里下他喜爱的象棋，陪母亲走在公园里的林荫道上。父亲不单是他的父亲，他是这40多个村庄里无依无靠的老人的守护神，特别是被大大小小的媒体报道后，他已经被推到一个道德高度的位置，他更不会丢下这些人去享自己的福。

享清福原本就不是韩四虎的性格，虽然他的身子显得老迈，但他在这块土地上却有着不同凡响的作用。他认为自己这台破车的发动机仍然强劲有力，油箱里还有油。只要自己还有用，他就不会熄火。

儿子开始劝说母亲，并且给家里留了一笔钱，他深知父亲是属于这块土地的，他能做的就是给父母创造一个温暖的居住环境，让他们在农村的日子过得舒适一些。

两个月后，韩四虎的院子旧貌换新颜。

人们听到韩四虎要盖新房子，这分明是要扎下根来继续为乡里乡亲治病去灾。这些留守的村民们甚至激动得老泪纵横，他们骑着摩托或三轮车，从四面八方赶到了东后河韩四虎的家，搬砖、运沙、平地、采石。他们用尽年迈身体里所能激发出的所有力量，来帮助这个曾经帮助过他们无数次的人。

"人心换人心，四两换半斤"，这是韩四虎常说的话，也是村里人常说的话。感恩，都表现在他们力所能及的劳动里，到了吃饭的时候，他们驱动着两轮车、三轮车、四轮车离开了。

房子以少见的速度伫立在曾经破败不堪的院子里。它和它的主人在这块土地上昂首挺胸，迎接着一轮又一轮朝阳升起，见证了春生秋杀的人间沧桑。

六、日子

乡下人的日子越来越悠闲也越来越孤独，衣食无忧的日子并不是他们想要的全部，他们更希望关怀，精神上的和身体上的关怀。

那场车祸过后不久，韩四虎辞去了乡卫生院接种员的工作，他感觉不能因为自己的衰老和病残而影响这项重要的工作。但他并没有停下自己走村串户的脚步，48个村里的乡亲们有个头疼脑热、大病小病，都自觉或者不自觉地拨打他的电话，他从来没有想过自己会有别的生活可以选择，50多年的生活常态的确无法改变。因为这些村里人已经习惯了来自他的关怀。

太阳照常升起，日出日落，春种秋收。韩四虎退休的日子在他亲爱的故乡的土地上日复一日地流过。

这是一个好人的日子！这是一个乡村医生的日子！

"愣子"，这个乡下人常说的话，并不完全是傻子的代名词，更多的时候包含着一种褒义——忠实厚道，不计较个人得失。就有人说韩四虎是个愣子。

乡下，不再是从前的乡下，广大的农田已连成片流转出去了，耕种的时候用的是现代的农业机器，可能一个早晨，所有的种子都被播到了地里，或者是一个傍晚，所有成熟的庄稼都变成了麦粒。留守在村里的老年人们养几只羊、几只鸡，种半亩园子地，他们没有能力在城里买房，也没有能力负担城里各种各样的费用，他们只知道在村里是最省钱的，况且他们也舍不得离弃生活了一辈子的故土。这些留守户平日里大多无所事事，坐在一起，除了谈儿女，就是谈自己身上的病，说话时眼睛却朝着公路望去。他们知道一个很重要的人一定会来，这个人就是韩四虎。

果然他来了，他的那辆摩托车已经换成了一个动力不大的四轮代步车，车在乡村公路上行驶得很慢。这是他摔伤后，他儿子为了他的安全为他选择的代步车，这个有着车楼子的代步车为他遮挡了风吹日晒，也让他在乡间的小路上行得四平八稳。

他锁定他要去的人家，带着输液瓶和针，然后熟练地把针头扎到血管，坐在那里静静地观察，和病人或者病人家属唠着病情，唠着家常，不经意间，病人的痛苦症状开始消失。临走的时候，韩四虎掏出他的账本，在上面记下了病人消费的账单，也不用家属签字，也不用核对，几十年下来，一直都是这样。村民们相信这个老实的乡村医生，就像相信自己的儿女。

村里人差不多都欠着他钱，看病的费用都在他那里记着，可能一年，也可能更久，儿女们回来了，老人催他们去结账。有的人懒得去，没时间去，干脆不给钱，老人已经没了，账还趴着；有的人压根就没有儿女，人没了，账也死了。

于是有人觉得他真是个愣子，一天到晚跑断腿，挣不了钱不说，有时候还要往进搭钱，图个啥？这不是愣子是啥？只有愣子才干这种事。

韩四虎干脆装愣，他乐此不疲地在他的村庄里奔波，他的喜怒哀乐都散放在平静而充满丰收味道的乡野里，他觉得自己所干的一切并没亏待过自己，反而，每次回家的路上，他的收获都是沉甸甸的。

他一直干着临时工，总能听到别人提醒他转正的问题，但他一次也没有到县城里的卫生局去找领导去解决自己的身份问题，也一次没有托人找过关系去改变自己的命运。他一直觉得这样下去就很好。

一次普通的新闻报道，韩四虎被推到了媒体的风口浪尖上。那些媒体人凭借他们敏锐的洞察力，觉得这个韩四虎的故事远远没有挖掘出来，老百姓众口烁金，韩四虎普通而又平凡的形象频繁出现在各种杂志、报纸等新闻媒体上，甚至上了央视一套的《新闻联播》。

韩四虎成了名人，当领导或组织问他有什么困难时，他总是说没有。其实他的问题一大堆，有些问题关乎他的个人利益、个人待遇。比如先前他还是一个临时工，工资少得可怜，和他有着一样经历的人全部转正成为事业编人员，也不知道为什么，他还是临时工。有好心人说："孩子不哭，娘不奶。你这样一声不吭地只顾着干工作没有人主动要给你转正，该上访就上访，该找关系就找关系。"

韩四虎只是笑笑，说："总有一天会给我解决。"

这一天，他等了40多年。

最后他还是等到了，在他61岁的时候，他享受了退休待遇，但和他一样的人退休工资都领6000元左右，他却是刚刚2000元出头。谈到这个问题的时候，韩四虎表现得很淡然。

《中国卫生画报》这样报道韩四虎："有人说，把每一件简单的事情做好了就是不简单，把每一件平凡的事情做好了就是不平凡……作为一名普通的且腿部有残疾的乡村接种医生，他用大爱书写了一颗最美接种医生的医者仁心！"

如今，韩四虎依然行走在这条他熟悉的乡道上，50年的乡医之路让他已适应了周围的变化，路旁的农田里常常变换着农作物的品种，迎头碰上和他打招呼的老汉是他曾经的少年玩伴，厂汉朝鲁山顶上旋转着的风力发电风轮挥向天际，那抹炊烟正从远处的农舍升起……韩四虎的车轮正在向前行驶，马达的轰鸣充满了强劲的动力，他忘了自己已近古稀。

德耀青城——记呼和浩特市道德模范、青城好人

永不言弃的孝心

——记呼和浩特市道德模范王云秀

张集超

拨通王云秀的电话时,话筒里传来轰轰的机鸣声和呼呼的风声,我想他一定正在地里忙碌着,受杂音的影响,我俩的通话一阵清晰一阵模糊,两个人连说带吼在电话里扎腾了半天,才勉强有了结果。弄清楚我的意图后,王云秀迟疑了一会儿,说:"那就明天上午在我家见面吧。"听语气,没有一点儿激情,更没有要接受采访的兴奋,我知道他是在照顾我的面子,不好意思直接拒绝我。当我摊开笔记本打开录音笔时,王云秀有点儿局促,准确

地说应该是紧张的成分多一些，我看见他给我倒茶的手有些微微发抖。他一再对我说其实都是一些平常小事，再说儿子伺候母亲是天经地义的事，没什么可写的，我这么一弄，他心里倒有点儿不安了。我让云秀大哥坐下，看他确实有点儿不好意思，就说："小中见大，平凡中见伟大，这个道理你应该懂，咱俩就当是聊天吧，你随便说，不用紧张。"王云秀点点头，一只手搓着膝盖向我讲起了他的故事。

　　10年前，王云秀的父亲去世了，对于母亲来说，这是一个不小的打击，母亲和父亲相敬相爱携手走过了大半生，如今老伴突然没了，母亲能不伤心？整天郁郁寡欢，不思茶饭。王云秀看在眼里急在心里，父亲和母亲是村里有名的和睦夫妻，母亲更是十里八乡有名的好人，在父母的教育和影响下，王云秀姊妹四人为人谦恭，团结友善，互助互爱，在乡亲们眼里，王家是名副其实的有德行人家。哥哥和妹妹都在外地，照顾母亲的任务自然落在了王云秀身上。因不放心母亲一个人生活，王云秀想让母亲搬过来和他们一块住，母亲却坚决不肯，她说："你们有儿有女，有自己的生活，我掺和进去不合适，再说，妈老了，生活习惯也和你们不一样了，我这个快入土的老太婆不能干扰你们的正常生活。"王云秀知道母亲心里的苦和顾虑，他哭了，央求母亲和他一块住，但磨破了嘴，母亲也坚决不答应。王云秀叹了口气，无奈地摇了摇头。爱就是动力，这句话一点儿也不假，王云秀对妻子说："既然妈不想和咱们一块住，那就我过去吧，虽然在一个院里，但晚上让妈一个人睡我确实有点儿不放心，毕竟岁数大了，说句不好听的，万一出了状况，我们也不知道。"从此，每到吃饭时，王云秀就把母亲接过来和他们一起吃，一日三餐从未间断，到了晚上，王云秀则过去和母亲一块睡。

　　俗话说，什么人进什么门。王云秀的妻子也是少有的贤惠孝顺之人，她每天都变着法给婆婆做饭，并且顿顿都是顺着婆婆的口味做。老年人的饮食习惯本来和年轻人就不一样，加上婆婆又是素食主义者，无形中增加了儿媳的劳动量，或多或少改变着家里的饮食习惯，尽管王云秀让妻子每顿尽量做两样饭，但时间一长，孩子们还是坚持不了了，嚷嚷着和奶奶吃不在一起。王云秀怕母亲听见孩子们的话心里难受，对孩子们说："你们的奶奶虽然老了，但她不糊涂不痴呆，你们这样说，奶奶肯定会有想法的，最起码她会觉得是她扰乱了我们的正常生活，从而自责，你们不就是少吃一顿荤食吗？多大点儿事，万一奶奶心里一拧，不和我们一起吃饭了，咋办？奶奶老了，如果她一个人吃饭肯定每顿都是凑合着吃，你们忍心吗？如果你们实在馋得不行了，爸爸给你们拿几个钱，去乡里的饭馆吃一顿。"孩子们理解了爸爸的苦衷，以后再也没有说过抱怨的话。

每天晚上，王云秀和母亲睡在一起，老年人觉少，母亲睡得早起得也早，王云秀本来可以晚睡一会儿，看看电视玩玩手机，处理一些别的事情，但他怕影响母亲休息，总是和母亲一起睡下，第二天再和母亲一起起床。为了不让母亲感到孤独和寂寞，每天晚上睡觉前，王云秀就陪母亲唠嗑，让母亲讲他小时候的事情，讲到有趣处，娘儿俩开心地哈哈大笑，母亲还会讲她自己小时候经历的事情。尽管母亲说话有些啰唆，但王云秀总是认真听着，接和着母亲的话。

王云秀也会把村里发生的事情讲给母亲听：谁家的孩子考上了大学，谁家买了小汽车，谁家娶了媳妇儿，谁家聘了闺女……母亲足不出户，便知村中大事。母亲爱听二人台，王云秀把手机放在母亲的枕边陪她听，直到母亲进入甜蜜的梦乡。整整10年，王云秀每晚都和母亲睡在一起，没有间断过一天，为了母亲他10年里没有出过一次远门，非出不行，就让妻子去，即便去县城或者市里办事，他也总是当天打来回。

"我有些不解，问王云秀："你既要干农活又要照顾母亲，怎么解决时间上的冲突？"王云秀抽了口烟，笑着说："刚开始没有经验，也没找见规律，两件事常搅在一起，弄得我手忙脚乱，顾此失彼，这样长期下去，肯定不行，我就琢磨该咋办。后来，每天晚上睡下后，我就在心里安排第二天什么时候干农活，什么时候干家务，什么时候在家照顾母亲，尽量把时间安排得合理一些，这成了我每天晚上的必修课，问题也终于得到了解决。"

10年，在人的一生中不能说太长，但也绝不能说太短，王云秀十年如一日伺候母亲，谁能说这仅仅是做了一件平凡的小事？不要说那些虐母的孽子了，就是平常人又有几个能做到呢？我想起了毛主席的一句话，"一个人做点好事并不难，难的是一辈子做好事"。严格讲，王云秀不是在做好事，他只是在尽一个儿子的孝心，但"久病床前无孝子"这句话的意思我们再清楚不过，不也是说要持之以恒、永不放弃吗？我不由得又打量了一眼这位普通的庄户人，心中充满了敬意。

王云秀顿了顿，像是在整理思路，接着说："父亲去世对母亲是一个不小的打击，但刚开始母亲依然每天出去遛遛弯儿串串门子，这样能减轻一点儿心中的痛苦与寂寞。"看到这些，王云秀心里十分高兴，心想用不了多久母亲就会从阴影中走出来，和往常一样地生活，不料后来发生了一件事，彻底击碎了王云秀的梦想。一天，王云秀正在地里干活，突然电话铃响了，是邻居打来的，说他的母亲摔倒了，昏迷不醒，王云秀的脑袋嗡的一下大了，疯了似的往回跑。母亲摔倒在街头，乡亲们围在她的身边，有的给喂救心丸，有的给掐人中穴，忙成一团。王云秀匆匆把母亲抱回家，让邻居赶快去找医生，经过一番治疗，母亲虽然醒了过来，却下不了地了，王云秀守在母亲的身边，眼泪扑簌簌地往下掉。王云秀从乡亲们的嘴里知道了母亲摔倒的原因，王云秀下地干活没走多久，母亲就出现在街头，手里拿着一根皮带，跌跌撞撞地往前跑，乡亲们大吃一惊：平时好端端的一个老太婆，今天这是怎么了？拦住问她干什么去，她说有人正在欺负云秀，她要帮儿子打坏人去。乡亲们才明白老人的思维应该是出了问题。是什么原因会让母亲的思维出了问题呢？王云秀说应该与父亲的去世有直接的关系。不久，母亲患上了阿尔兹海默症。

母亲卧床不起，身边离不开人，拉屎撒尿就是一件令人头疼的事情。王云秀常常是刚送完屎又得再接尿，刚端起饭碗，母亲又拉下了，这是常有的事情。劳累了一天的王云秀，在睡梦中起来为母亲换尿布，他说幸亏有尿不湿，给他减轻了不少劳动量，不论白天黑夜，每隔两个小时，王云秀就要给母亲翻一次身，常常是从地里急冲冲赶回家，送完屎尿翻完身后又急匆匆返回地里。王云秀每两天就要给母亲洗一次澡，每五天给母亲换洗一次被褥，母亲用的布垫布单手绢等更是用完就洗，因此，尽管母亲大小便都在家里，但屋里没有一点儿难闻的味道。来串门子的乡亲们惊讶不已，他们说，一个勤快的女人能做到这一点也不容易了，何况一个大男人呢。乡亲们无不心疼地说，云秀往垮累呀。

王云秀整整伺候了母亲10年，10年里母亲卧床不起7年，也就是说，王云秀给母亲送了7年的屎尿，翻了多少次身、洗了多少次澡更是一个未知数。王云秀的举动感动了乡亲们，他们打心眼里敬佩他，发自内心地伸出大拇指夸赞他，他的事迹传遍了全乡。

王云秀尽心竭力伺候母亲，肯定会影响家里的生活，这一点毋庸置疑。当我问及妻子是何种态度时，王云秀一反刚才的拘谨，一脸自豪，语气中都带着一种欣慰，说："媳妇给我娘做饭的事我刚才已经讲过了，我就不多啰唆了。"他仅补充了一句，"即便是农忙时，我们两口子也一定要让母亲吃上可口的饭菜。"喝了口水，王云秀又向我讲起了妻子的另一面，世上没有不发脾气不闹情绪的人，即便是伟人也不例外，妻子有时候也念叨："妈是你们姊妹四人共同的妈，凭什么就你一个人伺候呢？他们没有义务吗？我知道他们不在身边，但也不至于远得连家也回不了吧！哪怕回来替你个十天半月，你也能休息休息，人家出国的还回家哪。吃喝用度不说，光伺候把你就累得够呛了，还要操持这么大一个家。你也是奔60岁的人了，身体吃不消啊！我看你累死了也没人心疼……说着嘤嘤地抽泣起来。

王云秀知道妻子是担心他的身体，再说妻子的话也不是全无道理。他把妻子揽入怀中，抚摸着她的手耐心地劝说："孝敬老人是每个当儿女应尽的责任，每个人都有自己的想法，又有各自的难处，其他姊妹们都在外地，确实也不方便，咱就别和他们计较了，我们只管尽我们的孝心就行了，再说孝敬老人……"妻子打断了他的话，接茬说："孝敬老人天降福，我知道你会说这句话的，可咱们也……唉！"妻子没再往下说，她知道说了也白说，丈夫有一颗永不言弃的孝心，于是在丈夫的怀里抽泣得更厉害了。王云秀的泪水滴在妻子的头发上，他把妻子搂得更紧了。此时，我看见王云秀的眼睛里泪花闪闪，我让他站起来走走，平稳一下情绪，他点点头，不好意思地笑了。

王云秀再次坐到我的身边时，我问了他一个自认为比较刁钻的问题：

"你和我说实话，伺候了母亲整整10年，你有过厌烦的时候吗？产生过放弃的想法吗？"王云秀用平缓的目光看着我，说："要说一点儿厌烦的时候也没有，那是我在虚说。我是一个普通的人，也有喜怒哀乐，有时候各种事情忙得我晕头转向，心情就会变坏，会产生厌烦的情绪，但每当这个时候，我就出去走一走，我不能让母亲看出我厌烦了，走一走，平静一下心绪就好了。回到屋里，看见母亲可怜的样子，心中的厌烦便会荡然无存，该干吗就干吗。至于说放弃的想法，我从来没有产生过，这是实话。我没必要和你说大话，母亲养我个小，我养母亲个老，说句不好听的话，母亲是80多岁的人了，还能再活80岁吗？紧孝敬的也没日子了，我不能给自己留下遗憾。"话语虽然朴实，但情爱高远，让我怦然心动。

也许是娘儿俩风风雨雨坎坎坷坷走过了不寻常的10年的缘故吧，王云秀动情地说，直到今天他还十分想念母亲，母亲是在2022年正月去世的。他常常想起母亲，隔三岔五就会在她的床上睡一晚，好像只有这样心里才踏实一点儿、舒坦一点儿，如今不用伺候母亲了，反倒觉得心里空落落的，有时不由得想来母亲这屋看看。王云秀说他对母亲有着一种超常的爱，这是一种发自心灵深处的爱，也正是这种爱，才让他坚持到了今天。

王云秀再一次对我说，说了这么多了，都是些小的不能再小的事，都是些儿女们应该做的事，脸上甚至还有一丝歉疚，好像只有说出一朵花来才能对得起我这个采访者。他说其实他这个所谓的大孝子，与母亲一生的教育是分不开的，母亲一辈子与人为善、助人为乐，是村里出了名的大好人，她教育孩子，做人一定要谦恭和善，正派公道，忠厚老实，不奸不诈，只有这样自己的路才能越走越宽。可能是王云秀身上有着母亲的基因吧，乡亲们有什么困难他总会出手相助，久而久之，乡亲们有什么困难就会上门找王云秀，让他给出谋划策，把他当成主心骨看待。王云秀有一定的建筑技术，乡亲们谁家起房盖屋他都会主动帮忙，不论忙几天，他都分文不要。

有人说他傻，那是人们不了解王云秀的心境和思想。有一年，王云秀在村里捡到一个钱包，说是钱包，其实就是半块又脏又黑的手绢，里面有680元钱，村里人少，王云秀从手绢上认出了这钱是村西头的李老太太丢失的，当他把钱给老太太送去时，老太太激动得不知如何是好，非要拿出50块钱酬谢王云秀，王云秀没要。6年过去了，王云秀原以为这件事情也过去了，不想快过年时，老太太来到王云秀家，手中拿着两副鞋垫，硬塞进了王云秀的手里。王云秀收下了，因为这是老太太对王云秀的感谢，更是对他人品的肯定。

王云秀的两个孩子在外地念书时，每到假期回家，他们要做的第一件事情就是先过去看奶奶，然后再回家，这是王云秀给他们定下的规矩，尽管住在一个院里，但大有意义。后来孩子们参加工作了，王云秀对他们的要求依然不变，他们回家时必须要带礼物先看奶奶，这不是小事，是家风的接续，更是孝心的传承。我心里感慨道，王云秀是一个明事理的人，是啊！也只有明事理的人才能做出这样明德至善的事来。

王云秀以他永不言弃的孝心和高尚的品德，赢得了乡亲的尊重和赞誉，他的事迹传遍了全县。2021年4月，王云秀同志光荣地加入了中国共产党，并全票通过当选为村长；同年12月，王云秀荣获第十届呼和浩特市"孝老爱亲"道德模范荣誉称号。

王云秀以10年不变的孝心，书写和传承中华民族优秀的传统文化，弘扬中华民族的高尚品德，为构建和谐社会添写了浓重的一笔。

青山大爱

——记呼和浩特市青城好人周丽

张集超

> 慈善是没有终点的征程。
>
> ——题记

"许多事情往往是由偶然事件促成的。"采访时周丽对我这样说。

2015年11月的一天,周丽像往常一样在办公室里埋头办公,一个女人连门都没敲,径直走到了她的办公桌前。冷不丁面前站着一个人,周丽着实吓了一跳，没等她反应过来，女人盯着她直率率地问道："还认得我吗？"周丽仔细打量了半天，摇了摇头，女人有点儿激动，一把抓住周丽的手大声说："我是秀红呀！""什么，你是秀红？"周丽大吃一惊，原来是多年没见面的发小来访，突然而至的惊喜让周丽有点儿手足无措，忙起身招呼。她重新审视了下眼前这位发小，蓬头垢面，衣衫褴褛，目光混浊，全无了从前光彩靓丽的影子，更让周丽感到惊讶的是，发小竟成了残疾人。疑惑中夹杂着痛楚，周丽拉着发小坐下。郭秀红含泪向她讲述了自己的不幸：车祸导致残疾，身患高血压、尿毒症等多种疾病，原本贫困的家庭实在无力再为她治病了，绝望中她才想到了儿时的伙伴。

周丽把身上仅有的200块钱给了郭秀红，又领着她去了县红十字会，根据秀红的情况，县红十字会专款资助了她1000元。郭秀红捧着这1000元，脸上露出了久违的笑容，泪花在阳光中闪闪发亮。

赵利勇是周丽的同学，后在呼和浩特市定居。他是一位爱心人士，一直资助着武川的三个孩子，一个是服刑人员的子女，两个是残疾人的子女。一次，赵利勇回武川办完事后见到了老同学周丽，闲谈中周丽说起了郭秀红的事，赵利勇当即表示他愿意帮扶郭秀红。说干就干，两个人驱车去了郭秀红家，结果发现郭秀红不在家，向她的丈夫问起时，丈夫摇了摇头，轻声说："死了。""死了！"周丽惊得半天合不拢嘴，距上次见面才一年多的时间，人就没了。郭秀红的丈夫告诉周丽，秀红死于无钱治病，人没了，还欠下一屁股债，秀红的丈夫无奈中夹杂着些许怨气。

夜深了，周丽翻来覆去睡不着，秀红的死如一块浸透了水的牛皮蒙在她的头上，如果救助秀红的人多一些，或许秀红就不会死，最起码能多活几年。她意识到，一个人的力量实在是太有限了，只有更多的人加入慈善行列，才能形成一股强大的力量，才能救助更多需要救助的人，秀红的死充分证明了这一点。天快亮时，她有了主意，带着欣慰的笑容睡去了。第二天一早，周丽来到县红十字会，向领导说了自己的想法：成立一个公益救助组织，动员社会力量，加入爱心活动中。她的想法得到了县领导和县红十字会的大力支持，半个月后，"武川县红十字会大爱无疆志愿服务队"正式成立，这是武川县第一个官方认可的公益组织，填补了武川县没有公益组织的空白。从此，这支身穿红马甲的志愿服务队把真情大爱撒在了青山脚下，把中华民族"一方有难，八方支援"、患难相恤、共渡难关的传统美德和传统文化如润物细雨沁入了广袤的武川大地。

志愿服务队成立初期，只有十多人，他们为敬老院的老人理发、剪指甲、打扫卫生、拆洗被褥，为孤寡老人送米送面、买菜购物，为失学儿童捐款捐物，为贫困大学生募捐……用队长周丽的话说，服务还处于传统的"小打小闹"阶段，不成规模，组织性也不强。

2017年春天，县红十字会在全县范围内开展"博爱寸草心"入户调查活动，时间紧、任务重，单靠红十字会的工作人员难以按时完成，于是红十字会的领导想到了志愿服务队。十多名会员不辞辛劳，走街串巷入户调查，在可可以力更镇移民新村调查时，一位姓方的中年妇女面色凝重地对周丽说："我带你们去看一户人家。"于是队员们走进了高波家。高波，10岁，患有血小板减少性紫癜，辍学在家，母亲离家出走，父亲在外地打工，他和爷爷奶奶生活在一起，爷爷重度残疾，只能双膝跪地行走，奶奶也是残疾人，行动不便，生活极度贫困；三床又脏又烂的被褥歪歪斜斜堆在炕角，一口笨重的铁锅呆板地蹲在灶坑里，一只老旧的手拉风箱让人不由得想起了20世纪五六十年代，用家徒四壁来形容，一点儿也不为过。眼前的情景让队员们心里一阵酸楚。

高波的爷爷告诉队员们，高波刚从附属医院看病回来，还在ICU病房住了3天，每天将近一万元的医疗费用，砸锅卖铁连上他这把老骨头也看不起病了，无奈只好带着孩子回来了，他爸的意思是要放弃治疗。高波蜷缩在炕角，一言不发，可怜巴巴地看着队员们，泪水吧嗒吧嗒往下掉。刚参加工作不久的小兰嘀咕道："我还没见过这么可怜的人家。"看着有病却无法医治的高波，潸然泪下。队员们纷纷慷慨解囊。

第二天，周丽和县红十字会的一名干事专程去了市红十字会，将高波的情况做了详细介绍。市红十字会通过博爱平台为高波筹集捐款5000元，这也是市红十字会第一次通过博爱平台为被救助者筹集捐款。队员们发微信，动员亲朋好友为高波募捐,有了钱后,高波又住进了附属医院,周丽礼拜天去看望他时,在走廊里就听到了他爽朗的笑声。高波出院后,志愿服务队的几位老师挤时间为他上课,他们想让高波再次走进学校,这也是后来"博爱公益课堂"的雏形。高波病情稳定后,志愿服务队与县第一小学取得了联系,高波进入了第一小学读书。当几名队员和老师把高波领进教室时,教室里响起了热烈的掌声,这掌声既是对新同学的欢迎,又是对志愿服务队的感谢。为了给孩子看病,高波的爷爷要卖掉手里的一幅十字绣,这是他花了3年时间一针一线绣出来的,原本想给孙子留个念想,可治病要紧,自己没有渠道,就委托志愿服务队代卖,服务队几经周折,最后与北京的一位老板取得了联系,老板出资3万元把十字绣买了下来,并把钱打在了县红十字会的账户里,得知消息后,老人泣不成声,喃喃低语:"比自己的儿女还顶用。"

采访时,周丽笑着对我说:"没想到通过救助高波,我们与他家结下了不解之缘。"第二年,高波的爷爷突发脑出血,生命垂危,队员们都清楚,如果爷爷有个三长两短,高波就会成为事实上的孤儿,生活状况会是什么样的,不言而喻,于是队员们纷纷捐款,联系医生,把老人从死神手里拉了回来。经过这场大病,爷爷的身体大不如前,但不论咋样,高波放学回到家里看见爷爷还在家里,最起码是一种心灵安慰。俗话说,麻绳专挑细处断,第三年,高波的奶奶又生病了,尽管病情不是十分严重,队员们仍是焦急不安。在一个家庭里,女人往往处于纽带地位,她决定着一个家庭的生气与温暖,床上即便是躺着一个植物人也要比空床强,队员们把医生请到了老人家中,弄清就里的医生大为感动,尽心竭力为老人看病治疗。接二连三的家庭变故,就是亲生子女也会心生厌烦,但队员们却一如既往地关爱着这个家庭。她们用爱心把一个高波心目中完整的家延续了下来,让温暖的阳光留驻在了高波的心中。这件事后,有两名医生主动参加了志愿服务队,把他们的医术化作春风雨露,滋润着需要呵护的身体和心灵。

在这次入户调查中,队员们发现了很多情况,没成为志愿者以前,只知道有残疾人和孤寡老人,现在才知道,需要他们给予帮助的人还有很多,情况也千差万别。志愿服务队把这次调查中发现的残疾孩子、孤儿、单亲孩子、失依孩子、服刑人员子女等详细登记造册。这些孩子几乎全部辍学在家，情况各异，有的是贫穷念不起，有的是无人照料没法念，有的是父母不让念，还有的是本着破罐破摔的自弃心理不想念。如何让这些孩子重新走进教室，成了志愿服务队的头等大事，也是最头疼的事。最后，服务队决定成立"博爱公益免费学堂"。公益学堂的职能定位是对学校和家庭教育的补充辅助教育，每个礼拜六日由服务队中的老师给孩子们讲课，县第三小学对此给予了大力支持，专门给公益学堂提供了一间教室。孩子和家长们高兴坏了，第一天走进公益学堂的孩子就有11个。

公益学堂越来越正规，引起社会各界的广泛关注，陆陆续续又有许多孩子走进了公益学堂，当孩子们达到30多人时，原来的教室有点儿小了，怎么办呢？队长周丽找到了县红十字会的领导和分管副县长，两个月后，公益学堂迁到了红十字会的一间宽敞的库房里，有了专门的阵地。搬家那天，孩子们争先恐后地搬桌椅板凳，抢着扫地擦玻璃、贴宣传画、挂彩带，把学堂装扮得漂亮温馨，因为他们明白，学堂也是他们的家。

经过5年的发展，现在的公益学堂已经有60多名学生，在社会上引起了强烈反响，成了武川乃至周边旗县响当当的公益品牌，并荣获市文明委"十大社会公益活动"奖，志愿服务队的工作受到区、市两级红十字会的表扬，被评为"优秀志愿服务队"，加入志愿服务队的老师也越来越多，他们为这些孩子倾注了大量心血。服务队还积极主动与爱心企业和爱心人士联系，广泛动员社会各界人士，积极争取上级部门的支持，为公益学堂筹款筹物，不断改善办学条件。

5年里，公益学堂还举办了公益讲座60多场，接受教育的孩子们达3500多人次。公益学堂的老师们用无私的大爱温暖着每一个孩子，用无私的奉献诠释着一名志愿者的情操与精神境界，向我们展示着什么是真情，什么是爱。中华民族博爱互助的优良传统在他们身上体现得淋漓尽致。

陈永是一个仅11岁的男孩，3岁时母亲因病离开了人世，从小失去母亲是人生一大不幸，为了照顾他，老实巴交的父亲不敢出去打工，守着十几亩薄田勉强度日，是村里建档立卡贫困户。陈永本应该和其他同龄孩子一样快乐地读书生活，不幸却又一次降临到了这个原本就寡言自闭的孩子身上。9岁那年，他患上了恶性骨肉瘤，治疗费用昂贵，治疗了几次后，这个贫穷脆弱的家庭实在是负担不起了，陈永的父亲终日唉声叹气，常蹲在墙角以泪洗面。贫穷不光能让人放弃尊严，还可以让人放弃生命，父亲决定放弃治疗。后来，陈永的父亲对志愿服务队的队员说："那时，我想让儿子自生自灭。"他说，尽管他的话不好听，决定更是残酷无情，但一个人绝望的心情别人根本无法体会得到，"我已经做好了准备，陈永生命结束的时候，也是我生命结束的时候，我要陪他去找妈妈，我不能让孩子一个人孤零零上路。"说完，眼圈红了。他的话让队员们流下了眼泪。也许是陈永的不幸得到了上天的眷顾，周丽从别人的闲谈中得到了这个消息，她回到城里后立即带领几个队员赶赴陈永家，像雪中送炭、及时雨一样的爱撒向了陈永，志愿服务队动用了一切可动用的关系，采取了一切可采取的措施，先后5次为他捐款，服务队还主动与内蒙古自治区人民医院联系，医院给他开启了绿色通道，几经治疗，陈永的病情有了很大的改善，每次治疗完后，陈永的父亲都要拉着陈永给医护人员和志愿服务队的队员们磕头谢恩，队员们拦都拦不住。如今，陈永走进了公益学堂，一边学习一边接受治疗。服务队又联系了县残联，为他免费安装了假肢，他又有了爽朗的笑声。他管服务队的每一位阿姨都叫妈妈，这些善良的好人常被他叫得热泪盈眶，在她们心中，陈永就是自己的孩子。

如今的孩子，不知道自己生日是哪天的基本没有，可上秃亥乡的吴旭和吴新兄弟俩不光不知道自己生日是哪天，就连他们的父亲也不知道。吴旭和吴新的母亲不是本地人，兄弟俩上小学二年级时，他们的妈妈在下地劳动时突然不见了，到现在依然杳无音信。祸不单行，在妈妈失踪后不久，爸爸因车祸导致残疾，从此兄弟俩辍学了。他们是懂事的孩子，从辍学那天起就再没和爸爸说起过读书，可是兄弟俩实在是太爱读书、太爱学习了。当队员们走进他家时，兄弟俩正在学习，连张桌子也没有，他们趴在炕上写字看书，神情十分认真，俨然像在课堂上一样，丝毫没有察觉有人进来，队员们为兄弟俩的精神所感动。征得孩子们的父亲同意后，兄弟俩进入了公益学堂。

走进公益学堂的第一天，兄弟俩穿着队员们给买的新衣服，他们澡也洗了，发也理了，干净整洁，精神抖擞，秒变成了两个小帅哥。孩子的父亲是残疾人，不能送孩子去学堂，队员们早就想到了这一点，兄弟俩每次去学堂时，总有人轮流接送，有时送孩子回家时不仅会带去米面油等，顺便还会给他们的父亲带点儿药、康复器械或衣服。一开始，乡亲们还以为是孩子们的亲戚，弄清原委后，纷纷竖起大拇指赞叹。

队员们决定给吴旭（哥哥）过个生日，可吴旭却不知道自己的生日是哪天，他的父亲也搞不清，这可难住了队员们，适逢学堂要期中考试，最后，一位老师提议，考完试就给孩子过生日，甭管哪天了，大伙一致赞同。生日是在一家饭店里过的，孩子的父亲也被接来了。生日蛋糕，红蜡烛，祝福歌，心爱的礼物，场面热闹而庄重，这是吴旭第一次过生日，他激动得又说又笑，把甜甜的蛋糕直往弟弟和父亲的嘴里塞，扑进队员们的怀里撒娇。旁边的父亲流下了眼泪，泪水是酸酸的但也是甜甜的。

学堂放假了，在回家的路上，吴新对司机叔叔显示出了超常的殷勤，盯着叔叔欲言又止。叔叔问他有什么话要说，吴新脸涨得通红，搓着衣角小声说，他也想过生日。司机的心像被木棒撞击了一下，心里想，把这茬给忘了，他问吴新是哪天的生日，吴新说他不知道，同样他的父亲也不知道。司机叔叔说："你放心，我们很快就会给你过生日的，你要好好完成假期作业。"吴新懂事地点了点头。过生日这天，吴新的家里热闹非凡，除了队员，还有媒体的记者、县红十字会的领导，乡亲们也来了不少，屋里人声鼎沸，饭菜飘香，宛若过年一般。吴新换上了新衣服，脸上笑容绽开。分蛋糕时，队长周丽启发道："你的第一块蛋糕该给谁呢？"吴新思忖了一会儿，把第一块蛋糕递给了父亲，掌声响起，洪亮而持久。众人看着吴新，下一块蛋糕他会送给谁呢？吴新切了一块大蛋糕，绕过众人来到周丽面前，说了声："妈妈，请吃蛋糕"。众人惊呆了，一时间空气凝固了，而后掌声骤然响起，周丽哭了，幸福的泪水汹涌而出，她把吴新紧紧搂在了怀里。她知道这声"妈妈"饱含着吴新发自肺腑的感激，是对志愿服务队的诚挚感谢。在场的人都哭了，媒体记者含着热泪记录下了这温馨感人的画面。站在旁边的吴新的大爷更是泣不成声，他哽咽道："你们比我这个当大爷的还有爱心，这么多年了，侄子的生日我想都没想过。"说完，惭愧地低下了头。

在我采访周丽时，她说着说着又哭了，以至于采访中断了几分钟。是啊！没有触及灵魂深处的感觉，没有付出得到回报的成就感，没有爱被视作母爱的幸福感，一个人的泪水哪会轻易流淌？在公益学堂学习了一段时间后，在服务队的努力下，兄弟俩进入了县第一小学就读，直到今天，服务队仍在不遗余力地帮扶着兄弟俩，帮扶着他们的家。兄弟俩紧锁的眉头舒展了，性格开朗了，笑声清脆了，他们说他们现在有很多爸爸妈妈，家是一个完整的家。

对于贫困户来说，扶贫不能只停留在捐款捐物、送米送菜这样简单的层面上，精神扶贫才是根本，因而扶"智"和扶"志"尤为关键，志愿服务队积极主动与县扶贫办沟通协作，战斗在助力扶贫第一线。他们邀请市、县两级农牧业科技人员，对贫困户进行种植和养殖技术培训，极大地提升了他们从事养殖业、种植业的积极性和技术水平，有很大一部分贫困户凭此脱贫。志愿服务队在县就业局的大力支持下，还对贫困户妇女进行了各方面的技能培训，有的妇女走出家门、走出大山，成了金牌月嫂和保姆，取得了可观的收入；有的妇女在家搞农家乐、工艺品编织；有的在饭店打工，专门做莜面，她们的心灵手巧给传统莜面注入了时尚和养生元素，赢得了消费者的赞誉。

为了帮助贫困户把农副产品卖出去，志愿服务队充分利用微信、抖音、快手、电商、展销会等平台，为贫困户销售农副产品，5年来，志愿服务队共帮30多户贫困户销售了莜麦、藜麦、素油、土鸡蛋、猪羊肉等农副产品，销售额近100万元。服务队成了贫困户的贴心人，成了县里打赢扶贫攻坚战的强大力量。

在采访周丽前，我对"博爱"一词的真正含义做了研究，其主要意思就是对人类广泛的关爱，也就是说爱的对象是全人类，是一种包罗万象的爱。

"有困难找警察"是一句耳熟能详的承诺语，如今在武川县的百姓中流传着这样一句话："有困难找红马甲。"虽然这是一句套用模仿的话，折射出的却是百姓对志愿服务队的依靠和信赖，在百姓心中，志愿服务队是有求必应、无所不能的守护神，而志愿服务队也会竭尽全力为百姓排忧解难。

李新亮，19岁，是一位品学兼优的学生，高考结束后，他没有像其他同学那样休闲放纵自己。他清楚父母的艰辛，为了减轻家里的负担，他去希拉穆仁草原旅游区打工。一天，一向正常上下班的他突然失踪了，景区老板和家人找了两天也没找到，家人惊恐焦虑，不知所措。情急中，李新亮的妹妹想到了志愿服务队，她抱着试一试的心态，拨通了周丽的电话，周丽二话没说，召集了20多名队员，奔赴景区展开了大搜救。广袤无垠的大草原上留下了他们的脚印，山崖河沟边洒下了他们辛勤的汗水，功夫不负有心人，3天后队员们在一个沼气池里发现了李新亮的尸体，经公安部门鉴定，李新亮是在暴雨如注的那天早上失足掉进了沼气池。在这次大搜救中，志愿服务队共出动队员60多人。

这件事对周丽的触动很大，于是"大爱无疆应急救援队"成立了。周丽笑着说："救援队成立了，可我多么希望救援队清静无事干，"接着她又面色凝重地说，"可事与愿违，这仅仅是一个理想。"不久周丽的电话又响了，一个女孩子焦急的声音传进了她的耳朵。女孩的父亲叫李鸣凤，是一个地地道道的农民，患有重度抑郁症，曾自杀过几次，因家人看管严密，均未成功。但这天早上4点多钟，李鸣凤趁家人酣睡之时偷偷溜了出去。发现父亲不见后，女儿知道家人的力量毕竟是有限的，于是她第一时间给周丽打了电话。由于周丽当时正在赤峰参加全区红十字会系统公益项目比赛，于是她在微信群里就这次搜救工作做了安排，从早上7点到第二天下午4点多钟，应急救援队共出动50多人。时值十月，后山地区的温差十分大，队员们在忽冷忽热的天气里，仔细地搜寻着，不放过一个可疑的地方，最后在一口枯井里发现了尚有生命体征的李鸣凤。在以往的搜救中，当事人都已死亡，而这次当事人还活着，大伙高兴地相拥而泣。在消防队员的帮助下，李鸣凤被救了出来。一位队员把救援现场的视频发送给了正在开会的周丽，会议中断，全体与会人员观看救援实况，李鸣凤被救起的那一刻，会场里响起了热烈的掌声，出席会议的自治区红十字会的一位领导饱含深情地表扬了救援队。李鸣凤的女儿怀着深深的敬意，给救援队送来了一面锦旗，正在读大学的她把自己写的一首诗眼含热泪、声情并茂地朗诵了一遍，队员们感动万分，因为这是百姓对他们发自内心的感激和敬意。应急救援队成立以来，先后救援了30多人，1500多人次参与了救援，"红马甲"成了危难时刻出现的一盏明灯，给人以信心和希望。

有人说志愿服务队虽是一个集体，却是一个放大了的雷锋，把爱撒在了每一个角落里。趁早市人多的机会，队员们会向群众普及应急自救的知识，他们把如何人工呼吸、突发心脏病该咋办、喉咙被异物卡住该如何处置、突发性受伤该如何自救等知识手把手教给了群众。他们还让应急救护培训走进了企业、社区、学校、农村，为群众在危急时刻开展自救提供了技术保障。他们积极参与献血活动，饱含爱心的鲜血挽救了许多素不相识的人。他们为流浪人员送去衣服和食物，上门与儿女不在身边的老人聊天谈话，为他们排解孤独寂寞，让他们感到儿女就在身边。在武川县创建文明城市的活动中，队员们又走上街头，打扫卫生，清除垃圾，铲除非法小广告，张贴宣传标语等，特别是他们协助交警维持交通秩序，成为小镇一道亮丽的风景线。活跃在大街小巷的"红马甲"，英姿飒爽，动作标准，口令响亮，引得行人驻足观望。他们护送小学生过马路，帮残疾人上公交车，替妇女抱孩子，送老人回家，为外地人指路，回答过往群众的各种咨询。马甲的红色辉映着明亮的阳光，艳丽了塞外小镇。

采访将要结束时，我笑着对周丽说："谈谈你自己吧。"她怔怔地看着我，显然有点儿意外，随后起身给我的茶杯里续满了水，认真地说："志愿服务队是一个集体，您采访的是一个集体，我谈我自己不合适吧，再说我也没有什么可说的，成绩是大家的……"我打断了她的话："可你毕竟是这个集体的领头人呀！谈谈吧。"周丽沉默了一会儿，谦虚地说："那我就少说几句吧！"

志愿服务队成立之初，没有固定的办公场所，工作开展全靠手机，布置工作甚至开会都是打电话、发微信，接受捐赠的各种东西，还有诸如红马甲、彩旗、宣传品等没有放处，就分散地放在了队员家中，工作极不方便。

没办法，周丽只得将自家正出租的门脸房做了办公室，还向承租方支付了一笔赔偿金，为此，丈夫半个月没理她。由于没有经费，平时的小额开支都是周丽一个人垫付，大额的队员们均摊。听到这儿，我惊愕地看着她，周丽从我的眼神里看出了疑惑，笑着说："不相信，是吧？这些人做好事还得贴钱，但我以一名共产党员的名义告诉你，这是真的。"瞬间，我的心里开了一锅水，不由得怀着崇敬的心情看着她。长年累月的操劳奔波，生活不规律，各种病缠上了周丽，严重的返流性食道炎发作时，她吃不下饭，身体消瘦了许多，心脏病常使她心慌心悸夜不能寐。现在，服务队拥有将近600名志愿者，工作、沟通、教育、思想、安全等诸多问题都压在周丽身上，压力之大不言而喻，有时她会感到莫名其妙的恐慌焦虑。为了妈妈的身体，女儿强行把她送进了医院，检查完后，医生说："你是做公益事业的，我敬佩你，但保重身体也是重要的，你可不能让别人给你做了公益。"周丽低下头，没有吱声，女儿却抱着她放声大哭。医生说给周丽的这句话在我心中泛起层层涟漪，我盯着眼前的水杯呆呆出神，办公室里静悄悄的，我俩沉默着。

捧着采访本，我不知道该写些什么，志愿服务队经历的故事实在是太多了，我只能选几个，正如几片树叶、几滴海水也可以折射出森林的翁郁、大海的广阔一样。

下楼梯时，正午的阳光正好照在楼梯上方的一块牌匾上，上面"世上只有爱才是永恒的"几个大字熠熠生辉。

德耀青城
——记呼和浩特市道德模范、青城好人

像阳光一样的人

——记呼和浩特市青城好人马磊

刘 宏

根据马磊的个人简介，我在内心做了个初步画像描摹，我想像马磊这样的青年企业家定是能言健谈、雷厉风行，像电视剧里面塑造的很多成功有为的年轻人一样，有着精明的逻辑思维和商务的办事风格。见到马磊以后，我发现他和想象中的完全不一样，而且更难得的是在与他的沟通交流中，无时无刻不让人体会到他的真诚和实在。

习惯：每天第一个到工作岗位

和马磊第一次见面是在他的公司。我到门外的时候，他正在和员工沟通工作，过了几分钟看到我，很不好意思地说道："您好，不好意思，没有注意到您进来。"马磊给我的第一印象：憨态可掬。

马磊是托县人，2010年毕业于北京建筑学院土木工程专业，毕业后便开始从事超市行业。马磊毕业初期选择在萨拉齐的蒙大超市就业，从超市的理货员做起，早上7点前到单位检查超市货架的排面卫生，检查前一日客户遗失物品报备记录并跟进，检查物品类别是否放错位置等等，做完以上这些工作基本需要一个多小时，而这个时候马磊的其他同事也陆续到店。"我每天比别人早一个小时到公司。"马磊说道。

由于马磊工作认真负责，后来被提升做了店长，全面负责超市的管理。升职后马磊依然保持最早到店的习惯。"我已经习惯了早早到公司，这样员工也会更有积极性。"马磊觉得对团队最好的带动就是以身作则。他把超市的相关规定制定得更加完善和灵活，并会对经营数据和销售情况进行及时的分析调整，比如对销售货品较好的区域加大活动力度；动员员工在自己的管辖区内对商品质量进行自查；收集顾客不满意的货品，进行限时整改调换等。这样一系列动作下来，超市获得了顾客更多的消费和信任。

就这样日复一日，2019年，因为爱人工作调动，马磊和爱人一起来到土默特左旗，同年4月在察素齐镇工农北路草原街创办了土默特左旗利客达超市，经营面积有3000多平方米，仅这一家超市从业人员40余人，覆盖了察素齐镇及周边乡镇人口约5万人，是察素齐镇一家较大的综合性商场超市，也是马磊创业以来的第一家大型超市。

成立利客达超市以后，根据之前在超市工作的经验，马磊对利客达超市进行了一些新的设想和优化，使得超市在土左旗当地受到很多顾客的喜欢。至2022年8月，利客达超市已经迅速发展至6家店，马磊规划当年还要再开两家，且后期的超市店以社区店为主。马磊认为做超市就是在做服务，在社区就要为社区居民服务，为居民提供便利的购物环境。

马磊每天6点30分就到公司，然后去每个超市巡检一圈，向工作人员了解当天的情况，抽查货品的价格和质量，回到公司的时候大概是9点，紧接着开始处理公司事务，一直工作到中午12点左右。下午2点又开始紧锣密鼓的工作，每天下班都是晚上9点左右。超市的工作很琐碎，大到品类的搭配、货品的选取，小到每一个商品摆放的整齐程度、食品的保质期、菜品的新鲜度、超市的环境卫生等等，每个环节都需要严格把关。"做超市就是要细心、认真、诚信，其实做任何事都是这样的。一直到现在我都是第一个到超市的人。"马磊微笑着说。

聊起自己的这份事业，马磊热情洋溢，侃侃而谈。一个人在自己擅长并且热爱的事业上，总是自带光芒。在问到超市经营的秘诀时，马磊很认真地告诉我："诚信。"交流中，马磊不断地重复着这个词。马磊依着诚信之心经营超市，本着为顾客服务的初心去工作，这应该是他成功的最大因素。

马磊对于工作始终保持着热情，除了坚持诚信经营，还保持着学习的心态。超市行业起步最早的是永辉超市（广东）和胖东来超市（郑州），目前已经发展到超市无人店了。永辉超市在供货方面也已经能做到从田间地头到餐桌的一站式服务。马磊带领利客达超市坚持向国内行业领先的企业学习，一步一步脚踏实地地精进。

坚持：力所能及的每一份善良

2020年初，一场全球的疫情改变了人们的日常生活，大家都在人心惶惶的时候，马磊意识到解决食物的供给成为重中之重。于是，他毅然主动向政府申报，为周边小区承担蔬菜及肉蛋奶的供应和配送。事实上，当时由于疫情的突发，而且刚过完年，北方很多物资因为运输成本高和疫情后货源短缺，物价快速飙升。但马磊并没有想这么多，他主动和政府申请"平价"服务，所有配送的蔬菜、肉类、鸡蛋等均按批发价配送，配送中涉及的其他费用均由马磊个人承担。

2020年初，马磊开始为金川碧水蓝山社区配送平价物资。每天晚上，他都亲自带领团队装好所需配送的物资，包括新鲜蔬菜、鸡蛋、牛奶、面食、肉类等等，点好货装好车大概就是晚上10点多了。北方的一月份天气寒冷，但马磊搬货装车的时候都热得脱了外套和毛衣，还是满头大汗，团队成员也都没有怨言，因为还有社区的居民在等着他们车上的蔬菜和肉蛋奶等物资。

晚上10点30分，马磊带领两辆大货车准时出发，大概一个半小时的车程，连夜送到金川碧水蓝山社区。马磊和团队当晚要再把蔬菜、肉、主食等分包搭配打包，因为一份物资要配有绿色时蔬、肉、蛋、奶等，力求做到荤素搭配、营养均衡，所以大家流水作业，还要按照家庭的人数分包出三到十人份不等的分装包，再贴好便签做好备注。两大货车的物资，分包装好就需要四五个小时，他们每天都要干到凌晨四五点。冬天的夜安静又寒冷，干完活儿，马磊和同事们就在货车上休息，等到上午8点再配送到社区单元。

分装好的物资被送到每一栋楼的每一个单元门口后，再由单元的人派发到每一户，整个小区全部派发完大概就要到下午三四点。派发完毕马磊团队再去吃饭，吃完饭就要出发再返回出发点继续运输物资。整整15天，每天半夜开始工作，一直工作到第二天下午。半个月以后，碧水蓝山社区没有新增患者，马磊也松了一口气，他可以安心回家陪陪家人了。

马磊积极热心公益事业就是从这次疫情支援之后开始的，马磊先后主动捐款捐物达十余万元。马磊说以前忙于工作没有考虑那么多，疫情之后尤其是参与到抗疫的工作中以后，他觉得自己做得远远不够。他希望自己能给团队更多的正能量，也希望这成为利客达人的责任与担当。

和马磊他们一起在社区服务的人还有很多，这些人给他的触动也很大：执勤的物业人员基本都是24小时站岗；做核酸的医务人员穿着防护服工作，一直在流汗却没有办法擦；帮他们把物资从单元门挨家挨户送到居民门口的志愿者基本没有吃过正点午饭，都是送完了和马磊他们一起吃泡面。这些人当中有年长的老者，有刚毕业的大学生，还有年轻的母亲，他们全都义无反顾地贡献着自己的力量。

2021年疫情再袭，马磊又是第一个冲到前面，除了为半山半水社区的居民提供平价副食蔬菜，还给当地的抗疫工作组捐赠了方便面、香肠、牛奶、饼干等应急食物物资，价值8万元左右。"他们比我们还辛苦，我们累了还能在货车上打个盹，做核酸的、执勤的、维护治安的那些人，他们连饭都顾不上吃，确实辛苦。"马磊说起这一段经历的时候，表情是有一些严肃的，"所以我回来以后很快就把这些方便快捷的食物给他们送去了。"

这次马磊提前了解了社区居民的分布，做到每家每户了然于胸，人口多的会特意多放一些蔬菜和肉，有老年人的会多放一些奶，家里小孩子多的会多放一些水果，是回族家庭的就将肉配置成羊肉……每个楼栋以单元为单位建立了群聊，这样谁家有特殊想吃的东西，只要时间来得及，马磊都会帮大家采购准备好，送到各家各户。有了2020年积累的经验，2021年给大家供应的时候，就能更多地做"定制"服务。这一次疫情支援，马磊25天没有回家。

2021年金川半山半水社区解封后，马磊再次给当地政府的防疫单位捐赠了牛奶、方便面、香肠、饼干等应急物资共计5万余元。"抗击疫情是每个人都在努力做的事，我只是想尽我所能多出一份力。"马磊说。

为居民配送的物资，既要保证新鲜，也要保证价格和疫情前的价格相近。其实，疫情期间很多货品进价都高出平时很多，但马磊坚持平价配送，他感同身受，理解居民的心理，整日思考如何使居民在家也能吃到新鲜蔬菜和肉蛋奶，从而减轻一些心理压力。马磊说比起疫情期间一直站岗、做核酸等的工作人员，他做的这些就不算什么了，最多就是疫情期间的配送员。多么朴实的话语，多么实在的举动！

马磊在碧水蓝山社区封控期间，除了运输供应平价蔬菜，还鼓励利客达超市的员工主动投入疫情的防控工作中，主动到周边社区做志愿者。马磊把自己做过的公益事业称作"尽我自己微薄的力量"，他朴实无华的表述让人们感受到青年一代的正能量——不骄傲、不夸大，而是从内心出发做善事，不求回报，脚踏实地尽己所能。这就是马磊的公益，这就是大爱——心里永远为别人着想的马磊。

2021年底，疫情在国内得到很好的控制，马磊让工作人员在利客达超市积极营造节日消费氛围，加大了节日商品供应，并开展各类促销活动，满足市民节日消费需求，同时通过外墙海报、户外大屏、夜间景观氛围、悬挂节庆灯笼等形式加强节日氛围营造，为广大市民提供喜庆祥和、舒心安心的节日消费环境。"疫情控制住了，大家过年就有了心劲儿和精气神儿，红红火火、喜气洋洋才是年，让大家在超市逛逛也能有年味儿。"马磊憨笑着说。

信任：坚守诚信感恩前行

2022年1月9日，呼和浩特市土默特左旗第五届道德模范发布仪式在内蒙古广播电视台800平方米的演播厅举行。马磊等10名同志被授予道德模范荣誉称号。"崇德向善，凝聚道德力量；模范引领，铸就精神高地。"这是2022年初土左旗电视台对马磊等10名同志授予道德模范荣誉称号的描述。这份荣誉对马磊来说实至名归。

获得道德模范的荣誉称号以后，"诚实守信的马磊"这样的称谓一下子在身边人传开了。身边的朋友和同事都说这份荣誉对马磊来说名副其实、实至名归，都对马磊竖起了大拇指。马磊感恩社会对他的认可和给予他的荣誉，因为这不仅仅是一份荣誉，更是一份责任。他得更加努力工作，继续尽自己所能做好应做的事，这样就有更大的能力和能量去帮助更多的人。人们从马磊身上不仅看到青年企业家艰苦奋斗的精神，还感受到了他为人的憨厚真诚。

马磊继续着他的助人为乐，只要看到身边有人有困难，他都会伸出援助之手。同事的朋友的父亲生病，他马上把"水滴筹"的链接发到公司群里，说清楚实际情况以后组织员工捐款；看到新闻里说一些学生衣物破旧，他马上组织身边的亲朋好友捐赠闲置衣物和书籍……土默特左旗的公益活动马磊基本都不缺席。

2022年6月，马磊光荣地被评为呼和浩特诚实守信"青城好人"。

2023年初，马磊看到土默特左旗一位农民因为生病无法支付高昂的治疗费后彻夜难眠。这位农民不到60岁，因为常年忙于农事并没有在意腹部的疼痛，以为只是简单的腹痛，突然有一天疼得没法下地，这才被同村的村民送到医院，检查以后发现是胃癌，需要切除一半的胃。马磊知道以后马上组织员工捐款，他自己带头捐了1万元。几天后这位农民在外打工的儿子回来，第一时间和马磊取得联系，表示了感谢。马磊了解到这个家庭本就不富裕，父亲生病让这个家庭更加拮据，之后便主动给他们送去了米面油。这位农民的手术很顺利，得知马磊被评为"青城好人"，特意让儿子写了感谢信给马磊送去。信里有一句话这样写道："你是一位无私伟大的青年。"老百姓朴实的话语，是对马磊最真实的评价。

马磊的故事和经历像北方的阳光一样，温暖着身边的每一个人，待人以善者善亦所趋，马磊收到了很多感谢信和祝福，看着这些感谢和祝福的话语，他的笑容里洋溢着幸福和满足。"以实待人，非唯益人，益己尤大。"马磊做公益帮助别人，非但没觉得自己失去什么，反而觉得自己收获了很多。

马磊是我们身边践行社会主义核心价值观，凝聚向上向善的新生力量，是所有企业家和新青年的榜样。这位像太阳一样自带光芒的大男孩，用他自己的方式做公益行善举，像阳光洒在大地，照耀万物生长。马磊，让我们感觉世界温暖而美好。

爱心延伸到的地方

——记青城好人段俊英

高晓梅

"如果你是一滴水,你是否滋润了一寸土地?如果你是一线阳光,你是否照亮了一分黑暗?如果你是一颗粮食,你是否哺育了有用的生命?……"这是摘自《雷锋日记》里的一段颇有哲理性的问话。

在雷锋因公殉职以来的50年中,人们不断用这段话拷问着自己的心灵,丈量着自己的行动。生命的意义何在?不同的人有着不同的解答。

就在我们身边,一个普通团队的负责人对此也给出了自身的答案。他说：“就用我的爱心和行动，让和谐之光照亮每一个贫困的角落，让智慧之光点燃每一盏心灯。”

他以平凡的人生实践，树立起不平凡的人生价值坐标；他用自己的爱心，温暖了一个又一个孤独而无助的灵魂，让灿烂的笑容重新回到那些或稚嫩或苍老的脸上。这个人，就是清水河县百川公益协会副会长、青城好人段俊英。

撑起求学梦

"爱是什么？爱是雨中的一把小伞，爱是一句鼓励的话语；爱是给孤寡老人送米送面，爱是给失去父母的学生送来助学金……"这是清水河县宏河镇后窑村的一个学生写在作文里的一段话。稚嫩的笔迹下，字字句句都表达着深深的感激之情。对于这个突遇父母车祸的孩子，段俊英为了让姐妹俩继续上学，费尽周折找到一家企业赞助，面对年迈的爷爷奶奶，企业经理刘先生用坚定而饱含爱心的语气承诺："孩子的学费我包了，一直供到孩子读大学。"

这笔学费的背后，就是清水河县百川爱心志愿团负责人段俊英不忘初心、为民办实事的责任与担当。

2017年，段俊英组织百川公益志愿协会联合呼和浩特市红十字会举办了"博爱寸草心"第九季，这次活动是针对清水河县的农村单亲留守儿童开展的一次大规模细致的摸底普查，通过调查将会更加全面了解这个群体的生活现状、学习需求以及救助后发生的变化，也会对今后开展救助活动做好铺垫，打好基础。段俊英与会员沿着清水河县2859平方公里的山山梁梁、沟沟岔岔，走遍8个乡镇，做完调查后上报，98%的家庭都符合救助条件，根据困难情况，最高救助2400元/年，最低1200元/年，缓解了经济困难家庭的窘境。

2018年夏天的晚上，急促的电话铃声响起："喂！您是段会长吗？我家庭困难上不了学，可我爱学习，我要考大学……"随后电话里传出压抑的呜咽声。接到电话的段俊英彻夜难眠，想起自己小时候没有条件读书，只读了小学，无论是做油漆工还是学开车跑运输，都吃尽了没有文化的亏，因此，当听到有学生因为家庭困难不能上学的求助电话，他立即与内蒙古广播电台、内蒙古公益事业发展基金会联合，对全区230名孤儿、残疾儿童、单亲儿童、重大疾病患儿开展"儿童助学计划"。2019—2022年，段俊英帮助救助大学生100多人。每次寄出救助学费，他都不厌其烦地第一时间与学生家庭联系，询问是否收到款项，细心认真地落实助学初衷。

如今曾得到救助的一些大学生已毕业，并多次参加志愿服务活动，还用自己赚来的钱帮助并实现其他贫困学生的微心愿。目前，"百川上学路"共资助学生1万名，累计捐款上百万元。

做好事成为习惯

"我是从事运输业务工作的，没有从事公益事业之前，我也认为司机的素质很低。但从事公益事业以来，我的整个精神面貌发生了变化，素质也大大提高了。遇到事情就忍不住想去帮忙……"

2019年的一天半夜，段俊英卸完石子开着半挂车回家途中，看到一辆宝马车停在路边准备卸轮胎，几辆车路过都疾驰而去。他主动停下车问明原因，并了解到由于没有工具，宝马车司机无法换轮胎，于是段俊英不顾疲劳，取出自己的工具递给宝马车司机，并把自己车的双闪灯打亮，为对方照明。开大车20多年了，在路上经常会遇到各种各样的突发事件，段俊英都是以做好事不留名的"好人"心态对待一切，难怪呼和浩特市文明办的工作人员看了他的事迹后，感慨道："你早应该是好人了！"而他每做完一件事，就高兴地点点头，自言自语道："我今天又做了一件好事，又帮了一个人。"做好事，已经成为段俊英生活的一种常态和一种习惯，他说："我老是不由自主地想帮助人，路上遇到肇事，常常是我第一个拨通报警电话。"

为了关爱老人，段俊英带领百川公益协会会员多次到清水河县寿康养老院、北堡乡阳湾养老院、韭菜庄乡养老院举办"迎三节"活动，这些活动秉持着"一切为了老人,为了老人的一切"的理念,通过精彩的文艺节目和互动游戏,给老人们带去心灵上的安慰,带去欢乐和温暖。

城关镇贾家湾村有一位90多岁的老奶奶带着两个残疾女儿一起生活。段俊英听说后,立即赶往这个家庭探访。进入窑洞后,他看到大女儿不能站立行走,只能在地上爬来爬去;二女儿勉强能行走,但生活也不能自理。于是,这个困难家庭成为他与会员们经常光顾的地方,他们不仅自费买米面油等生活用品,还为老奶奶收拾家、清扫垃圾。

百川公益志愿者在段俊英的领导下,用自己的爱心和实际行动践行着志愿服务精神。有许多需要帮助的人找到了"百川",但仅靠几个人的力量是远远不够的,为了吸引更多的青年参与志愿服务活动,共同奉献爱心,播撒阳光,段俊英将最初几个人的小团队发展壮大成为拥有600多名志愿者的公益组织。

一路走来,最初以"百川上学路"为主打公益项目的"百川",现在已拥有"百川上学路""百川绿化路"和"百川温暖行"三个品牌项目。

让爱永驻心中

2016年,段俊英当选清水河县百川公益协会会长。他秉承"人道、博爱、奉献"精神,开始了关爱生命、救死扶伤之旅。

2017年4月15日,段俊英组织百川公益协会成员联合清水河县团委、内蒙古芸公益协会、清水河县绿化委、清水河县林业局、清水河县妇联,在宏河镇元子湾村万亩扶贫林果基地举行"拥抱春天,播种希望"绿化行动。此次活动段俊英组织协会600余人参加,且活动圆满结束,获得有关领导及媒体一致好评。绿化祖国,美化家乡,段俊英用实际行动守护着家乡这片"绿土"。

高考不仅牵动着千万父母和老师的心,也受到全社会的关注。段俊英从2017年到2022年连续6年,每年都会组织协会会员为清水河县考生免费发放矿泉水、饮料,组织爱心车队免费接送考生,为他们送去爱心与温暖。

初春的清水河大地寒气袭人，冷风飕飕，刚刚解冻的河水缓缓地流淌。面对疫情防控的严峻形势，段俊英与他的公益团队总是第一个赶到，最后一个离开。这场战斗中，他们不是简单的呐喊助阵，而是用心、用情、用力、用爱，奔赴到疫情防控一线，第一时间上岗。段俊英组织的志愿者们还筹集、购买、捐助了大量爱心物资……

母亲节、父亲节期间，段俊英带领广大志愿者前往清水河县寿康养老院，为老人们带去精彩纷呈的文艺节目，为老人们理发，陪老人们聊天，给老人包饺子。清水河县大力开展文明创城活动期间，段俊英和百川公益协会的志愿者们一道，穿梭在县城的各个街道和角落，将文明的信号传递给每一位清水河居民……

未来行稳致远

说起段俊英及其"百川"志愿者团体，有些人可能感到比较陌生；然而当你走进呼和浩特市清水河县的四乡四镇等贫困山区，向那些特困、残疾孩子，孤寡老人以及当地的爱心志愿者打问，就没有人不知道的，甚至因为你的打问，他们还会感动得热泪盈眶……

那是2015年，段俊英与志愿者一起，走访事实孤儿家庭，为他们争取社会各界的补助……

是那些孩子们渴求读书的"大眼睛"以及孩子们超出想象的贫困生活状况，打动了他，感染了他，他觉得应该为他们做些事了。是的，一笔募捐就可以延续一个孩子的求学梦想，一件许久不穿的衣服就可以温暖一个寒冷的人，一个闲置不用的本子就可以让孩子画出美丽的图画，一床被褥就可以温暖他们全家，而微不足道的一元钱，对他们来说却是一笔财富……他们是小草，是花朵，给点儿阳光雨露，就会焕发生机，就会絮然开放。

段俊英和志愿者们，就这样一路走来，他们的捐助事业已经坚持了六年。"一个人做点儿好事并不难，难的是一辈子只做好事……"六年的坚持，与"一辈子"相对遥远，但平心而论，已经相当难能可贵了。

2019年,"晚秋清水河,献爱盆地青"——段俊英自发组织为盆地青敬老院献爱心、送温暖。在这次活动中志愿者们不仅为老人们捐款,还为他们带去食物、补品,为老人们打扫卫生、做饭、洗衣服等……

"百川公益"在不断成长,并逐渐向品牌化、项目化发展。段俊英领导的每个"百川"人都心甘情愿从事着这份公益事业,不计报酬,默默奉献。"百川"志愿者实地考察到户,走访核实,对于情况属实、符合资助条件的对象伸出援手,给予帮助。几年来,在戒毒宣传、义务植树、创城环卫、服务春运、"暖冬行动"等志愿服务活动中,都能看到百川公益志愿者积极参与的身影。由于成绩突出,2021年,段俊英被清水河县文明办评为道德模范;2022年被评为呼和浩特市"青城好人"。站在颁奖台上,清水河县宏河镇后石畔村出生、40岁的段俊英感慨道:"新的征程已在脚下铺展开来,百川公益将承载阳光,携带爱心继续前行。一路成长、一路践行是我们的初衷,我将用志愿者的行动紧跟时代律动,继续为那些急需帮助的人带去一束束阳光。"

"社会各界的支持给了我们更大的信心,大家深深感到社会中有太多的人需要温暖,需要关爱,而我们所做的一些简单的付出,却能给生活在困境中的人,带去生活的信心与希望,同时我们也获得了内心的充实与真正的快乐。"

给爱一个平台,给爱一个理由,将爱心传遍每个角落,让爱心延伸到每一个人的心里。

既然爱心无限,那么,就让善美之心传遍天涯!

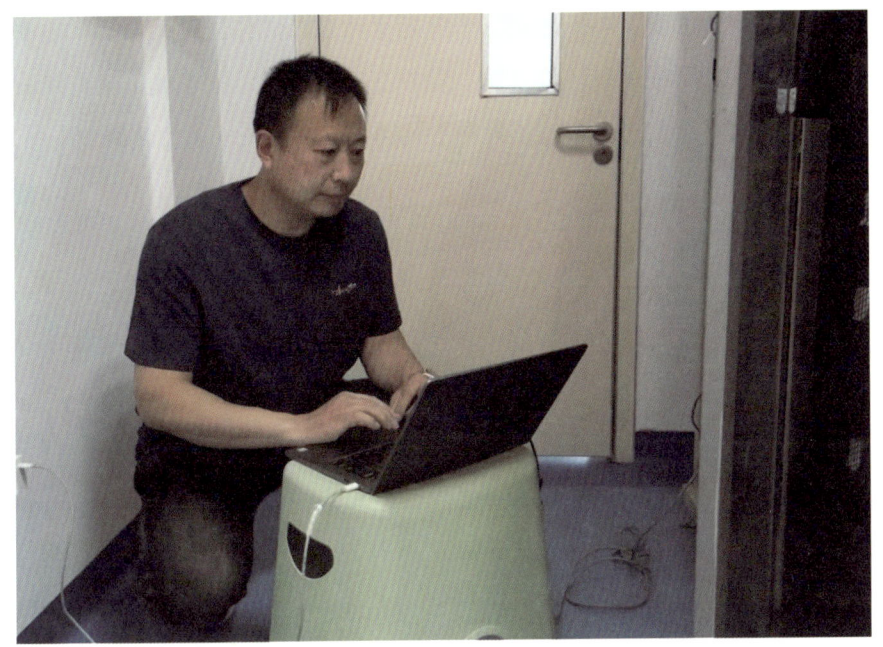

危难之处显身手

——记青城好人白爱锁

王利君

采访"青城好人"白爱锁可不是一件容易的事儿,电话打了多少次,不是身在单位机房重地,闲人免进,就是人在市里培训考试,分身乏术。难得今日秋雨绵绵,终于等到了一个空闲时间,我们在他的临时休息室兼会客厅见面了。中等偏上的个头,身材结实,额头宽阔,言语不多,一脸的淡定平和,略显疲惫的眼睛里却透射出坚定睿智的光芒……看着眼前这位站如松、坐如钟的中年汉子,我一时怎么也不能相信他竟是当地通信行业的一名技术骨干。也许是直觉,我开口问的第一个问题竟然是:"你当过兵吧?"他说是的。于是我们的话题也就从此开始。随着交谈的深入,我才真正感受到白爱锁身上的军人气质,充分了解了他在平凡岗位上不平凡的人生之路。

臣心一片磁针石

白爱锁,1969年出生在和林格尔县巧什营乡猛独牧村,父亲是当地邮电所职工。从读书时候起,他就在唱着"学习雷锋好榜样"的革命歌曲、听着"雷锋王杰杨子荣"的英雄故事中长大,所以从小就对军人心生崇敬。后来他随父亲调入县邮电局工作而进入县城居住,在和林一中读完了中学。高中毕业后,白爱锁义无反顾地参军入伍走进军营,实现了自己儿时的梦想。

自1990年进入部队,白爱锁就成了一名边防兵。由于早年在学校练就的体育特长,他很快就在新兵训练中脱颖而出,并被选派到团部集训,并因理论水平和军事素养过硬,受到连嘉奖。三个月后回到连队,开始训练新兵。经考核晋升为班长,带领连队"战斗班"参加日常训练、边防巡逻、哨所执勤等任务,执行各项任务都身先士卒、以身作则;在第二年的全营大比武中,他获得器械类第一、投弹投准第一的好成绩,再次受到连嘉奖,深得上级领导、战友们的认可和赞誉。凭着个人的努力和对事业的忠诚可靠,1992年4月白爱锁光荣地加入了中国共产党,也因个人业绩突出被上级评为优秀班长。

说起边防驻守巡逻的经历,白爱锁至今仍心有余悸。当时他们连队驻守在东北阿尔山一带,这里全年无霜期仅有50天左右,冬长夏短。冬天的气温多在零下30摄氏度以下,寒冷自不必说,特别令人讨厌的是当地有一种俗名叫作"草爬子"的寄生虫,不知不觉间就钻入了皮肤,但是不能往出揪,越揪钻得越深,只能用火或者烟头烧它才会自动出来,非常危险且令人恐慌;夏天的蚊子、瞎蠓更是成群结队地在身上叮咬吸血,痛痒难耐。此外,执勤巡逻也是一件苦累、危险的任务,路途遥远不说,由于边疆是以河为界,河畔沼泽遍地,稍不留神就会连人带马陷进去,而且越陷越深,直至没过头顶。有一次白爱锁就是在骑马带队巡逻到这里时不小心陷入了泥沼中,幸亏同行的多名战友协力拉拽才得以脱险。

但是这些困难并没有阻止热血男儿戍边守疆的坚定信念,慢慢地白爱锁就适应了这里的生存环境。当然,危险中也有值得骄傲自豪的时候,当兵后的第二年,白爱锁他们就在巡逻中成功抓获一名跨国间谍犯,对此,上级授予他们班集体三等功荣誉。讲到这里,我分明看见白爱锁眼角那几道鱼尾纹似乎也舒展开来,双眼皮下那双布满血丝的眼睛里放射出骄傲的光彩,整个笑脸仿佛一朵盛开在大兴安岭的杜鹃花!

此时此刻,我也由起初的漫不经心到洗耳恭听直到肃然起敬。是啊,人就是要有一点儿精神的,一名军人,既然来当兵,就知责任大。信念坚定,对党忠诚,纯洁可靠,把强烈的爱国主义情感作为自己的精神旗帜,这,就是当代军人的政治素质。有了这样的政治素质,即使峥嵘岁月,又何惧风流!

运筹决算有神功

三载戎期义务满,功高无语自流芳。白爱锁于1992年12月复员转业,于1993年1月进入和林格尔县邮电局,先后在机务班、政企客响班工作,负责机房纵横制交换机的维护运营,成为一名机务员。面对新的工作岗位,他勤学好问,跟随师傅不断钻研业务,很快就得心应手。1995年,数字程控交换机取代纵横制交换机已成必然,虽然白爱锁也很努力,但苦于自己专业理论知识的欠缺,有时会显得力不从心。记得有一次在完成纵横制交换机向数字程控交换机割接的过程中,白爱锁干到晚上12点,居然没有接通,经过后半夜反复查找失败原因,终于发现是配线模块接触不良所致,多次重新整修后,第二天才最终割接成功。

工欲善其事,必先利其器。这次看似歪打正着的成功并没有让白爱锁感到欣喜,他深知自己的短板所在,深感自己的知识有限,强烈渴望获取更多先进的专业理论以弥补自身的不足。正好当时内蒙古邮电局与中国人民解放军张家口通信学院有委培合作意向，于是他通过成人高考进入该学院移动通信专业大专班学习深造。在1997年到2000年三年的脱产学习中，白爱锁几乎是抛家舍业、废寝忘食地汲取着知识的甘露。因其所在学院属于军事化学员管理，加之白爱锁有过从军经历，他被选为区队长，负责学员的组织管理。不论是组织能力还是学习成绩，他都出类拔萃，深得院系领导的器重，连续两年被被评为学院优秀党员和优秀骨干，两次获得年度奖学金。

2000年以优异的成绩毕业后，白爱锁又回到原单位工作，但此时和林格尔县邮电局已于1998年分家为邮政局和电信局，他被分配到电信公司机房继续从事维护程控传输数据等工作。进入机房后，正值设备更新，当时的程控交换机是HJD04机型，这款国产机型存在很多的缺陷。当时蒙牛公司刚刚兴起，这给电信公司也带来了发展机遇，组建虚拟网成了头等大事，但由于设备的限制，迟迟不能对蒙牛公司组建虚拟网。对此，白爱锁根据所学专业知识（C语言和QBASIC语言），试图解决该问题，当即得到领导的大力支持，于是开始着手研究。记不清多少个夜晚，他通过翻阅大量的资料，对数据进行不断的修改，经历了无数次的调试，终于利用自编的补丁程序彻底解决了这一难题，为公司赢得了声誉，也得到了公司的奖励。小试牛刀，竟然成功，这着实让白爱锁激动了许久，因为这种成就感让他触摸到了自身的价值，也深刻体会到知识就是力量的真谛。从此，他更是以极大的热情全身心地投入自己所热爱的事业中。

2001年，当时正值加大力度改造农村接入网，全县18个接入网点的工程就是由白爱锁牵头进行的硬件安装，从设备搬运到设备安装以及后期的调测工作，他都流下了辛勤的汗水。无论是安装工艺，还是技术水平，均得到了厂家和同行的认可。

2003年，分公司各项业务发展迅速，但欠费用户也随之增多，人工催缴既耗时又效率低。了解到这一情况后，白爱锁又突发奇想：能否编制一套机器自动催缴程序？说干就干，于是他一头扎了进去，利用单位一台闲置的电脑和56K的光猫等设备进行大量测试，翻阅资料，实地走访客户了解情况。那时的他仿佛又回到了军营，每天的工作就像上战场一样，一丝也马虎不得。功夫不负有心人，最终他利用自编程序开发出一套通过电脑单机加一块语音MODEM实现的语音自动催缴系统，使得欠费用户数量明显降低，这套系统也在周边旗县得以推广，效果良好，直到后来全市使用厂家开发升级的多系统多任务语音催缴系统才停止使用。

当国产机型全部更新为西门子EWSD全新机型后，曾有一段时间，白爱锁感觉查询系统中话单计费磁带不太准确，于是就设想能否将其转换出来以便检验其准确性。他查资料，问厂家，将系统机器语言转化成为大家都能读懂的十进制计时计费，然后拿到计费账务中心进行比对，检测结果非常准确，由此他得到了西门子厂家技术人员的高度认可和赞扬。

2006年，市公司统一号召各分公司开展三线分离工作，工程要求自行解决，领导找白爱锁谈话，要求由他牵头落实。由于时间紧、任务重，白爱锁带领全班组人员潜心研究，加班加点，先进行了资料整理、汇总，并进行设计规划，又对各设备的割接方案进行比较论证，从割接的条件、顺序、步骤、存在问题、应急措施到设备的保护、割接的时间安排，都做了充分的分析和论证，之后对设备进行不断电割接，通过半年多的努力，终于圆满完成了这一重大而艰巨的任务。

2008年，电信公司与联通公司合并，形成了今天的中国联通和林格尔分公司。由于工作需要，白爱锁从机务班调到运维部，主要负责维护大客户（包括政府和企业）专线。由于多年来积累了丰富的经验，对于处理一些突发性的技术障碍性事故，他都能迅速果断地给予排除处理。

2015年开始，公司开展资源整治工作，整理走线凌乱现象。接受任务后，白爱锁连续三年对网络资源进行整治，并连续三年被区公司评为网络资源整治季度先进个人。2018年，他对中小学网络资源进行融合，共将和林格尔县31所中小学及幼儿园的联通网或异网资源融合到教育信息网中，完成了对中小学教育信息网的全面管控。2019年，白爱锁负责对和林巨华宾馆无线网络改造及IPTV智慧酒店接入工程同步实施，下半年还对城发公司的视频会议及视频监控进行网络规划和技术创新，利用宽带VPN解决了由于组网结构复杂和不同区域带来的投入周期长且投资大的问题，实现了快速接入、投资小、周期短且效果显著的目标。这些工作白爱锁都是亲力亲为，而且做得非常标准规范，受到客户和单位领导的一致好评。

紧张的工作之余，白爱锁时刻不忘进行理论知识的研究学习和专业技术的总结提升。2004年，他考取了西安电子科技大学电子信息工程专业（专升本函授教育），经过三年的刻苦学习，成绩优秀，顺利毕业，为今后的工作插上了腾飞的翅膀。2007年，他被评为有线传输通信高级工程师。应用理论，总结经验，大胆假设，小心求证，已经成为白爱锁工作思维的常态化模式。他经常撰写科研论文，其中《通信光缆线路的应用现状与发展对策分析》一文发表在《无线互联科技》（2012年第2期）上，《光纤通信网络技术中波分复用技术的应用与发展》一文发表于《中国科技纵横》（2012年第6期）上。

多年来，白爱锁年度考核均为优秀，多次被评为和林格尔县和呼和浩特市两级先进工作者。

这一个个骄人的成就，倾注的是白爱锁几十年如一日勤于钻研、刻苦攻关的心血，折射出的是这位脱下军装但依然素质过硬、能打胜仗的信息化战场上的尖兵形象。理论一经群众掌握，就会变为强大的物质力量。其实，这就是一种知识素质。有了这样的知识素质，方能运筹帷幄，决胜千里！

横刀立马气如虹

"古之立大事者，不惟有超世之才，亦必有坚忍不拔之志。"刷新领导和同事对白爱锁认知的，不仅仅是他践履所学、积极创新的工作态度，更是他无论遇到什么困难都以集体利益为重，以自己的岗位职责为先，舍小家为大家的格局意识。正因为如此，不管何时何地，只要遇到困难，他总是会说："我是党员我带头！"他是这么说的，更是这么做的。所以，人们经常会在和林格尔县各单位企业的通信技术安装处理战场上，看到白爱锁忙碌的身影。

针对市公司统一号召，各分公司开展"三线分离"工作，工程要求自行解决，白爱锁不畏艰难，勇于挑起重担。由于时间紧、任务重，他带领全班人员潜心研究，加班加点，从割接的条件、顺序、步骤、存在问题、应急措施到设备的保护、割接的时间安排，都做了充分的分析和论证，并着手开始对设备进行不断电割接。这是一项看起来很是平常实则非常危险的工作，虽说只是电源线和信号线的问题，但是实际操作难度还是相当大，加之是高处作业，稍有不慎就会发生强电事故，轻则损毁电路，重则威胁生命，所以要求必须胆大心细、机智果断。而他通过亲临现场进行指导、安排甚至亲自上手，终于圆满完成了这一艰巨的任务。

2020年，新冠肺炎疫情来袭，和林格尔县政府作为全县疫情防控工作的总指挥部，需要每日召开疫情协调调度视频会议，此时技术支持就显得尤为重要。国有难，操戈披甲；人有危，众士争先。身为共产党员的白爱锁挺身而出主动请缨，要求担此重任，为会议全程提供技术支撑。

干在实处，冲锋在前。由于此次视频会议的调测与保障工作时间紧、责任重，作为此次调测工作的总技术人员，白爱锁与各位同事齐心协力、夜以继日，仅仅用了两天时间，就完成了方案制定和组织实施工作，一个由22家单位组成的视频会议指挥系统就此诞生，此后又增加到48家单位。此视频会议可实现终端到终端、终端到手机以及手机到手机的视频会议功能，极大地方便了防疫指挥部采取各种形式的会议需求，为疫情防控工作提供了有力的通信保障。

白爱锁坚持与政府防控领导小组一同，工作在第一线，每天参与视频调度会议，常常工作到深夜11点左右，从未叫苦叫累。他说："我作为一名共产党员，在危难时刻，就要起到带头作用！"他的一言一行受到县政府领导的一致好评，还收到了县政府的感谢信。

此后，白爱锁与县政府及教育局紧密联系，积极推进网课教育，通过对辅导老师的培训以及对教学网络的重点保障，通过电话与家长和学生保持密切沟通，及时发现问题并处理。

一次，一名学生家里的电脑系统出现了故障，不能上网课，家长心急如焚，四处打听会维修电脑的人。白爱锁得知这一情况后，二话不说，带上安装盘直奔学生家中。由于疫情期间不能随便出入小区，他就联系家长到门口取上安装盘，在小区门口通过电话指导学生家长一步步地安装电脑系统，最终电脑系统安装成功。学生家长十分激动，连声表示感谢。

  考验对懦弱者就像一座不可逾越的大山，而对勇敢者则是磨砺意志的一次试金石。2022年农历正月十五的晚上，新冠肺炎疫情又一次悄然来袭。2022年2月19日晚，接到县政务中心急需安装无线视频监控，解决无线网络覆盖问题的请求后，白爱锁和他的团队火速出击，在做好个人防护的前提下，对原来的设备进行升级改造，并连夜安装无线AP8台，直到凌晨5点，终于做到楼层内无线网络全覆盖，确保了无线视频监控的顺利开通。2月21日下午，他又接到县政府办急需新建一处涉密性视频会议室，时间紧、任务重，在没有综合布线和网络基础设施的情况下，从受理业务到安装调试，同步进行，白爱锁顺利为该会议室装通千兆网络。

  越是艰险越向前，敢教日月换新天。白爱锁，作为一名共产党员，听党指挥，勇挑重任，以自己的实际行动诠释了共产党员的初心和使命；作为一名退伍军人，知难而上，英勇顽强，一不怕苦，二不怕死，始终保持着军人的锐气虎气豪气。这样的优良作风，来源于稳定的心理素质。有了这样的心理素质，定会逢山开路，遇水架桥！

只留清气满乾坤

  "惟正己可以化人，惟尽己可以服人。"白爱锁自参加工作后，在人们习惯性认为工作琐碎麻烦、短期不易出成绩的岗位上，一干就是30年。同期入职的同事们不是职位提升就是工作清闲自在，朋友们对他这么多年的"沉得住气"感到奇怪，劝他"活动活动"，换个轻松又实惠点儿的岗位，白爱锁却认为，维护工作是通信行业的"排头兵"，也同样离不开默默无闻、提供技术保障的"幕后英雄"，个人的需要固然重要，但既然选择了干技术，就要做好"守得住寂寞，甘做铺路石"的心理准备，只要组织需要都应该坚决服从。大道至简，知行合一。近30年来，白爱锁恪尽职守，坚持勤勤恳恳、兢兢业业地做好每一项工作，参与交换设备的换型改造、新技术的推广应用，经其手处理的设备故障、安装调试设备不计其数，他的足迹遍布和林格尔县各个有设备的地方。白爱锁已经成为一名办事让领导放心、共事让同事信任的技术专家。

不论在公司的哪个部门工作，白爱锁和同事们在工作上都是并肩的战友，在生活上是亲密的朋友。他们互相学习，互相帮助，共同进步，进一步增强了团队的凝聚力和战斗力，所以每每临危受命，都能攻无不克、战无不胜。

白爱锁从小就传承着良好的家风，有与人为善、公道正派等端正的品行，有吃苦耐劳、讲求效率等敬业奉献的精神。由于他一心扑在工作上，经常忽略了家人的感受，用他的话来说就是："把困难留给自己，把成果交给客户。"好在他的家人也非常理解他的工作，并对他的愧疚给予极大的宽慰，这让他心生暖意，也更激发了他投身于所钟爱的事业中的热情。由于工作业绩突出，白爱锁被评为2020年度内蒙古联通优秀共产党员。

在成绩和荣誉面前，白爱锁感受到更多的是责任和压力。扎扎实实、无怨无悔地投入工作中、投入全身心热爱的通信事业中，为公司争光，是他应尽的义务和责任。也正是这样一种热爱，白爱锁已经把工作当作一项事业，而不仅仅是一份职业。因为每一次问题出现后，他就像军人发现敌情一样，紧张而兴奋，跃跃欲试。而当每一次问题解决后，他又像战场上获胜凯旋一样，激动而愉悦，一种获得感成就感幸福感油然而生。每每这时候再去回想那些曾经吃过的苦、受过的累，反倒觉得是一种别样的享受……

说到最后，白爱锁愿以一副古人的对联聊以自勉——"吃苦是良图，做苦事，用苦心，费苦劲，苦境终成乐境；偷闲非善策，说闲话，好闲游，做闲事，闲人就是废人。"

天地有正气，杂然赋流形。白爱锁，在普通的岗位上三十年如一日，不求闻达，甘于平凡，堂堂正正做人，踏踏实实做事。其情趣高尚、品行端正、谦虚坦率、团结协作的精神风貌不正体现了我们这个时代所需要和倡导的道德素质吗？拥有了这样的道德素质，方可抱朴守拙，行稳致远！

德耀青城——记呼和浩特市道德模范、青城好人

生命有尽时,追求无止境。如今的白爱锁,虽然已达天命之年,却依然秉承着一名优秀军人的气质和本色,仍然秉持着一名共产党员的初心和使命。臣心一片磁针石,是为有灵魂;运筹决算有神功,是为有本事;横刀立马气如虹,是为有血性;只留清气满乾坤,是为有品德。有灵魂、有本事、有血性、有品德,正是新时代革命军人的应有标准。白爱锁正是把这四个方面的价值追求和行为准则内化于心外化于行,勤钻研,勇担当,时刻就像一名军人一样,忠于革命忠于党,危难之处显身手!

扫码查看
拓展资料

长城的女儿

——记青城好人高晓梅

李 洁

岁月如一首歌，三十载时光荏苒，蓦然回首，所有走过的路、吃过的苦、流过的泪，都成了人生中无可替代的财富。追求了、付出了，她不求回报、不图名利，只为内蒙古地区的这些长城能更完整地呈现于山川大地之间，只为让更多的人了解长城、热爱长城、保护长城，只为替父亲走完他没有走完的路、写完他没有写完的文章，用半生时光追寻父亲未竟的事业。这个坚韧、执着的女子就是2020年1月被评为"青城好人"的高晓梅——现年54岁的呼和浩特市长城科普学会会长。

长城父女情

30年前,高晓梅还是个二十岁出头的小姑娘,白白净净、文静娟秀,身材匀称、亭亭玉立。可能受父亲常年的熏陶,她比同龄女孩多了一份书卷气,也比农村女孩多了份坚强。小小年纪的她随父亲考察长城的事迹也被全国的同仁津津乐道。

1999年8月,64岁的高旺先生积劳成疾,英年早逝。他去世后,按照他的遗愿,遗体被安葬在故乡清水河县的烽火台旁,与他挚爱的长城相伴永远。高旺永远地成了那个站在长城顶端向远处眺望的人。他多年来徒步考察内蒙古境内长城的精神一直激励着后人,他热爱长城、保护长城、情系长城的真挚情怀,令人敬佩。高旺先生走了,但长城保护永不止步,他把自己肩上的重担放到了女儿高晓梅稚嫩的身上,身处内蒙古的同仁能清楚地感受到这30年内蒙古地区长城研究与发展的长足进步,这虽然不是高晓梅一个人的功劳,但她的努力和贡献绝对不能被我们轻忽。她的坚守,也深深打动了大家,打动了所有关注长城的人们。

如今30多年过去了,在岁月风霜的淬炼下,高晓梅已成长为一名坚毅、执着的专职长城研究者。

高晓梅的父亲高旺先生一生研究长城、保护长城,徒步考察长城8万里,是内蒙古徒步考察长城第一人,曾出版5部有关长城的著作,被誉为"当代徐霞客"。高晓梅从小受父亲的影响,刚懂事时就经常听父亲讲述长城的故事,上学期间就为父亲誊写稿件,寒假和暑假则陪父亲行走在长城上。高晓梅从内蒙古师范大学中文系毕业后,进入一家媒体当记者,工作体面又专业对口。1993年,高旺先生决定创办全国第一份中英文长城期刊《万里长城》,当时人手和经费都很紧缺,困难重重,24岁的高晓梅毅然从原单位辞职,帮助父亲创刊。她除了担任《万里长城》杂志社编辑部主任,还担任内蒙古自治区长城学会副秘书长,帮助父亲出版著作12本,并申报清水河县口子上丫角山、老牛湾开发旅游的国家课题。后来,她又担任中国长城学会内蒙古长城研究会秘书长，成立了呼和浩特市长城科普学会并担任会长。

高晓梅的父亲高旺先生因病去世时，高晓梅的事业才刚刚起步，她多想父亲再陪她一程，父女俩并肩行走在考察研究长城的道路上，可是，父亲走了，留给她的是父亲生前的心愿和一大堆未了的工作。高晓梅来不及悲痛，现实也不允许她沉浸在悲伤中不能自拔。父亲走了，她深感自己肩上的担子更重了。

她要帮父亲完成心愿。高晓梅是坚强的、勤奋的，她常年行走在考察长城的道路上，收集研究文献资料，拍摄影像资料，夜晚奋笔疾书，总结自己的研究心得，整理父亲多年留下的珍贵文字。通过多方筹措资金，自费出版《情系长城》《情系广播》《情系戏剧》"三部曲"，100多万字、300多幅老照片，把父亲生前在清水河县工作50年的耕耘之作，奉献给后人，留下了清水河县半个世纪各行各业的资料，这是她和父亲的心血。此时，她可以坦荡地告慰父亲的在天之灵，他的女儿一直在努力、在坚持，在为人们了解和保护长城呼喊出力。

一生挚爱是长城

2016年6月，高晓梅接到一个任务——为《长城》特种邮票在内蒙古选景。国家邮政局找到高晓梅协助工作，她把内蒙古地区长城的基本情况向他们做了介绍，大家经过反复商议，最终选定将清水河县的明长城作为取景地，高晓梅带领国家邮政局的摄影师，将晚霞映照下的长城美景用镜头记录了下来。《长城》特种邮票第四枚"长河飞龙"，就是根据这次拍摄的画面设计出来的。邮票发行那天，高晓梅起大早去排队购买。拿着这套邮票，她感到很自豪，因为其中一枚邮票的设计与她有着密切关系。

2016年9月28日，为了纪念《长城保护条列》颁布10周年，由高晓梅负责的首届内蒙古长城研讨会在内蒙古自治区社会科学院召开。2017年8月8日，由她组织的全国长城沿线8省区的长城专家学者来到清水河县，参加由内蒙古长城研究会和县委、县政府共同举办的第二届内蒙古自治区长城研讨会暨清水河县第二届明长城研讨会以及2018年8月8日举办的第三届研讨会，成为清水河县长城文化艺术节一道亮丽的名片，在对外宣传、开发旅游、发展经济方面具有不同凡响的意义，为内蒙古地区长城文化的推广、长城旅游的发展开启了新篇章。2019年，她所在的内蒙古长城研究会与武川县人民政府、武川县文物管理所合办的第四届长城研讨会在武川县召开。2021年3月30日，由她亲自组织的长城研讨会在内蒙古自治区展览馆举行。每次研讨会结束后，高晓梅总是揉揉熬夜的双眼，挺一挺疼痛的腰背，重整精神，继续行走在守护长城的路上……

2019年9月19日，在大青山长城脚下的呼和浩特市保合少镇水磨村，由内蒙古长城研究会、内蒙古文物学会、内蒙古大学历史与旅游学院举行了内蒙古长城与高旺学术思想研讨会，与会的专家学者向这位离开我们20周年，但人们并没有忘却的具有家国情怀以及崇高境界与担当的高旺先生予以缅怀。高晓梅用PPT声情并茂地为大家讲述了一位"艰苦朴素、胸怀理想、善于学习、踏实笃行、乐观坚韧"的父亲，其情其景，感人至深，催人泪下……专家这样评价高晓梅："作为高旺先生的女儿，30年的坚守，成长为内蒙古地区长城文化界的一名优秀的学者和工作者，这是是对高旺先生最好的纪念。"

高晓梅从小受父亲的影响，十分热爱长城文化。1999年，父亲去世后，高晓梅成为内蒙古长城研究会创始人之一，继承父亲的遗志，成为一名全职的长城文化研究者。这一干就是30年，30年的默默付出，30年的坚持与传承，30年的成果出众——她曾10次做客呼和浩特广播电台《品味书香》栏目，为广大听众介绍长城文化知识和出书过程；她写的介绍内蒙古历代长城连载在《呼和浩特晚报》上；她在申报的课题《呼和浩特市清水河县丫角山长城开发旅游的可行性报告》中，提出了老牛湾—北堡长城遗址公园—清水河县银滚山长城遗址公园三天两夜的旅游行程，让黄土地上的清水河县有了明确的旅游路线。

为了让更多的人知道内蒙古拥有丰富的长城资源，了解长城历史和长城文化，高晓梅不仅定期开展长城公益讲座，还带领大家到呼和浩特市新城区保合少镇面铺窑村的赵长城遗址前介绍长城，讲解长城故事；带领新华社记者、河北省广播电视台记者《行走长城》栏目组采访内蒙古明长城；为国家邮政局制作"九镇邮情"邮票提供宣传资料、拍摄长城照片，为摄影爱好者提供摄影路线，等等。所有这些都是公益行为，她一直无怨无悔地坚持着。

2019年7月，高晓梅的作品《与长城结缘的人》获呼和浩特市精神文明办建设委员会办公室、呼和浩特日报社举办的"敬在青城——我爱岗我敬业我奋斗我幸福"征文三等奖。2019年，呼和浩特市文明办组织开展"青城好人榜"评选，坚持传承长城文化的高晓梅一家获得呼和浩特妇联评选的"最美家庭"、国家新闻出版广电总局评选的"书香家庭"。她还是连续5年在清水河县文化艺术节期间获得文学艺术奖的作者之一。

这些年来，因为长城，很多人认识了高晓梅，又因为高晓梅，很多志愿者加入保护长城的队伍中。2020年1月2日，《内蒙古日报》文化专栏整版刊发了记者徐跃的报道《长城——催人奋进的故事正在延续》，内蒙古段长城和高晓梅的事迹再一次引起大家的强烈关注。2022年1月8日，《人民日报》海外版以三分之二的版面报道了记者刘乐艺对高晓梅的采访《呼和浩特市长城科普学会会长高晓梅——30年用心护长城》："打开她的随身挎包，里面放的不是化妆品，不是暖水杯，而是相机和各种介绍长城的资料。这些年，她逢人便讲，遇景就拍，努力将内蒙古长城文化推广出去，呼吁更多人关注长城、保护长城……"

随着长城国家文化公园的实施，长城文化越来越受到党和政府的重视，高晓梅也成为各种新闻媒体报道宣传的对象，新华社、内蒙古卫视、草原客户端、《北方新报》《呼和浩特日报》《呼和浩特晚报》等新闻媒体和报社的记者们，前前后后采访过她有十几次了，其中青橙融媒的报道在开头这样写道："在呼和浩特市，有这样一家人，三代人，用对万里长城的热爱，铸就了与长城的不解情缘，书写与万里长城的'城'诺……"

高晓梅是呼和浩特广播电台直播栏目《品味书香》的常客。每次上节目前，她都会认真准备，确保自己能准确回答关于长城的各种提问。电台节目主持人敬佩地说："为了不到一小时的直播，高老师会准备三五天，她的严谨认真感染着我们每一个人。"2021年，呼和浩特市广播电台的公益广告毅然选择了高晓梅，将他们三代人孜孜以求的敬业精神、爱国精神在电台每天播出，长达一年多时间，在社会上引起很大反响。

边墙下的行走

高晓梅常年行走于长城，尤其是内蒙古段的长城，遍布她的脚印，但故乡清水河这段155公里长的明长城，是她心中最熟悉的，哪一段需要维修，哪个台墩有多少层砖，哪块城砖有了裂缝，甚至哪段长城下是哪个村哪位村民的土地，她都烂熟于心。为了切实了解长城周边的情况、保护长城，生长在长城脚下的农民都成了她的好朋友。是啊，清水河是她出生并成长的地方，这里有父亲一生的坚守，有母亲殷勤的期待。她第一次见到的长城就是家里窑洞后的土长城，那年，高晓梅才10岁，父亲耐心地告诉她，脚下的土墙就是长城，他们一起爬过的土墩子是烽火台，鸿门口遗址曾经是一处交易市场，每到开市，牧民们便赶着牛羊来这里换生活用品……父亲说，长城是世界建筑史上的工程奇迹，长城是需要保护的。父亲那天对她说的这些话，她至今记忆犹新。

在家庭氛围的影响下，高晓梅的儿子王东麟也对长城文化产生了浓厚的兴趣。2017年，在纪念长城入遗30周年"体验长城魂，共筑中国梦——2017年海峡两岸暨港澳地区青年学生长城夏令营"结营仪式上，他作为学生代表在人民大会堂发言。主持会议的中国长城学会秘书长吴国强评价道："三代长城人，长城代代传，他们是长城世家。"2016年，国家新闻出版广电总局授予高晓梅家"书香家庭"称号。

高晓梅把自己最美的年华奉献给了长城，奉献给了长城脚下的这片土地。她的勤勉、她的执着、她的毅力，让她在长城研究和保护中遇到再多困难都不曾退却。她说，完成父亲未竟的事业，即使付出再多也无怨无悔。她的父亲高旺先生不仅是一位长城学者，也是一位有情怀的媒体工作者，她时刻谨记父亲的嘱托，要为长城书写，为长城脚下的这片热土书写，为那些可歌可泣的普通"小人物"树碑立传。可是，提起母亲，她却是万分懊悔与愧疚。2020年9月，被长城脚下这片土地上脱贫攻坚先进人物而感动的高晓梅，决定写一部报告文学，就在她为《美丽乡村筑梦者》忙碌地采访、收集素材时，骨折尚未痊愈的母亲一个人在家因脑出血摔倒。她清楚地记得，那是2020年9月18日——一个让她抱憾终身的日子，当她从清水河县老牛湾镇狮子梁村赶回母亲家中时，才发现静等她多日的母亲永远离开了她。她一人为母亲擦拭脸庞、换衣物之际，看着瘦小可怜、没有一丝气息的母亲，那种痛彻心扉的感觉一下子击倒了这个坚毅、顽强的女子。她悔恨交加，如果能够早回一天，也许还可以及时送医救助母亲，在以后的若干年里还可以和母亲尽享天伦之乐。如今，失去母亲的她，无论多么后悔也都无法挽回母亲的生命。因为母亲的离世，高晓梅把一份对母亲的愧疚转变为工作的动力，因为她是最了解母亲的，一生宽容、善良的母亲若泉下有知，也一定会默默支持女儿的事业。

一首她创作的诗歌《想儿的老妈妈》，定格了她对母亲永远的思念：

门前的喜鹊叫喳喳，
盼儿的老妈妈听见了。
颤颤巍巍站起身，
拄着拐杖来到大路旁。
见了行人就问话：
孩儿何时能回家？

窑前的喜鹊叫喳喳，
想儿的老妈妈听见了。
急急忙忙站起身，
拄着拐杖来到小巷边。
对着太阳自言自语道：
孩儿何时能回家？

窗前的喜鹊叫喳喳，
等儿的老妈妈听见了。
哆哆嗦嗦站起身，
拄着拐杖出了门。
老妈妈来到大树下，
猛然想起昨天与儿通了话，
孩儿有事不能回家。
想儿的老妈妈两眼泪汪汪……
对着喜鹊说开了话：
回家，回家，咱回家……

  高晓梅仍然用一己之力在行走，她不仅在长城边考察，拍摄影像资料，采访周边群众，还走进学校、走进社区、走进田间地头，不遗余力地向社会各群体宣传长城。正如高晓梅所愿，在无数像她这样的有识之士的奔走呼吁下，越来越多的人开始关注长城，长城保护也越来越受到全社会的重视。

  又是一个凌晨，太阳还没有升起，长城脚下的人们还没有睡醒，一个踽踽独行的身影已经到了明长城的台墩下，这就是背着摄影包和笔记本电脑的高晓梅，她已经记不清这是自己第多少次来清水河口子上明长城做长城文化考察。"好的照片需要天时地利人和，为了一个好的镜头往返多次是经常的事情。"高晓梅希望用自己的镜头记录下、展示出明长城最真实最壮美的面貌，"我镜头下的明长城不仅是建筑，更是一段历史，也传递出了当时人们建造长城时坚韧不拔的精神。"朝阳冉冉升起，金色的光芒洒满了蜿蜒盘踞的长城，也洒在了高晓梅坚毅的身上。为了让更多的人了解内蒙古段的长城，她与学会会员用摄影展览的形式，展示着内蒙古长城的沧桑与古老、伟岸与荣耀。

  2021年3月30日，为期一个月的内蒙古明长城摄影展在内蒙古展览馆举办，无数人涌向展览馆，观看展览后，感到非常震撼，大家对这次来自内蒙古社会团体举办的首次长城摄影艺术展给予了高度评价。

第二年，高晓梅又组织了一次内蒙古历代长城摄影展。2022年5月15日，由内蒙古自治区文化旅游厅、内蒙古自治区文物局主办，内蒙古文物考古研究院、呼和浩特市长城科普学会承办的"爱我中华——内蒙古长城摄影展"在清水河县宏河镇高茂泉乡土中心举行，所展作品充分展示了内蒙古境内原汁原味的古长城。该展览包括"长城揽胜""长城科普""走近长城"三部分。人们通过摄影作品，可以了解长城的历史、建筑、军事、人文等方面的内容，充分领略古长城的雄姿和魅力。作品大都是高晓梅行走长城时所拍，她用自己的实际行动，让大家了解长城、爱上长城、保护长城，并传承长城的精神。北疆新闻、今日头条、新华社、内蒙古卫视、《内蒙古日报》等20多家新闻媒体对此予以报道，广泛宣传了内蒙古长城的悠久历史。

今天，当我们走到清水河县老牛坡党员教育基地、和林格尔县新时代主题广场，都能看高晓梅的长城摄影展览。

打开高晓梅的人生履历，处处令人感动和敬佩。她在编辑出版《万里长城》杂志时，从辽宁省虎山长城到嘉峪关，途经9个省、市、自治区，常年外出采访，行程几万公里；为了拍摄内蒙古境内长城，出版《故塞长风——内蒙古明长城科普摄影集》，她沿着明长城起点兴和县，一路向西，经过9个旗县，千里奔波，在光与影之间追寻。3万多张照片是她几十年间自费拍摄长城的宝贵收获。她还将召开3次长城研讨会的论文整理出版了《长城华章》（第一、二、三辑），将内蒙古历代修筑长城的历史做了记录，出版了史话类的《话说长城（内蒙古篇）》一书。这些都是她自筹资金写作出版的具有史学价值的图书。

这些年来，高晓梅所获荣誉无数，她的事迹被报道后，大家纷纷向长城文化的宣传者致敬。面对荣誉和赞美，高晓梅总是淡淡地说，她只是做了一名长城公益者应该做的事情。

此生愿为长城人

内蒙古清水河县北堡乡碓臼坪村对面的马头山上有两座敌台,一座是圆的,一座是方的,人称"双子座"。

高晓梅经常身背照相机在这两座敌台的注视下拍摄照片,带领记者采访,为游客讲解……从小时候随父亲步行到现在带儿子乘车考察这段明长城,出出进进做着宣传长城、保护长城的事儿,一忙就是大半辈子。高晓梅保护了家乡的长城,长城也滋养了高晓梅这样优秀的长城儿女。

这段明长城因距山西省偏关县水泉镇许家湾村较近,因此被称为许家湾段明长城。再往东走就是久负盛名的小元峁段长城了,这是内蒙古自治区最集中、最雄伟、最辉煌、最有代表性的一段长城,既有石砌的地基,又有砖包的外形,墩台林立,连绵不断,甚是壮观。可由于年代久远,这段长城被风雨剥蚀成了断垣残基,其中一座高大雄伟的骑墙敌楼成为危楼,底部的条石和砖由于坍塌留下大大的黑洞,楼墙上的裂缝像老人脸上的皱纹,深深嵌入墙体。每次见到这座敌楼,高晓梅的心都要紧收几下,她担心大风将这座有着400多年历史的明代建筑吹倒,担心大雨漫灌后这座危楼变成残楼,担心这座敌楼会像山西省的"月亮门"一样倒塌……她越是担心,越心急如焚,多次和清水河县文化旅游体育局提出自己的想法。

2019年,清水河县文化旅游体育局打来电话,想让她找专家研究修复此楼的办法,于是她连夜联系了著名长城专家及内蒙古自治区文物局领导,没过几天,曾在国家文物局工作过的专家傅清远先生带着他的团队从北京专程来到此处,考察了危楼,给出了修复意见。

一路上,高晓梅带着她预先准备好的地图,为专家们介绍了清水河县长城的重要性、小元峁长城附近鸿门口马市的历史意义,以及1989年著名长城专家罗哲文先生到清水河县考察此段长城,望着夕阳西下的金色长城给出的评价:"不亚于北京的慕田峪长城和河北的山海关长城。"

让高晓梅欣慰的是,在各方多次呼吁和努力下,2020年夏天,危楼已经修好，金色的长城再次焕发出新的生机。

柏杨岭的风，记住了那些墙内外的事，也记住了曾为保护长城呕心沥血的人。高晓梅的祖辈从山西省偏关县上石会村走西口到清水河县五良太乡杨树崀村，作为长城脚下的女儿，她来来回回在这长城边上一走，就是30多年。

这些野长城，在别人眼里是碎石黄土，可在高晓梅眼里却是宝贝，她喜欢一个人沿长城静静地行走，她说："每次上长城的感觉是不一样的。"

没有耐得住寂寞的心智，没有热爱长城的情怀，跋涉在这荒山野岭是坚持不了多久的。也只有高晓梅愿意沿着长城乐此不疲地走、追星赶月地奔。别人眼里的残垣断壁在她眼里都是活着的巨龙，飞腾在好汉山的山梁上，为她反复讲述着曾经发生在这里的故事。

高晓梅喜欢站在长城上远眺，长城两边是故乡，一边是山西，一边是内蒙古。土黄色的边塞风光静美如画，峰峦重叠的丘陵上，星罗棋布的烽燧墩台苍凉而挺拔，仿佛是一位解甲归田的老兵，成为黄土地上一道独特的风景。高晓梅不仅爱长城上的一景一物，更爱长城两边的人民，她希望长城脚下更多的百姓富裕安康。开发旅游，解决长城脚下百姓的贫困问题，一直是高晓梅多年来的愿望，为此，她多次申报课题，撰写文章，为长城脚下的人们鼓与呼，呼吁各方力量参与脱贫攻坚和乡村振兴的行列，带领旅行团消费，为长城脚下的百姓带来经济收入，这也是她这些年乐此不疲的事情。其中，她的论文《推动黄河岸畔口子上村旅游开发助力美丽乡村发展的可行性研究》于2022年1月获中共呼和浩特市委宣传部、呼和浩特市社会科学联合会表彰的"呼和浩特市黄河流域生态保护和高质量发展理论征文"二等奖，论文将长城脚下、黄河岸畔口子上村的历史文化加以解读，为实施长城国家文化公园提供了学术理论依据。

同时，高晓梅从2020年呼和浩特市长城科普学会成立，就与学会会员分别为长城脚下清水河县返乡创业者、养羊专业户、种粮大户授牌"长城旅游消费基地"，为清水河县韭菜庄乡板申村一户村民授牌"长城人家"，鼓励他们开发旅游项目，发展旅游经济，增加旅游收入。为了普及长城文化，学会又分别在清水河县老牛坡展馆、和林格尔县盛乐足球学校、清水河县韭菜庄乡板申村、清水河县城关镇枳几也村青少年研学基地设立长城科普教育基地。

对于这一系列的活动和策划安排，高晓梅倾注了多少心血啊！

不过，令高晓梅欣慰的是，2020年11月，板申沟段、小元峁段和老牛湾段明长城被国家文物局公布为长城第一批国家级重要段。长城国家文化公园清水河明长城小元峁段保护利用项目选址于清水河县北堡乡境内，总投资1.37亿元，建设期为2022—2024年。该项目东西长15公里，南北拓展4公里，总面积60平方公里。对应《长城国家文化公园建设保护规划》中的4类主体功能区划要求，结合项目地的资源情况，将公园划分为主题展示区、文旅融合区、管控保护区、传统利用区4个片区的空间布局。

高晓梅多年祈盼的让长城沿线的百姓因为保护长城而过上好日子的愿望，因为国家长城文化公园的建设变得不再遥远。

2022年秋天，当她再次踏上清水河县这片神奇的土地，这里已经不再是历史意义上人烟稀少、寸草不生的黄土高坡，而是苍松列队、绿草披山、烽台威仪。山西省长城旅游一号公路的修通，为长城沿线的旅游带来新的生机，望着关山深处的新天地，满目都是生机，满目都是生命，满目都是活力的长城美景，她笑了：长城就应该是这样子……

播种爱长城的种子

2022年1月23日大寒节气，来自呼和浩特市科学技术协会、呼和浩特市长城科普学会、呼和浩特市应急保障学会、呼和浩特市北极星户外运动俱乐部的近百名学生和家长冒着严寒，来到位于大青山脚下的回民区乌素图，听高晓梅实景讲解战国赵长城的故事，近距离了解呼和浩特市长城文化，用实际行动宣传保护古长城遗存。

"沧桑古朴的呼和浩特市在长城历史上发挥了什么作用？"学生们开始提问，高晓梅运用丰富的知识积累为学生进行解答。不少参加活动的学生表示，第一次近距离了解了黄土夯筑的古长城，很有气势，也很震撼；同时通过实地发现长城经过风雨侵蚀和人为破坏的情况，增强了对历史遗迹的保护意识。

2022年是长城被列入世界文化遗产35周年，为积极引导少年儿童对长城历史文化知识的认知，正月初六，塞外寒冬，苍茫冬景，与冰雪相伴的老牛湾显示出独有的风韵，近20名学生和家长在高晓梅的带领下冒着严寒，来到清水河县老牛湾国家地质公园，在塞外冰天雪地体验冰雪带来的乐趣，感受在长城边过寒假的特别意义。

2022年6月3日是中国传统节日端午，小长假初日，由高晓梅做讲解的KIVI自然探索团队举办的"明长城探寻老故事——2022夏季'爱我中华，护我长城'亲子营研学活动在清水河老牛湾杨家川举行，来自呼和浩特市多所小学的学生以及家长一行29人参加了此次活动。

高晓梅与自然探索团队带着近30位学生和家长，来到呼和浩特市清水河县北堡乡口子上村的明长城脚下，共同宣誓，保护长城，让学生们与500多年的古长城亲密接触，通过了解长城、认识长城，将保护长城理念深植内心，培养青少年的爱国主义精神。

"像这样播撒爱祖国、爱长城、爱家乡等"爱"的种子有多少年了？举办多少次了？"高晓梅笑着回答，从1993年，她创办《万里长城》杂志的时候，就开始了这种让孩子们在长城研学旅行中获得启发的学习方式。

"同学们在活动中既掌握了有关长城建筑的知识，又了解了古代劳动人民建造长城的艰辛，还学习了中国历史文化和军事知识，增强了互助合作的团队意识和爱我中华、护我长城的爱国主义精神。"高晓梅说，这是她多年一直在做的培养热爱长城后继有人的事业。

为了做好长城研学，高晓梅2021年11月走进和林格尔县盛乐足球学校，进行"赓续长城精神，启迪儿童梦想"的讲座，并带领学生们到盛乐博物馆，站在烽火台前讲解"铺墩"的作用。

对于从小生活在边墙下，毕生行走在长城下的高晓梅来说，长城已是一种乡愁、一种情结。她是携着一种爱的穿透力，将长城情节化成了年复一年的边墙下的行走、墩台间的研究、史海中的畅游。她是长城宣传者，又是长城研究者，更是中华文明的守护者与传承者。她在各种场合下举办长城讲座，为的是让更多的人了解内蒙古境内的长城。

2022年4月，高晓梅在内蒙古图书馆二楼报告厅举办题为"弘扬长城文化，讲述长城故事"的讲座，将内蒙古长城巨大的文物价值和深厚的文化内涵娓娓道出，以期让全社会认识长城，了解长城，重视长城，保护长城。

长城是有温度的，作为民族融合的纽带，她代表了当时的社会生产力；长城是有力度的，她矗立2000多年，静静地诉说着中华民族的历史和文化，让人深深爱上她。也正是有无数像高晓梅这样的研究者的付出，长城文化与长城精神才被广泛传承与发扬。

燕含丁香伴春晖

——记呼和浩特市2022年度青城好人赵燕

李 政

在呼和浩特市有一位叫"燕子姐"的志愿者，坊间流传的她：开车快，心眼好，人仗义，话很少。社会上传得最多的是，她带领着一支队伍，叫"默默团队"。也有人说这是"紫丁香之爱"的"武工队"，她就是威名赫赫的"女队长"赵燕。实际上，她是有公职的，她是呼和浩特春华水务开发集团有限责任公司综合保障服务中心安全保卫部副部长，工作之余，她热心公益，行走在做公益的路上。她说："我愿做一只春天的燕子，把美好的祝福送到美丽的内蒙古呼和浩特。"

心有大爱回报桑梓，美好人生始于公益

赵燕，出生于呼和浩特市赛罕区黄河少东讨速号村，时值一个美丽的春天，燕子北归，起舞飞翔，于是父母给她起名叫赵燕。

小的时候，赵燕就是一个爱管"闲事"的孩子，家里的事放不下，小朋友的事也放不下，上学后，班里的事也是时常放不下，同学们还给她起了一个外号"赵好事"。有一个小故事，那时赵燕上小学二年级，由于一间房村子附近没有学校，那里的孩子们只能走路到赵燕所在村子里的学校来上学。孩子们早上到校，每天中午都不吃饭，只等着下午放学回家才吃饭，大家都饿得不行。有一天，赵燕带着一个女同学回家吃午饭，下午再一起去学校，这样一直持续了好些天。有一天，奶奶问赵燕："那位同学是谁呀？怎么天天来家里吃饭呢？"过去生活条件不太好，能吃饱已经是不错了，家里粮食也比较紧张。奶奶看到这个女孩每天都来吃饭，有些不愿意，告诉赵燕非亲非故的，也不能每天让她来吃饭，毕竟自家也不富裕。赵燕就想：怎样才能让同学天天来家里吃饭呢？她突然想到如果两个人结拜干姊妹，就是亲人了，就可以带回家吃饭了。于是赵燕与那个女孩结为干姊妹，俩人又一起回到她家，赵燕和奶奶说："奶奶，她是我的干姊妹！"有了这个理由，奶奶以后就不再说什么了。

赵燕就是这样，谁家有个大事小情，都会看到她的身影，一直到现在，她也没有改变。"凡是我爱，我将给爱，凡是我愿，我愿奉献。"这是她的座右铭。她的"大本营"至今还在黄河少东讨速号村，村里的孩子还经常给这个"燕子姐"打电话，有的还叫她"燕子妈妈"，但不管叫什么，她都非常开心。

赵燕第一次接触公益事业源于2010年一件偶然的事情。当时她和姐妹们收拾家，收拾出许多旧衣服，这些衣服都好好的，只是样式不时尚，扔了可惜，于是大家就寻找将这些衣物捐出去的地方。正好此时，原来的内蒙古

义工联盟在推动捐旧衣物的公益活动，赵燕便与他们联系上了。义工联盟的组织者看到赵燕非常积极，就让赵燕当内蒙古义工联盟社会捐衣服务队的队长。就这样她踏上了自己的公益之路。

捐来的衣服越来越多，往哪里送？刚开始赵燕也是犯难。有一次她回村里看母亲，母亲说："邻居王婶的孙子连件像样的衣服也没有。"这话提醒了她。于是，她就走进乡亲家里，看看谁家的孩子需要衣服，先是给孩子们送，后来就给村子里的老人送。村里老人勤俭节约惯了，舍不得买新衣，而捐的衣服很多都是新的，于是赵燕分拣好衣服，送到了老人手里。老人们都开心地说："闺女，谢谢你，大妈非常喜欢你送来的衣服。"于是，赵燕也就保留了这个"旧衣新情，温暖心灵"公益项目，一做就是10年，这个项目也让赵燕成了"送衣服、送温暖的大使"。

从2010年开始，赵燕就以内蒙古义工联盟志愿者的身份，积极投身到呼和浩特的公益行动中，关爱残疾人，关心孤寡老人，关注流浪人员，做了很多温暖人心的事情。很多场合都能见到她美丽的身影，在呼和浩特志愿者队伍中，也就有了"燕子姐"的美名。

心装贫弱默默奉献，创建队伍聚集爱心

2012年，由于赵燕在志愿服务团队的良好声名，不少个人和团队愿意与她联系、联动、联合，一起做公益。就这样在她的周围聚集了不少爱心人士。赵燕带领这些来自五湖四海，区内、区外不同阶层的爱心志愿者组建了一支叫"默默服务队"的团队。这支队伍最大的特点是有的人从来没见过面，有的人也许就在身边，但每一次活动所有人都积极参与。"陌生的我们，不陌生的爱，但我们默默地奉献"。就是这"默默的服务"，把许多远隔千里的爱心源源不断地送到需要帮助的人手里。

2013年12月的一天，一条公益信息让赵燕的目光定格在手机上："内蒙古大学一名绘画专业的学生身患尿毒症，病情很严重，完全靠透析支撑！一周3次啊！每次600元，怎么办？纤弱的女孩，眼中充满了对生命的渴望！来

吧，让我们帮助她汇聚透析的费用！所有有爱心的人们，帮帮她，把爱传递出去！"

爱需要激情，更需要行动，赵燕带着默默群的好心人，开始了爱心接力，你30元，我50元，一点儿一点儿增加爱的厚度。几天后，赵燕代表爱心默默群的爱心人士走进了内大校园，来到女孩的宿舍，将4600元爱心款送到女孩的手中。女孩子不知说什么才好，眼含泪水深情地说："谢谢大姐！"

为了筹集更多资金，赵燕请来很多社会各界人士参加了女孩几天后举办的绘画作品公益慈善义卖活动。那天一共义卖了18万元。为生命扬帆，为大爱绘画！善款带着阳光温暖了女孩的心，为她的生命注入了爱的能量。赵燕在接受记者采访时激动地说："感谢默默群家人的爱心资助，感谢社会上的爱心人士，相信有大家的爱心奉献，孩子一定会越来越好！孩子，请你记住，我们一直在身边！"

现在这名女孩留在了呼和浩特市，成为一名文职工作人员。她快乐地生活着，心中充满感恩与阳光。

赵燕作为一名"紫丁香之爱"的优秀志愿者，同时还是多家公益团队的核心骨干，可以说她是呼和浩特市公益界的一名元老，而她却说："我只是万里长征刚刚起步呢！"赵燕将生活中非常多的时间奉献到公益行动中！春天，在桃花杏花盛开之时，她在捐资助学的路上；夏天，在荷花飘香之时，她在慰问孤寡的老人；秋天，在枫叶飞舞的时候，她来到了智障儿童的身边；冬天，在大雪纷飞的时候，她把温暖的豆浆送到环卫工人的手中。多年来，她利用工作之余，学雷锋做公益，用自己的爱心善举为越来越多的人带来了幸福和感动。

信守诺言初心不改，救助学生雪中送炭

多年来赵燕养成了一个习惯，就是每天浏览各大报纸和公益平台的网页，看看哪儿有什么好事，就转发出去，哪儿有什么能做的难事，就组织自己的团队出去做一做。同时，她也会分享自己或者团队的公益行动。

2014年,赵燕在浏览《呼和浩特市晚报》时看到一则消息:一个女孩的母亲手术后瘫痪,父亲因为经济压力带着妹妹离开了她们,只留下女孩在医院伺候母亲,无法上学。看到这样的文字以及女孩瘦弱的身体、稚嫩又无助的眼神,她的心好像被紧紧地揪住,泪水再一次涌出,好几天割舍不下,脑海里不时涌出这样的疑问:这样一个小孩子怎样生活?她今后该怎么办?整整三天这个问题不断地在脑子里出现。不行,她得去看看这个女孩,为这个女孩做点儿什么。

第一次见到娜娜(化名)是在病房里,她脸色苍白,怯怯地望着来人,两只手摩挲着,不知道往哪里搁。赵燕把带来的食品和生活用品交给她们,又将钱放到孩子母亲的手中。孩子的妈妈不停地向她道谢,边说边掉眼泪:"都是我拖累了孩子,这么小每天都得照顾我,啥活儿都干,可受罪了。三年了孩子不能上学,是我把孩子害了……"娜娜赶紧为妈妈擦泪,低着头说:"没事,我不想上学。"可是孩子的眼里却噙满了泪水。这时,赵燕就已经暗下决心,一定要让娜娜再回到课堂。

娜娜妈妈出院后,赵燕一行开车三个小时来到清水河县窑沟乡泉子上村娜娜的家,此时娜娜正在家悉心照料生病的母亲。看到简陋的家和这对贫困却坚强的母女,赵燕紧紧抱住娜娜瘦弱的身体,就好像是抱着自己的孩子,娜娜在赵燕的怀里默默流着眼泪,泪水打湿了赵燕的肩头,也让赵燕的泪水挂满衣襟。赵燕更加坚定了要帮助娜娜重返学校的决心。

于是,赵燕就开始跑学校,联系清水河县教育局,通过多次沟通,娜娜12岁时终于重返校园,因娜娜辍学两年,已经跟不上同龄孩子五年级的学习进度,便进入清水河县逸夫小学三年级开始就读。孩子穿着新校服,背着新书包重返校园的那天,赵燕在孩子的脸上看到了久违的笑容。之后的三年间,赵燕一直资助娜娜,帮助她顺利地上完小学。孩子上初中后,她对孩子的帮助更多,不仅资助初中三年的费用,还经常带她来市里。在赵燕的记忆里,娜娜最快乐的样子是她带着儿子和娜娜去滑冰,两个孩子像两只飞旋的雏燕环绕在身边,赵燕的内心充满了幸福感。她告诉娜娜:困难都是暂时的,努力学习、好好生活,一定会迎来光明美好的未来。现在娜娜已经就读高一，持续的资助和关爱使这个孩子走出了阴霾，性格越来越阳光健康。

今年夏天，赵燕与同事们再一次来到了娜娜的家，就像久逢的母女，赵燕与娜娜亲切地抱在一起。娜娜说她愿意学一技之长，早点儿毕业，为家里减轻负担，也能更好地回报社会，和她的赵燕妈妈一起做公益。

赵燕的手机里，有来自娜娜的一段话："谢谢各位叔叔阿姨的帮助，你们犹如我的第二个父母，给予我最大的关怀、最多的关爱，在我懵懂无知的年纪帮助我，是你们教会我感恩，让我看到了未来。"娜娜已经变成了一个有思想的孩子，她给赵燕的微信里这样写道："我在想，我现在的生活，就是天将降大任于斯人也，必先苦其心志，劳其筋骨，饿其体肤，空乏其身。行拂乱其所为，所以动心忍性，增益其所不能！我要做一个不被打倒的人！"

捐资助学十年不停，草原山村绽放笑脸

树高千尺忘不了根，爱心之路"救"在身边。好事贵在坚持，贵在内心的坚守。赵燕自从创建"默默团队"，这个温馨的大家庭里的100多名志愿者不离不弃，一直紧密地团结在赵燕的周围，随时待令出发，随时奉献爱心，随时服务公益。

2016年，赵燕把捐资助学的重点放在武川县，一次她与"紫丁香之爱"公益组织来到武川县西乌兰不浪中心小学，那里有300多名学生，孩子们睁大双眼看着身穿不同颜色马甲的一群人走进学校。校长介绍说，这里还有将近30%的孩子家里贫困，交不起最起码的伙食费，有的孩子没钱买文具，不能保证最基本的学习需求，甚至连交校服的钱都没有。这些孩子有单亲家庭，有家庭因病致贫，还有失依家庭（父母判刑）以及事实孤儿。这些孩子多多少少与其他孩子不一样，孤单、怯懦、不爱笑……赵燕很是震撼，决定用自己和团队的力量帮助这些孩子。于是，她和团队成员时常来到这里与孩子们做游戏，孩子们发现赵燕阿姨人非常好，不仅会讲故事，还和他们互动嬉戏、亲切交流，每一次都有惊喜，每次都能让他们感受到久违的快乐。

几多艰辛，换来了孩子们心灵的放飞，他们会通过写感谢信、画一幅画，来表达他们的心情。一个孩子曾给赵燕写过这样几句话："燕子阿姨，我很少与人说话，怕人家笑话我。你来了，我才发现你好漂亮。我没有见过妈妈，我想，我妈妈一定和你一样漂亮，你能让我叫一声妈妈吗？"赵燕哭了，她对这个孩子说："我愿意。"

赵燕最开心的事，是每年到六一儿童节、传统佳节以及孩子们的生日或他们得奖的时刻，孩子们就会发信息、打电话，告诉他们的"燕子姐姐"或"燕子妈妈"，他们的变化、他们的成绩以及他们的思念。而赵燕也会像母亲一样，炫耀一下她的孩子们。这些年她最快乐的时候就是带领志愿者与孩子们在一起，与他们畅谈理想，憧憬未来。这时，赵燕会露出欣慰的笑容，她真切领悟到了助人为乐对于人生的升华意义。

翻开团队的乡村扶贫攻坚日记，会看到这样的数据：春风拂面，心在飞旋，2012—2018年，资助赛罕区黄河少小学150名贫困生；夏日拥抱，爱在传递，2016—2021年，资助武川第三小学180名贫困生；秋叶捧心，情在外延，2016—2017年，资助英博双语学校53名贫困生；冬雪寄爱，笑挂脸颊，2018—2021年，帮扶回民区东乌素图小学80名贫困生。12年的四季变换，12年的公益坚守，几百名贫苦生，这份牵挂系在赵燕心里，更系在孩子们的心头。一个孩子在一张画上写着："朔风凛冽，慈爱暖心。奉献是一种高尚，付出意味着无私，年幼的我们收获的不仅仅是感动，还有更多的感恩。大爱无疆，不负韶华，感谢您给我们带来了温暖。"

远方还有召唤，那里还有爱相牵。甘肃省金山镇长江庙村的20个孩子，也成了赵燕的牵挂，她还想有机会带着儿子去一趟那里，为孩子们送去来自草原的祝福。

这是一条看不见的公益战线，她们坚持公益活动12年，每年"默默群""一对一"对接爱心宝贝100名，到现在累计帮助的孩子有500多人、家庭100多户，累积善款和物资超过50万元。一群人，一件事，一辈子，行走在公益的路上。

关爱他人心甘情愿，危难当头无怨无悔

赵燕还是一名普通善良的母亲，她曾说有三件事不能忘记。

不能忘，包头母子三人被伤害案件。那是2013年，包头发生了一起持刀凶杀案件，一位母亲和一双儿女被歹徒砍伤，贫弱的家庭怎能抵御灾难？在包头公益组织的牵头下，赵燕他们来到包头第一附属医院看望可怜的母子三人。那日，她的眼泪一直在流，她的心情无法平复，孩子的母亲为了保护孩子身上被砍十几刀，两个孩子也被砍伤，但如果没有母亲保护，这两个孩子可能会失去生命。赵燕被深深地感动了，看到两个孩子被纱布包裹的脑袋，她十分心痛。赵燕把爱心款放到这位母亲的病床前，又掏出了自己身上的钱。因为这件事而感叹于这位母亲的伟大，这些年她一直致力于对"母亲和孩子"的保护，想让更多的人来帮助他们早日康复回家。

不能忘，清水河县截肢男孩的背影。2016年，赵燕通过网络渠道，了解到清水河县截肢男孩海涛。由于家庭困难，海涛没有得到很好的康复，失去了活下去的信心。赵燕第一时间组织服务队志愿者，前往医院进行探望，了解到海涛的实际情况后，鼓励海涛学习电脑，并由爱心人士集资购买了一台电脑，帮助他进行土特产及手工制品的网上售卖。此举减轻了海涛的生活压力，让他有了活下去的信心。海涛生活不能自理，他多么想到外面的世界走一走、看一看，于是赵燕他们每次去看望海涛，都会将他推出门，带他去美丽的护城河边看夕阳、赏月光。这也成了海涛最美好的回忆。

不能忘，母子二人携手并肩战疫情。2020—2022年，新冠肺炎疫情来袭，这时赵燕就会来到第一线，封闭期间就在社区做志愿者，能流动就带领更多的志愿者到不同的流动站点开展志愿服务。2022年疫情期间，赵燕与她的儿子在团结小区社区核酸检测点，为医生和志愿者做后勤服务，做人员疏导，做秩序维护，母子两个人的身影在飞雪中、在夕阳下、在夜色里变成了一道美丽的风景。儿子说："妈妈，原来我以为你们做公益都是形式主义，现在我才知道，你们是最不容易的人，你们是默默付出的志愿者，我愿意成为你的助手，也愿成为你这样的人。"

还有曾看望过的赛罕区苏木沁村的20户孤寡老人,赵燕心里一直惦记着。赵燕说:"中秋节想去看看他们,心里挺想他们的,他们就和我的父母一样……"

拳拳爱心燕归来,默默奉献化春泥。青城一派美好的景象,一只只美丽的燕子在青城的上空飞翔,似乎在告诉人们,青城的美丽就是春燕飞来,就是荷香满园,就是绿色环城……她,赵燕,就是群燕当中那只最美丽的燕子,她将带领更多的燕子们,奉献青城,装扮青城,让青城拥抱美好的明天……

德耀青城——记呼和浩特市道德模范、青城好人

退役不褪色　热血铸军魂

——记青城好人、"呼和浩特舰"退役士兵于鹏

郭永连

　　青城刚褪去夏日的酷热，初秋便送来了清凉的慰藉。在这样一个舒适而美好的清晨，我见到了阳光小伙于鹏。之所以称他阳光小伙，源于他的年龄和他在追求理想的道路上那些让人钦佩的作为。他今年才23岁，却是我要采访的对象——2022年呼和浩特市"青城好人"。

　　从接到采访他的任务那刻开始，我心中便一直存有一个疑问：他还这么年轻就被评为青城好人，究竟有哪些事迹？我想关于这个问题，应该不止我

一个人想要知晓其中的答案。

于鹏,一名光荣的海军退役士兵,曾服役于南部战区海军呼和浩特舰,任雷达兵,担任海上侦察任务。他多次执行海上侦察敌机任务和护卫行动,参与严格的实战训练,在多兵种联合行动中表现优秀,在各项大型阅兵、仪仗任务中担任排头兵,多次被评为优秀标兵。

少年时期的于鹏像骏马热爱草原一般痴迷大海,极其仰慕那些在海上、在舰上意气风发的战士。为了有朝一日也能成为一名这样的海军战士,他默默积蓄着力量。高中毕业后,机会终于降临到这个有十足准备的小伙头上。2017年9月,18岁的于鹏如愿成为一名用他的话说就是"很帅很酷又光荣"的海军士兵。

从祖国北疆内蒙古到岭南文化的重要传承地广东省,从天苍苍野茫茫的草原到浅蓝至深蓝的大海,从故土呼和浩特到新地湛江,于鹏跨过了2700多公里的万水千山。除了要快速适应气候和饮食方面的变化,还要紧急投入为期3个月的新兵训练和接下来6个月的专业训练中。

这9个月的训练说起来容易,做起来却异常艰难,特别是后面6个月的专业训练。在专业训练中,士兵不仅要学习军舰日常值班守则等理论知识,还要学习舰艇共同科目,进行渡海登岛、游泳、抗眩晕等实操训练。

理论知识学习可以勤学多问,但实操训练却让士兵们感到枯燥又难熬。关键实操还是海军士兵必须要掌握的本领,训练中也极其磨炼人的意志。也许战士钢铁般的意志就是在日复一日的高强度实操训练中渐渐锻炼起来的。

提起抗眩晕训练,那种天旋地转的感觉,即使于鹏在今日谈起仍记忆犹新。站在浪木训练板上,摇摇晃晃像荡秋千,稍不注意就会掉下来。每次200圈的旋梯训练,每转一圈,五脏六腑就跟着翻江倒海一次,训练结束时,于鹏都会呕吐好久,无比难受。

游泳和抗眩晕训练是针对个体进行训练,而滑舢板训练则更注重考验整个团队的协作能力和士兵的体力。在舢板划行训练阶段,战士们手上的水泡一天比一天多。晚上挑破水泡,白天接着练,已经成为他们的常态。

6个月的专业训练无疑是艰苦的,但是一想到"上舰艇"这个目标,无论再苦再难的训练，于鹏都会咬牙坚持。

训练结束后，于鹏顺利通过了考核。当他得知自己被分配到"呼和浩特舰"时，深感意外和惊喜。

海军"呼和浩特舰"是2016年8月首次以内蒙古自治区的城市命名的导弹驱逐舰，它搭建了海军部队与呼和浩特市的军地交流平台，实现了"深蓝"与"翠绿"的牵手，为向全国和全世界推广宣传呼和浩特提供了一个重要的海洋平台，对促进呼和浩特市经济社会发展具有重要意义。航行在深海远洋的"呼和浩特舰"是呼和浩特市的一张流动的海洋名片，是"海洋上的青城"和"流动的草原"。

作为呼和浩特人，能成为在中国人民解放军海军呼和浩特舰服役的首位呼和浩特籍士兵，于鹏感到无比荣幸，自豪感油然而生。在此后的服役生涯中，他更是成为战友们了解呼和浩特的一个窗口。

尽管于鹏通过了抗眩晕训练，但是真正到了舰上，在每次出海执行战备巡航、重大演习等任务时，因为要长时间在大风大浪中航行，几乎没有坐过船的他出现了严重的晕船现象，甚至连续多日吃不下饭、睡不着觉。

但是于鹏说："既然有幸上了呼和浩特舰，我就有责任为呼和浩特争光。"他咬着牙度过了一个多月的适应期，最终完全适应了海军生活。

这不仅是于鹏的胜利，还是任何一个有梦想的年轻人的胜利。因为"有志者事竟成，破釜沉舟，百二秦关终属楚；苦心人天不负，卧薪尝胆，三千越甲可吞吴"。

"呼和浩特舰"上有好多介绍呼和浩特市旅游景点及风土人情的图片，战友们知道于鹏是呼和浩特人，总会在工作之余请他讲述关于呼和浩特的故事，这是最令他骄傲的时刻。他给大家讲大召、小召、昭君墓等，还讲家乡的风土人情，让战友们了解到了一个立体多元的呼和浩特，一个多民族融合的呼和浩特，让呼和浩特精神在"呼和浩特舰"上扎下了深深的根。

转眼之间，两年的义务兵时间到了，2019年9月于鹏退役回到家乡，回到日夜思念的父母亲身边，回到了美丽的呼和浩特。

对于鹏来说，退伍并不意味着结束，而恰恰是一个全新的开始。虽然退役了，但他仍然保持着在部队时候的习惯和作风。他每天依然6点起床，依然麻利地把被子叠成"豆腐块"，然后再到楼下跑步半小时，晚上10点准时就寝，周末必去游泳、健身。每日去了单位，有领导和同事叫他时，他依然会用"到"来回答，依然会保持着"事不过夜"的工作习惯。

在母亲的眼里，于鹏不仅长大了，也更加优秀了，不仅会做饭，还会主动承担家务劳动，生活中处处呵护弟弟，更多地学会了替父母分忧。

即使脱下了军装，但军人的信念和誓言永不会改变。对于于鹏，"若有战召必回"是刻在他骨子里的军魂。

2020年新春伊始，新冠肺炎疫情来袭。大年初二，在家过年的于鹏看到呼和浩特警备区和市退役军人事务局相继发出的号召广大退役军人参与疫情防控的倡议书后，毫不犹豫来到呼和浩特市退役军人事务局提出到疫情防控一线提供援助的申请。

2020年2月18日上午，在玉泉区溪水园住宅小区门口，一位身穿海军训练服、高大帅气的小伙正忙着为出入小区的居民测量体温、填写信息，给出入小区车辆进行登记。不错，他就是于鹏，他以军人的速度奔赴在第一线。

于鹏感言，经过部队的磨炼，他的责任感和使命感更加强烈。他将呼和浩特舰精神带到了抗疫一线，他用镌刻在内心的"深蓝"信仰践行着一名退伍军人的使命与担当。

2021年7月17日以来，河南出现持续性强降水天气，全省大部分地区出现暴雨、大暴雨，郑州、新乡、开封、周口、焦作等部分地区甚至出现特大暴雨的极端恶劣天气。暴雨如鞭，无情地抽打着中原大地。一时间，上述地区人民的生命和财产安全受到严重威胁。

于鹏在得知灾害消息后，迅速组织起由15名退役老兵和5辆汽车组成的爱心救援队。他深知时间就是生命，而对于一名曾经的战士来说，灾区就是战场。

形势危急，险情催征。他们满载着爱心人士的捐赠和自己出钱购买的救援物资，火速从呼和浩特出发赶赴河南新乡进行救灾，支援河南抢险排涝工作。

滚滚洪流，挡不住生命的"守望者"向前挺进的步伐。

此时，暴雨下的河南新乡通信中断、山体滑坡、道路塌方等情况不断涌现，于鹏一行救援车队在遭受破坏的道路上艰难行进。他们到达新乡后，第一时间与当地政府取得联系，明确表示"要去就去最危险的地方"。在确定救援范围以后他们与武警一道进入了灾区。

水火无情。此时新乡的好多村庄已被肆虐的洪水冲毁，深陷一片汪洋。救援途中，于鹏看到爱心救援队的一辆牧马人硬生生被洪水淹没，于是遇到水深的地方，他们就从车上下来，坐救生艇进去救人。一想到被困的群众随时都有被洪水吞没的危险，他们就奋不顾身冲进茫茫洪水中，不知疲倦地进行搜救。在历时五天五夜的抗洪抢险救援中，总共救出群众200余人。他们白天进村子救人，晚上与武警一道搬运沙袋、筑长堤、堵决口。

暴雨无情，人间有爱。

在大灾面前，当地群众和来自全国各地的志愿者万众一心、共克时艰，当地所有的饭店和宾馆都自发免费向志愿者提供食宿，加油站免费为志愿者的车辆加油。所到之处，人与人的距离在爱的奉献中变得越来越短，于鹏对此深有感触。

救援过程处处充满危险和不确定因素，特别是最后一天的救援工作更是凶险万分。在救援队施救的那片水域突然发现有一处漏电，情况一度十分危急，而于鹏一行救援人员中还有两个人在那片水域救援没有出来，打电话也联系不上，于鹏内心焦急万分，他时刻担忧着战友的安危。大约一个小时以后，他们才发现他们二人还在救援中。在确定战友平安无事后，于鹏紧张的心情才稍稍放松下来。

等各地越来越多的爱心救援团队到达新乡后，作为第一批到达这里实施救援的于鹏一行爱心救援队经过与当地政府的沟通后，决定先行撤离。这是他第二次战斗在"一线"。

当他们平安回到呼和浩特市以后，于鹏做的第一件事就是通过呼和浩特慈善总会自发向河南灾区捐款1万元，用于灾后重建。虽然不在救援现场了，但他的心里还在深深牵挂着灾区的人民，他在用能想到的一切方式向他们传递一份大爱。鉴于于鹏在河南抗洪抢险上的突出贡献，呼和浩特市慈善总会特地为他颁发了荣誉证书。

此次救灾行动受到河南新乡的高度赞扬，洪门镇政府第一时间为他们送来了感谢信，并授予一面锦旗。同时，浚县防汛抗旱指挥部还为于鹏颁发了捐赠证书，特别感谢他为防汛救灾工作捐赠爱心物资。

在于鹏家里还有一面特殊的锦旗，是新乡市一位汶川地震伤残军人赠送的，上面14个金色大字分外明亮——"抗洪救灾伸援手　真情奉献暖人心"，字里行间充满了对于鹏的感恩与褒奖。

2022年高考期间，于鹏发起组织了由20多辆车组成的退役军人爱心高考接送车队，专门用于免费接送考生。他们还自己出钱购买了一些物品，如口罩、消毒液、纯净水以及治疗中暑的药物等，全部免费提供给有需求的考生。

于鹏对呼和浩特的热爱由来已久。还在他服役的时候，他就开始用自己的工资无私捐助家乡的贫困学生和留守儿童。那时候，他不方便回家，就把工资委托给父亲，通过公益组织代为捐赠，他几乎把全部的工资都拿出来捐赠了。退役后，他一如既往地保持着这一善举，依旧通过公益组织传递着对贫困学生和留守儿童的关爱。迄今为止，他先后收到爱心公益协会、学校颁发的多个荣誉证书，感谢他为贫困学生、留守儿童奉献的爱心。如今，他那如阳光般的爱心依然还在路上，将点滴的温暖继续送到每一位被资助者的生活中。

此外，回到家乡的于鹏经常受邀进入学校、单位、社区、电视台等为学生、上班族和社会群众讲解国防知识、海军历史、参军经历等。内蒙古大学、营坊道回族小学、呼和浩特市政法委、内蒙古退役军人事务厅、西菜园街道办事处、三里营东社区和内蒙古电视台等，都留下了他精彩的演讲印记。他曾为呼和浩特评选双拥模范城担任过特邀讲解员，还参加了呼和浩特退役军人宣传月宣传推广保障法活动，被玉泉区武装部作为激励年轻人去参军的典型人物。他和战友的照片还被成都信息工程大学用于征兵宣传。

点点滴滴都是一名呼和浩特舰退役老兵对社会的爱的奉献，是青春对生命高唱着的赞歌。

　　一朝当兵，终生战士。即使脱下了军装，脱不下的是"向前冲锋"的"肌肉记忆"，是"为人民服务"的铮铮誓言。

　　于鹏，用他的青春和热血、行动和作为，向我们诠释着一名"深蓝"战士的军魂。他的人格绽放着熠熠生辉的光芒，他是青少年共同学习的榜样。